"十四五"职业教育国家规划教材

"十四五"职业教育河南省规划教材

新编21世纪高等职业教育精品教材

市场营销系列

商务谈判与推销实务

第三版

主　编／王军华

副主编／项晓娟　石景艳　关克鑫

中国人民大学出版社

·北京·

前言

党的二十大报告指出，“要坚持以推动高质量发展为主题，把实施扩大内需战略同深化供给侧结构性改革有机结合起来”，“加快建设贸易强国”，“推动共建‘一带一路’高质量发展”，“维护多元稳定的国际经济格局和经贸关系”。这些表述为我国商务事业高质量发展和商务型人才培养指明了方向、擘画了蓝图。服务构建新发展格局，推进商务高质量发展，需要培养出一批熟悉党和国家方针政策、精通商贸沟通规则、擅长经贸合作的商务谈判与推销人才。

微课：“推销与谈判”课程介绍

本教材第一版、第二版经过多年的使用，受到广大高等职业院校师生和各行各业商务一线企业人员的好评，我们深受鼓舞并由衷感谢。在本次修订过程中，我们严把政治关、学术关、质量关，通过调研校企合作企业，与企业负责人、业务部门负责人、一线骨干人员座谈，紧跟企业谈判与推销具体岗位需求，结合专业人才培养方案要求，对接课程标准，明确了修订思路和内容。修订后的教材特色如下：

1. 坚持立德树人、能力本位的理念

心有所信，方能行远。本教材坚持落实立德树人根本任务，推动党的二十大精神融入教材，帮助学生切实用习近平新时代中国特色社会主义思想武装头脑，指导理论学习与实践工作；设置“崇德修身”栏目，把爱国情、强国志、报国行自然融入课堂，推动党的二十大精神进教材、进课堂、进学生头脑；契合行业发展需求，适应新商科背景下职业教育“三教”改革的需要，整合传统学科内容；联合其他院校和企业共同开发，以实际工作过程为主线，进行项目任务式体系构建，体现“做中学，做中教”的职业教育理念。

2. 突出文化自信、与时俱进的要求

文化强则民族强。党的二十大报告明确了“推进文化自信自强，铸就社会主义文化新辉煌”的重大任务。在本次修订过程中，我们删除了一部分国外案例，新增了一部分本土案例，更加注重从中国本土案例中深入挖掘和提炼其中的爱国情怀、人文精神、法制意识和社会责任，突出文化自信，并将其转化为社会主义核心价值观教育最具体、最生动的有效载体，将知识传授与素质养成有机结合，努力培养德才兼备的当代中国大学生。我们通过对知识点及二维码内容进行更新、调整与完善，与时俱进地展现了社会的进步，使得教材内容更符合时代特征，从而有利于培养学生用发展的眼光看待问题和解决问题的能力。

3. 设计契合岗位、对接标准的内容

本教材立足高职教育能力本位的教学改革，充分体现工学结合的教学思想，根据工作岗位素质及能力要求，考虑人才培养模式的特殊性，继续采用“项目导入、任务驱动”的结构体系；对接专业标准及课程标准，每个项目按照“知识、技能、实训”三个层次进行内容设计，素质养成贯穿始终；继续采用“做中学”的方式，每个任务通过“教、学、做”一体化进行内容梳理，最终通过“知识测试”栏目考查学生对知识的理解和掌握情况，通过“项目实训”栏目帮助学生获得专业素质和技能，为学生今后从事谈判、推销等岗位奠定坚实的素质能力基础。

4. 提供多元交互、易学易用的资源

本教材顺应“互联网+”和新媒体的发展，进一步完善互动教学资源与二维码资源，新增“微课”“微视频”“知识小贴士”“热点关注”二维码栏目，并配备有PPT课件、习题库、试卷等丰富教学资源，增强了教材的趣味性和内容的丰富度。在本次修订过程中，我们邀请企业专家参与资源的整理并提供指导，拓宽学生视野，突出以学生为中心。

5. 体现校企协同、多维评价的理念

本教材坚持校企协同，通过走访调研校企合作企业和优秀校友企业，邀请企业专家参与编写并提供指导，依据企业岗位构建合理的教材体系，促进岗课融合；及时吸收行业企业新技术、新工艺、新规范，保障教材的前瞻性和适应性；“情境导入”和“项目实训”栏目前后衔接，每个项目实训采用教师、个人和小组三维评价，评价内容与项目的技能目标和素质目标相对应；全过程、多方位地考核学生的学习效果，注重过程增效，充分发挥学生学习的主动性和积极性。

本教材由河南经贸职业学院王军华担任主编并制定编写大纲，河南经贸职业学院项晓娟、石景艳和河南职业技术学院关克鑫担任副主编，参编人员有河南经贸职业学院沈倩明、韩鹏辉、张园园。具体分工如下：项目一和项目二由王军华编写，项目三由关克鑫编写，项目四和项目五由项晓娟编写，项目六和项目七由韩鹏辉编写，项目八由张园园编写，项目九和项目十由石景艳编写，项目十一和项目十二由沈倩明编写。全书由王军华统稿，河南经贸职业学院赵梦蝶老师提供了课程标准并参与了部分PPT课件的美化工作。河南面对面餐饮管理有限公司总经理于长伟先生进行了案例资料的整理和项目实训的编写指导。

在编写过程中，我们得到了中国人民大学出版社、多家校企合作企业及河南经贸职业学院领导、师生的大力支持与帮助。同时，在编写过程中，我们参考了许多国内外学者的相关著作，他们的观点和独特的思维方式给了我们很多启迪，在此一并致以诚挚的谢意！
商务谈判和推销实务是一门涉及面广、实践性强的综合性课程，由于编者水平有限，书中难免存在疏漏与不足，敬请同行专家和广大读者批评指正。

编者

2024年3月

目录

项目一　商务谈判工作认知

学习目标

知识目标：了解谈判及商务谈判的含义，熟悉谈判及商务谈判的特征，理解商务谈判的分类，掌握商务谈判的各项原则。

技能目标：能够正确判定谈判与一般沟通的区别，并对谈判活动进行清晰的类别划分，明确商务谈判原则的适用条件，具备灵活运用商务谈判原则的能力。

素质目标：树立正确的谈判理念，提升合作意识，力促谈判“共赢”目标的实现。明确原则意识，尊重规则，能够依托勇气、智慧与规则保障理想谈判结果的达成。

思维导图

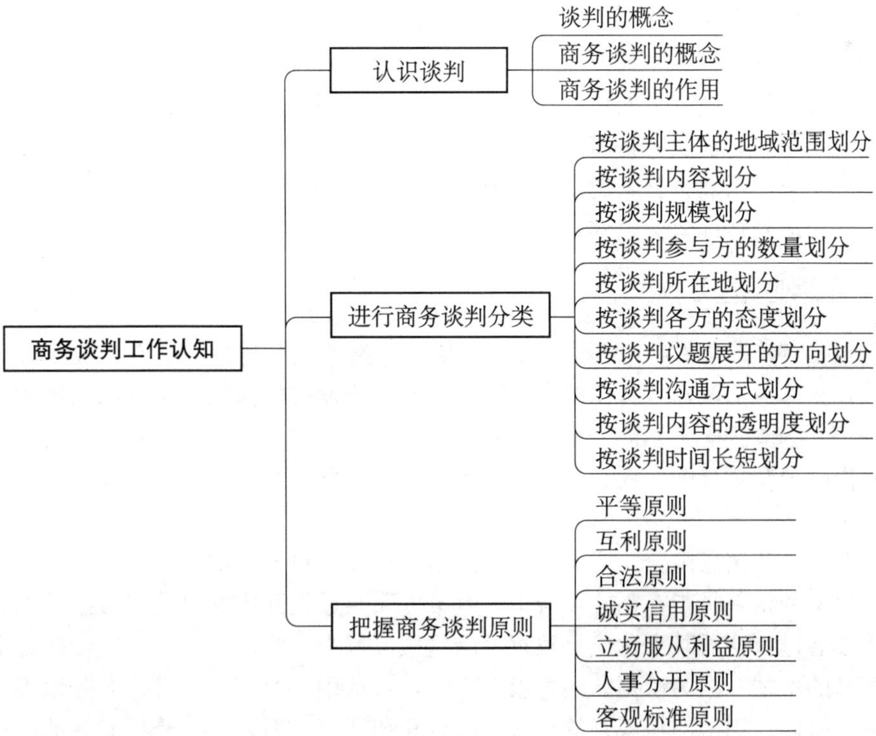

情境导入

学院教学实训中心教学资源采购谈判

假如你是一名新入职的年轻教师，你所在学院的教学实训中心刚刚竣工，需要采购动画类、微课类等教学资源作为实训中心的教学辅助，预计投资 18 万元。考虑到你的专业优势及作为年轻教师的谈判优势，学校委派你配合经验丰富的其他教师，在教学管理副院长的带领下，进行该项目的采购谈判工作。现在有 6 家公司前来投标，你们需要与这 6 家公司展开竞争性谈判。整个谈判过程须严格遵守《中华人民共和国政府采购法》。

请问：采购方需要从哪些方面着手本次商务谈判？

启示：竞争性谈判是采购方式的一种，具体是指采购人或代理机构通过与多家供应商（不少于 3 家）进行谈判，最后从中确定一家供应商作为中标方的一种采购方式，其具有特殊性和灵活性的特点。《中华人民共和国政府采购法》第 38 条给出了竞争性谈判的操作程序，须遵照执行。

任务一 认识谈判

一、谈判的概念

谈判是我们每个人日常生活中不可缺少的活动。日常生活里，很多人都有过这样的经历：从搞定客户签成单子，到说服老板成功加薪；从砍掉商贩的价格水分，到劝说小孩去做作业……可以说，谈判无处不在、无时不有。商业互动需要谈判，与人合作需要谈判，团队领导需要谈判，求职应聘需要谈判，国与国之间需要谈判，夫妻之间需要谈判，亲子教育需要谈判……因此，著名的谈判大师罗杰·道森讲道："假如没有谈判，世界将会怎样？假如不会谈判，你将会怎样？"

（一）谈判的含义

谈判包括"谈"与"判"两个方面。"谈"是指说话和讨论，即双方或多方之间的沟通与交流，具体包括谈双方合作的意向、必要性，谈发展的前景、采取的措施和实施的手段等；"判"是指分辨与判定，即决定一件事情，就是对由合作而引起的责任承担、风险分担、亏损或盈利的分配、权利分享、义务履行等，做出数字、范围、界限标准和时限等方面的判定。

谈判有广义和狭义之分。广义的谈判泛指一切带有目的性的协商、交涉、商量、磋商等行为。狭义的谈判是指在正式场合下，有关方面通过相互协商以便找出某重大问题的解决办法，或通过讨论对某事达成一致意见的过程或行为。给谈判下一个准确的定义，并不是一件容易的事情，因为谈判的内容极其广泛，很难用一两句话准确、充分地表达谈判的全部内涵，所以我们试图从谈判的形式、内容和特征等方面入手，分析谈判的内涵，以便把握谈判的基本概念。

美国著名谈判专家杰勒德·尼伦伯格在其《谈判的艺术》一书中讲道："谈判的定义最为简单，而涉及的范围却最为广泛，每一个要求满足的愿望和每一项寻求满足的需要，至少都是诱发人们展开谈判过程的潜因。只要人们是为了改变相互关系而交换观点，只要人们是为了取得一致而磋商协议，他们就是在进行谈判。"

英国学者 P. D. V. 马什在《合同谈判手册》一书中给谈判所下的定义是："所谓谈判，是指有关各方为了自身的目的，对各项涉及各方利益的事务进行磋商，并通过调整各自提出的条件，最终达成一项各方都较为满意的协议这样一个不断协调的过程。"

法国谈判学家克里斯托夫·杜邦全面研究了许多谈判专家的著述后在其所著的《谈判的行为、理论与应用》中给谈判下的定义为："谈判是使两个或数个角色处于面对面位置上的一项活动。各角色因持有分歧而相互对立，但他们彼此又互为依存。他们选择谋求达成协议的实际态度，以便终止分歧，并在他们之间（即使是暂时性的）创造、维持、发展某种关系。"

《现代汉语词典》（第 7 版）对谈判的解释是："有关方面对有待解决的重大问题进行会谈。"

综合上述观点，我们可以将谈判定义为：谈判是双方或多方为了实现各自的目的而进行的相互磋商，通过协调彼此关系达成一致意见的过程。

课堂讨论

在谈判界有一个广为流传的经典小故事——分橙子的故事。有一位妈妈把一个橙子给了两个孩子，他们讨论起如何来分这个橙子，最终达成一致意见，即由一个孩子负责切橙子，而另一个孩子先选橙子。结果，这两个孩子按照商定的办法各自取得了半个橙子，高高兴兴地拿回家去了。第一个孩子把半个橙子拿到家，把皮剥掉并扔进了垃圾桶，把果肉放到榨汁机里榨成了美味的果汁。而另一个孩子回到家后则把果肉挖掉并扔进了垃圾桶，把橙子皮留下来磨碎并混在面粉里烤成了美味的蛋糕。两个孩子分橙子的方法好不好？有没有更好的分配方法？

要求：教师不直接提供问题的答案，而是先引导学生结合本部分内容进行独立思考、自由发表见解，再组织课堂讨论，最后进行点评和总结。

（二）谈判的特征

研究发现，虽然中外学者对谈判的概念表述不尽相同，但这些表述的内涵却包含相同的基本特点，这些基本特点即谈判本身的特征。

1. 明确的目的性

谈判是一项目的性很强的活动。人们参加谈判是为了达到某种目的。谈判的目的可划分为三个层次，即寻求共识、谋求合作、追求利益。因为谈判涉及双方的利益，而双方立场各异，要达成共识非常不易，所以双方只有具备寻求共识的共同意愿，才能达到谈判的这个基本目的。谈判之所以能够达成协议，是因为参与谈判的各方都有一定程度的合作要求，而且只有合作才可能出现双赢的结局。谈判的终极目的是追求利益，只有谈判的结果对双方都有利，谈判双方才能达成协议。

2. 合作性和冲突性

合作性是谈判的前提。谈判双方都要具有一种新的谈判理念，即谈判双方不是对立的敌手，而是合作伙伴。在处理双方分歧时，要注意寻找双方都有可能接受的条件。冲突性使得谈判成为必要。因为双方有冲突、有矛盾，所以才有必要通过谈判行为解决相关利益纠纷。

3. 地位的平等性和利益的不均等性

地位的平等性是指谈判双方地位平等，国家不分大小贫富，企业不论实力强弱，个人不管权势高低，在商务谈判中地位都应该是平等的。而谈判的结果也不可能是绝对公平的，可能一方得到的利益较多，另一方得到的利益较少，利益的多少取决于谈判者谈判能力的高低及所代表企业、国家实力的强弱。这也体现为谈判的竞争性。谈判人员可以通过竞争来衡量和估计自己与对方对抗的能力和手段，并各自得到相应的报偿。

同步案例

1991 年，中美知识产权谈判前，中方团长突然患病，刚出任外经贸部副部长 4 个月的吴仪，临危受命替补上阵。鉴于当时美国人在知识产权问题上的强势和我国国内知识产权保护的实际状况，此次谈判的任务极其艰巨。正是在此次赴美谈判中，一段精彩的对话广为流传，使吴仪在外交场合强硬、机智的形象跃然而出。谈判开始时，颇为傲慢的美方代表先声夺人："我们是在与小偷谈判。"吴仪立即回应："我们是在与强盗谈判。你们国家博物馆里的文物，有多少是从别的国家包括中国抢夺去的?"这使美方代表凌厉的攻势一下被化解，双方终于能够心平气和地进入正式商谈。1992 年 1 月 17 日，中美知识产权谈判终于有了结果，吴仪代表中国政府在《中华人民共和国政府与美利坚合众国政府关于保护知识产权的谅解备忘录》上签署了自己的名字。

问题：本次谈判体现了谈判的什么特征?

案例解析：吴仪率领的中国代表团的谈判技巧是谈判成功的重要因素。有理有据且毫不示弱的中方谈判代表团，凭借积极、强硬、机智的谈判特征及直截了当的谈判作风，赢得了对手的尊重，为中国赢得了谈判桌上的平等地位，也为后续谈判奠定了良好的基础。这场谈判很好地体现了谈判双方地位的平等性特征。

4. 谈判过程的互动性

谈判是人们沟通思想的一种交际方式，是谈判双方“给予”与“接受”兼而有之的互动过程，双方都对对方发出的信息做出接收、加工整理、反馈等反应，并相应地调整或改变自己的行为，通过持续不断的信息传递与反馈相互影响、相互适应，从而实现说服与被说服的过程。

5. 谈判结果是使双方需求得以满足

谈判是互惠互利的。如果一方只想实现自己的目的和利益，那么双方就不可能达成一致。在谈判的过程中，双方都把自己的要求明确提出来，并对对方的合理要求表示理解与肯定。在处理双方分歧时，要注意寻找双方都有可能接受的条件。只有谈判的结果对双方都有利，谈判双方才能达成协议。

同步案例

图拉德是一家玻璃制造公司的老板，但是，他希望能做石油生意。虽然他一无关系、二无资金，但是他消息灵通、思路敏捷、行动果敢。一天，他从一个朋友处得知阿根廷政府即将从市场上购买 2 000 万美元的丁烷气体，就想试试看能否拿到这份合同。虽然他面临的对手是非常强大的英国石油公司和壳牌石油公司，但他从报上获悉：阿根廷畜牧业发达，每年生产的牛肉都过剩，正想不顾一切地卖牛肉。于是，他告诉阿根廷政府：如果他们愿意向其购买 2 000 万美元的丁烷气体，他可以购买他们 2 000 万美元的牛肉。这个条件解了阿根廷政府的燃眉之急，阿根廷政府求之不得。于是图德拉和阿根廷政府签订了这份合同。图拉德随即飞往西班牙，他已经了解到西班牙牛肉资源紧缺，但造船业却生产过剩。他找到一家正因缺少订单而濒临倒闭的造船厂，表示愿意向其订购 2 000 万美元的超级油轮，但作为条件，该厂必须向图拉德购买 2 000 万美元的阿根廷牛肉。有这样一笔买卖送上门来，该造船厂负责人乐不可支，也很快与图拉德签订了合同。图德拉随即通过西班牙驻阿根廷大使传话给阿根廷政府，将 2 000 万美元的牛肉直接运往西班牙。图拉德最后一站是中东地区的一家石油公司，以购买对方 2 000 万美元的丁烷为交换条件，要石油公司租用他从西班牙购买的超级油轮。中东地区石油资源虽然丰富，但是石油运输工具相对缺乏，所以石油的运输成本很高。图拉德的油轮刚好可以为石油公司的产品出口提供便利，于是，双方很快就签订了合作意向书。至此，图德拉利用供需信息使各方都接受了他的条件，一个玻璃制造商成功地做成了自己的第一单石油生意。

问题：图拉德为什么能够成功？他的交易秘诀是什么？

案例解析：没有不能整合的资源，只有未被发现的合作机会。图拉德之所以能够成功，是因为他能够准确把握对方的真正需求，从而把握了商机，通过满足对方的需求，实现了己方的谈判目标。

（三）谈判的构成要素

谈判的构成要素是指构成商务谈判活动的必要因素。在一场谈判即将开始之际，要做到胸有成竹且信心十足。只有从整体上认识谈判的各项构成要素，从全局上把握谈判的主动权，才能做到有的放矢、攻防有度、进退自如，从而达到谈判的预期目的。谈判的构成要素有谈判主体、谈判客体、谈判议题、谈判时间、谈判地点和谈判背景。这些构成要素缺一不可。

知识小贴士：谈判关系主体与行为主体

1. 谈判主体

谈判主体是指参加谈判活动的双方或多方。谈判主体多种多样，上到国家、国际组织，小到企业、个人，都可以成为谈判主体。当谈判并不单单是为了自身或小团体的利益，而是涉及组织、地区或国家利益时，严格认定主体的资格就显得十分必要。

课堂互动

分组辩论：在谈判中，是当事人参加谈判好，还是代理人参加谈判好？当事人亲自参加谈判有哪些优势？委托代理人代自己谈判又有哪些优势？

要求：学生参考“知识小贴士：谈判的关系主体与行为主体”二维码相关资料进行独立思考，并就当事人参加谈判好还是代理人参加谈判好两种观点进行自由讨论，随后分两组进行辩论，教师对学生提出的典型见解进行点评，给出总结性观点。

2. 谈判客体

谈判客体，也称谈判标的，是指谈判双方或多方当事人权利和义务共同指向的客观事物。在商务谈判中，谈判客体可以是有形的商品，也可以是无形的劳务、权利等。谈判的客体不同，谈判的内容也不同。谈判客体是谈判活动的中心。谈判人员要围绕平等、互惠互利的原则，针对谈判客体的特点开展谈判活动，以达到预期的谈判目的。

3. 谈判议题

谈判议题是指在谈判中双方所要协商解决的问题，即谈判的各项具体内容。谈判议题是谈判的起因、内容和目的，并决定当事各方参与谈判的人员组成及谈判策略，因此它是谈判活动的中心。在商务谈判中，谈判议题也是谈判双方的各项交易条件。以商务谈判为例，常见的谈判议题有商品规格、型号、质量、数量、包装、质检、运输、交货期、付款方式、保证条款和索赔等内容。没有议题，谈判显然无从开始和无法进行。

4. 谈判时间

谈判讲究天时、地利、人和，其中的天时指的就是谈判时间的选择。谈判时间包含两个方面的意思：一是何时谈，二是谈多久。何时谈是指具体的谈判时间点，而谈多久是指谈判的期限，两者在谈判中都起着非常重要的作用。谈判时要选择对自己有利的时机谈判，尤其是异地谈判，要选择己方谈判人员体力、智力和情绪最好的时段和对手谈判，切忌在自己最低潮、客观环境对自己不利的时候和对手谈判，这样可能会未战先败。对于谈判期限来讲，一是谈判时限的设定应该有弹性，二是不要泄露自己的谈判时限，三是要有耐心，注意谈判中对帕累托法则（80/20 法则）[①] 的把握。

5. 谈判地点

谈判总会在一定的时空进行，越重要的谈判，对谈判地点的选择越讲究。一般情况下，谈判地点的选择有四种，即主场谈判、客场谈判、主客场轮流谈判和第三地谈判。具体内容见本项目任务二“五、按谈判所在地划分”。

---

① 帕累托法则又称关键少数法则。该法则认为原因和结果、投入和产出、努力和报酬之间存在无法解释的不平衡。帕累托法则在此主要体现为谈判中 20%的时间可能左右了 80%的物质利益分配。

同步案例

日内瓦市位于日内瓦湖西南角，是瑞士联邦的第二大城市，被称为“和谈之城”。日内瓦湖的湖光山色在四季皆具吸引力。站在湖畔远望，可以看见环抱日内瓦市的阿尔卑斯山脉和侏罗山脉白雪皑皑的群峰——勃朗峰的雪顶。烟波浩渺的日内瓦湖，终年蓄满高山雪水，清澈如镜。日内瓦市是一座著名的国际都市，云集了无数的国际组织总部或其办事处，包括世界贸易组织、世界卫生组织、世界气象组织、世界知识产权组织等。在两次世界大战期间，国际联盟的总部就设在此。

日内瓦市因其深厚的人道主义传统、多彩多姿的文化活动、重大的会议和展览会、令人垂涎的美食、清新的市郊风景及众多的游览项目和体育设施而著称于世，众多的日内瓦协议、日内瓦公约也诞生于此。

问题：为什么日内瓦市被称为“和谈之城”？

案例解析：对于第三地谈判而言，谈判地点的选择是非常重要的。日内瓦市景色秀丽、气候宜人，且为众多国际组织的集中地，使得谈判者在此能够很好地适应环境，并方便地解决问题。

6. 谈判背景

谈判背景是指谈判所处的客观环境。任何谈判都不可能孤立地进行，而必然处在一定的客观环境之下并受其制约。因此，谈判背景对谈判的发生、发展、结局均有重要的影响，是谈判不可忽视的要件。谈判背景主要包括环境背景、组织背景和人员背景等方面。

上述六个方面为谈判的构成要素，而谈判活动作为一个有机整体，除了以上各方面的要素之外，还得考虑其他对谈判具有重大影响的因素，如谈判目的、谈判方式、谈判策略等。

二、商务谈判的概念

商务是指一切与买卖商品相关的商业事务，包括一切有形或无形资产（即劳务与商品）的交换与买卖。因此，一切涉及商品买卖活动的谈判都是商务谈判，它是谈判的一种。随着商品经济的迅速发展，商务谈判已逐渐成为谈判的主要组成部分。

（一）商务谈判的含义

商务谈判（Business Negotiation）有两层含义：一是商务，二是谈判。前者表明行为目标和内容性质，后者表明运作过程和活动方式。商务谈判，具体来说，是指有关商务活动的各方，为了达到各自的经济目的，就一项涉及各方经济利益的标的物及各项交易条件，通过沟通和协商，最后达成各方都能接受的协议的过程。商务谈判一般包括货物买卖、工程承包、技术转让、融资等涉及群体或个人利益的经济事务的谈判活动。

（二）商务谈判的特征

商务谈判作为谈判的一种特定形式，既有谈判的共性，又有自身的个性特征，具体表现为：

1. 目的的经济性

不同的谈判者参加谈判的目的是不同的，如外交谈判涉及的是国家利益，政治谈判关心的是政党、团体的根本利益，军事谈判主要涉及敌对双方的安全利益。而商务谈判区别于其他谈判的主要特征，就是以追求和实现经济利益为目的。在商务谈判中，谈判者都比较注意谈判所涉及的成本、效率和效益。在现实的商务活动中，无论是商品的买卖、劳务的输出、技术的转让，还是投资谈判、并购谈判，无一不是如此。因此，人们通常以获取经济效益的好坏来评价一次商务谈判的成功与否。不讲求经济效益的商务谈判就失去了价值和意义。

2. 价值的转换性

商务谈判源于商品交换。通过商务谈判和商品交易活动，商品的生产者通过让渡商品的使用价值而获得商品的价值，而商品的消费者通过支付一定数量的货币即双方都认可的价格获得该商品的使用价值。随着商品由卖方以协商谈判的价格转让给买方，商品价值交换也就实现了。从这个意义上讲，商务谈判的过程就是价值转换的过程。需要指出的是，在商务谈判中，我们一方面要以价格为中心，坚持自己的利益，另一方面又不能局限于价格，应该拓宽思路，设法从其他利益因素上争取应得的利益。与其在价格上与对手争执不休，不如在其他利益因素上使对方在不知不觉中让步。

3. 合同条款的严密性与准确性

商务谈判的结果是由双方协商一致的协议或合同来体现的。合同条款实质上反映了各方的权利和义务，合同条款的严密性与准确性是保障谈判获得各种利益的重要前提。有些谈判者在商务谈判中花了很大气力，好不容易为自己争取到较有利的结果，对方为了得到合同，也迫不得已做了许多让步，但是在拟定合同条款时掉以轻心，不注意合同条款的完整、严谨、准确、合理、合法，反而被对方在条款措辞或表述技巧上引入陷阱，不仅到手的利益丧失殆尽，而且为此付出惨重的代价。这种例子在商务谈判中屡见不鲜。因此，在商务谈判中，谈判者不仅要重视口头上的承诺，更要重视合同条款的准确和严谨。

知识小贴士：谈判成功与否的多元化评价

4. 评价标准的多元性

评价一项商务谈判活动是否成功，评价标准不是单一的，而是取决于多种因素，因此，商务谈判的评价标准具有多元性特点。综观各项商务谈判活动，评价标准主要有以下三个因素，即谈判目标的实现与否、谈判效率的高低及谈判各方关系的维护，三者缺一不可。

课堂讨论

如果在一场商务谈判中，谈判者通过种种努力实现了谈判的最理想目标，但是同时耗费了大量的时间和精力，并破坏了双方关系，那么，这样的谈判能够称为成功的商务谈判吗？

要求：教师不直接提供上述问题的答案，而是先引导学生结合本部分内容进行独立思考、自由发表见解，再组织课堂讨论，最后对学生提出的典型见解进行点评，给出最终观点。

三、商务谈判的作用

（一）促进商品经济的发展

商品经济存在的基础是社会分工，即生产资料及产品属于不同的所有者，这决定了人们之间有偿的、等价的交往关系的发展。商品经济本身就崇尚等价交换，即买卖双方通过平等协商，实现在互利基础上的双赢结局。而谈判正是帮助人们实现这种联系的重要形式。商品经济越繁荣，社会越发达，商业往来就越频繁，商务谈判的应用就越广泛和多样。因此，商品经济的发展促进了谈判作用的广泛发挥。同时，商务谈判在社会生产、经济生活等各个领域的运用，又进一步促进了社会的繁荣、经济的发展。

（二）加强企业间的经济联系

商务谈判的主体具有多样化的特点，大到国家甚至国际组织，小到企业、其他组织或个人，都可以成为商务谈判的主体。但是，商务谈判大多仍然集中于企业与企业之间的商品交易活动。随着我国市场经济体制的不断完善和发展，企业作为国家生产经营活动的主体，专业化程度越来越高，企业与企业之间的往来与联系也越来越密切。企业需要通过谈判获得生产要素或销售商品，需要通过谈判处理合同纠纷，通过谈判实现部门之间的合作与配合等。因此，谈判已经成为企业之间经济联系的桥梁和纽带。

（三）促进对外贸易发展

当今世界的经济是开放的经济，很多经济活动都在向国际市场拓展。跨境电商的发展，已经使得对外贸易变得越来越贴近老百姓的生活。企业需要直接面对国际客户，商务谈判在国际商务活动中的作用也越来越重要。不少企业因缺乏独当一面、训练有素、了解各国习俗和法律的商务谈判人员而丧失了很好的贸易机会，造成了不必要的损失。因此，企业要想发展对外贸易，参与国际竞争，开拓国际市场，就必须精通商务谈判，熟练掌握商务谈判中的各类谈判策略和技巧，并加以灵活运用，进而在世界经济的发展中把握商机、赢得胜利。

同步案例

2023 年是我国提出“一带一路”倡议 10 周年。统计数据显示，自“一带一路”倡议提出以来，中国与“一带一路”沿线国家的贸易发展提速，中国与“一带一路”沿线国家间的进出口总值从 2013 年的 6.46 万亿元增长至 2021 年的 11.6 万亿元，年均增长 7.5%。即使面对新冠疫情的冲击，中国与“一带一路”沿线国家间的贸易仍维持了增长势头。有关学者研究认为，共建“一带一路”为促进贸易增长和创新发展作出了重要贡献。推动高质量共建“一带一路”，有助于发展良好的国际贸易伙伴关系，被国际社会视为促进贸易繁荣发展的重要引擎。

问题：该案例体现了商务谈判的什么作用?

案例解析：“一带一路”是“丝绸之路经济带”和“21 世纪海上丝绸之路”的简称。2013 年 9 月和 10 月，中国国家主席习近平分别提出建设“丝绸之路经济带”和“21 世纪海上丝绸之路”的合作倡议。“一带一路”是促进共同发展、实现共同繁荣的合作共赢之路，是增进理解信任、加强全方位交流的和平友谊之路。中国对部分“一带一路”沿线国家进出口实现快速增长，这显示出共建“一带一路”为促进区域经贸合作提供了强劲动能。因此，该案例很好地体现了商务谈判在促进我国对外贸易中的作用。

任务二 进行商务谈判分类

商务谈判按照不同的标准，可以划分为不同类型。每种类型的优势、劣势各不相同，适用的情况及应采取的策略也各不相同。只有了解谈判的分类并根据不同类型商务谈判的特点，采取不同的谈判策略，才能最大限度地发挥该类谈判的优势，规避其劣势，从而取得谈判的成功。因此，对谈判类型的把握是商务谈判成功的起点。

一、按谈判主体所属的地域范围划分

（一）国内商务谈判

国内商务谈判是指只限于本国国内各种经济组织及个人之间所进行的商务谈判活动。它具体包括国内的各类商品购销谈判、商品运输谈判、公司并购谈判、合作经营谈判、经营承包谈判、借款贷款谈判、服务提供谈判、财产保险谈判、索赔谈判等。由于国内商务谈判双方语言相同、观念一致，因此谈判的主要问题在于怎样调整双方的不同利益，寻找更多的共同点。

但是国内商务谈判也受一些特殊的国情影响。以我国为例，国内商务谈判常常表现出过分关注情义、法制观念淡薄、行政干预性强、不重视合同履行等特点。之所以出现这种情况，一方面是因为受我国传统文化的长期影响，商务谈判人员比较重视人情世故；另一方面是因为商务谈判人员法制观念淡薄，认为谈判只是把双方交易的内容明确一下，交易靠的是双方的关系、面子乃至交情，如果合同条款过于琐碎、细致，反倒伤了感情、失了面子。事实证明，这非但不利于谈判双方关系的维系，还使合同失去应有的效用，长此以往，反而会影响双方的合作。这是谈判人员必须坚决避免和克服的。

（二）国际商务谈判

国际商务谈判是指谈判主体跨越国境，本国政府及各种经济组织与外国政府及各种经济组织之间进行的商务谈判活动。谈判中利益主体的一方，通常是外国的政府、企业或公民。可以说，国际商务谈判是对外经济贸易活动中普遍存在的一项十分重要的经济活动，是调整和解决不同国家和地区政府及商业机构之间不可避免的经济利益冲突的必不可少的手段。它具体包括国际产品贸易谈判、合资经营谈判、合作经营谈判、外商独资投资谈判、补偿贸易谈判、各种加工和装配贸易谈判、技术贸易谈判、租赁业务谈判和劳务贸易谈判等。由于谈判主体来自不同的国家，其文化背景、语言习惯、价值观念、宗教信仰、行为规范、道德标准等存在极大的差别，因此，无论从谈判技术还是谈判内容来看，国际商务谈判都比国内商务谈判复杂得多。

二、按谈判内容划分

（一）商品贸易谈判

商品贸易谈判即一般商品的买卖谈判，主要是买卖双方就买卖商品本身的有关内容，如品质、价格、数量、包装、运输、保险、货款结算方式，以及索赔、仲裁和不可抗力等问题所进行的谈判。商品贸易谈判是商务谈判中数量最多的一种谈判，主要包括农副产品购销谈判和工矿产品购销谈判。

知识小贴士：商品贸易谈判的具体内容

（二）非商品贸易谈判

非商品贸易谈判是指谈判标的为商品贸易之外的其他类型的谈判。它具体包括工程项目谈判、技术贸易谈判、劳务合作谈判、租赁业务谈判、投资谈判、资金谈判等。这类谈判或围绕某一项目展开，或针对某一技术或劳务进行。

知识小贴士：非商品贸易谈判的常见类型

（三）合同纠纷谈判

合同纠纷谈判，也称索赔谈判，是指在合同规定义务不能履行或不能完全履行时，合同当事双方进行的谈判。合同纠纷谈判的内容与一般的商品贸易谈判和非商品贸易谈判不同，谈判议题主要是明确违约方与违约内容，判定违约责任与损害程度，确定索赔金额、赔偿范围、赔偿方式及赔偿期限等。

三、按谈判规模划分

（一）“一对一”谈判

“一对一”谈判，也称单人谈判，是指谈判双方均为一个人的谈判。“一对一”谈判一般有两种情况：一是谈判业务比较单一，一个人就可以胜任；二是在大中型谈判中，谈判负责人或主谈就某一敏感或关键议题进行单独协商。“一对一”谈判往往是一种比较困难的谈判类型，因为双方谈判者只能各自为战，得不到助手的及时帮助。因此，此类谈判对谈判者各项素质的要求较高。

（二）小组谈判

小组谈判是谈判中最多、最常见的一种谈判，是指由公司组成谈判小组并由谈判负责人带领进行的谈判。谈判小组的人数一般为 3～7 人。此类谈判一般适用于情况比较复杂、谈判内容较多的谈判项目，各方都有几个人同时参加谈判。小组谈判强调小组成员之间有分工、有协作，取长补短、各司其职、各尽所能、团结一致、互相配合，从而实现缩短谈判时间、提高谈判效率的谈判目的。

（三）大型谈判

大型谈判是指谈判议题结构复杂、涉及项目较多、参与人员数量众多的谈判。通常认为，参与谈判的人员数量在 12 人以上的就可以称为大型谈判，但这种划分只是相对而言，并没有严格的界限。国家级、省级或重大项目的谈判，通常都属于此种类型。进行大型谈判，要做好各方面的准备工作，如：谈判方案的制订要周详，需要的话可以制订分阶段的谈判方案；组织好谈判班子，配备好阵营强大、拥有各种高级专家的顾问团或智囊团；选择有效的谈判策略；做好谈判的物质准备；等等。

四、按谈判参与方的数量划分

（一）双方谈判

双方谈判，也称长桌谈判，是指谈判参与方只有两个利益主体的谈判。当涉及两个国家时，双方谈判也可称为双边谈判。双方谈判的利益关系比较明确、简单，利益比较容易协调，谈判目标容易达成一致。

（二）多方谈判

多方谈判，也称圆桌谈判，是指谈判参与方有两个以上利益主体的谈判。当涉及多个国家时，多方谈判也可称为多边谈判。例如，朝核六方会谈，一共有朝鲜、中国、俄罗斯、日本、韩国、美国共六个国家参与。多方谈判的利益关系比较复杂，矛盾的点和面大大增加，难以协调一致，谈判困难较多，需要协商谈判。

同步案例

全面与进步跨太平洋伙伴关系协定（CPTPP）是由亚太国家组成的自由贸易区，是美国退出跨太平洋伙伴关系协定（TPP）后该协定的新名字，是目前重要的国际多边经济谈判组织，由亚太经济合作组织（APEC）成员中的新西兰、新加坡、智利和文莱四国发起。通过签订并生效的经贸协议，成员之间彼此承诺在货物贸易、服务贸易、知识产权以及投资等领域相互给予优惠并加强合作。2015 年 10 月 5 日，TPP 12 个成员国部长在美国亚特兰大就市场准入、监管和知识产权等领域的统一标准达成共识，耗时多年的 TPP 谈判基本完成。2017 年 1 月 23 日，美国总统特朗普签署行政命令，正式宣布美国退出 TPP。2017 年 11 月 11 日，由启动 TPP 谈判的 11 个亚太国家共同发布了一份联合声明，TPP 协定改名为全面与进步跨太平洋伙伴关系协定（CPTPP）。

问题：全面与进步跨太平洋伙伴关系协定的成员国之间的谈判属于哪一种类型谈判？

案例解析：全面与进步跨太平洋伙伴关系协定的成员国之间的谈判，按谈判主体的地域范围划分属于国际商务谈判，按照谈判参与方的数量划分，属于多边谈判。

五、按谈判所在地划分

（一）主场谈判

主场谈判是指对谈判的某一方而言，在其所在地进行的谈判。比如，将我方同国外企业进行的商务谈判安排在我国境内，我方就属于主场谈判。

主场谈判具有诸多优势，如：熟悉的环境会使自己产生一种安全感；可以充分依靠自己的信息渠道，搜集各种资料；能随时与自己的上级、专家顾问保持沟通，商讨对策；等等。但是，主场谈判也有一些劣势，如：作为东道主，要尽地主之谊，安排食宿及招待事宜，操心费力；当对方提出进行现场参观时，容易被对方探听虚实；等等。

（二）客场谈判

客场谈判是指己方到对方所在地进行的谈判。一般来讲，己方到对方所在地进行谈判，便意味着己方按照对方的规格和习惯进行谈判。

客场谈判，己方不仅要受旅途劳顿之苦，而且会因不适应环境而在谈判中产生心理紧张、情绪不稳定等情况。当然凡事都不是绝对的，客场谈判，己方也可以省却那些东道主必须承担的迎来送往，同时在谈判僵持时可借必须回国请示而方便地暂时退出谈判。如果结合对谈判对方的实地考察，将有助于对对方进行深入了解与准确认识。因此，选择客场谈判也有其他谈判不可比拟的好处。

（三）主客场轮流谈判

主客场轮流谈判是指商务谈判的谈判地点在主场、客场不断互换的谈判。比如，谈判可能开始在买方，继续谈判在卖方，而结束或在卖方或在买方。

主客场轮流谈判一般是在做大宗商品买卖，或是引进成套项目时使用。这种谈判通常复杂程度较高，拖延的时间也较长，对交易效果的影响也较大。主客场轮流谈判能够平衡主场谈判和客场谈判各自的利弊，便于双方扬长避短，但是奔波成本较高，双方精力耗费也较大。

（四）第三地谈判

第三地谈判，也称中立地谈判，是指谈判双方选择在第三地进行洽商的谈判。这种情况多见于双方立场对立、互不相让、矛盾较大的谈判，如两方的军事谈判、外交谈判等。国际商务谈判中，除两国商务人员同时在第三国从事商务活动，如参加国际博览会外，这种方式较为少见。

第三地谈判对谈判双方来讲不仅充分体现了地点公平原则，而且如果第三地的选择比较好，能够使得双方在比较放松、相对愉悦的心态下进行谈判，反而有利于谈判问题的解决。但是，第三地谈判的物质成本较高，而且地点选择本身比较复杂。

同步案例

日本由于煤炭和钢铁资源短缺，因此渴望购买煤和铁。澳大利亚生产煤和铁，并且在国际贸易中不愁找不到买主。按理来说，日本谈判者应该到澳大利亚去谈生意。但日本人总是想尽办法把澳大利亚人请到日本去谈生意。澳大利亚人一般都比较谨慎，讲究礼仪，而不会过分侵犯东道主的权益。澳大利亚人到了日本，使得日本方面和澳大利亚方面在谈判桌上的相互地位发生了显著的变化。澳大利亚人过惯了富裕的舒适生活，他们的谈判代表到了日本之后没几天，就急于想回到故乡别墅的游泳池、海滨和妻儿身旁去，在谈判桌上常常表现出急躁的情绪。而作为东道主的日本谈判代表则不慌不忙地讨价还价，因此在谈判桌上掌握了大量的主动权。结果日本方面仅仅花费了少量款待费作为“鱼饵”，就钓到了“大鱼”，获得了大量谈判利益。

资料来源：周琼，吴再芳．商务谈判与推销技术［M］．北京：机械工业出版社，2017.

问题：该案例中的谈判属于哪种类型？

案例解析：该案例中的谈判对于澳方来讲属于客场谈判，对于日方来讲属于主场谈判。

六、按谈判各方的态度划分

（一）立场型谈判

立场型谈判，也称强硬式谈判、传统式谈判，是指谈判各方都把注意力放到如何维护自己的立场、否定对方的立场上的谈判。对于立场型谈判，在谈判开始时，各方就表明己方的立场，进而固执地加以坚持，并把谈判看成一场意志力的搏斗，认为在这样的竞赛中，立场越强硬，最后的收获也越多，从而忽视了谈判中真正的需要，以致不考虑能否找到一个兼顾双方需要的解决方法，只在谈判难以为继、迫不得已的情况下，才做出极小的松动和让步。如果双方都采取这种态度和方针，必然会导致关系紧张，增加谈判的时间和成本，降低谈判效率，以致很难达成协议。即使某一方屈服于对方的意志而被迫让步、签订协议，内心的不满也是显然的，因为在这场谈判中其需要未能得到满足。这会导致屈服的一方在日后协议履行过程中做出消极行为，甚至想方设法阻碍和破坏协议的履行。从这个角度来判断，立场型谈判没有真正的胜利者。

（二）让步型谈判

让步型谈判，也称关系型谈判、软式谈判，是指谈判各方都以宽大及让步的心态进行的谈判。让步型谈判者希望避免冲突，随时准备为达成协议让步，希望通过谈判签订一个皆大欢喜的协议。采用这种谈判方式的人，不把对方当作敌人，而视为朋友。其目的是达成协议而不是获取胜利。因此，在让步型谈判中，一般做法是提议、让步、保持友善，以及为了避免冲突对抗而屈服于对方。如果谈判双方都为让步型谈判者，那么达成协议的可能性、速度以及谈判的成本与效率都会令人满意，双方的关系也会进一步得到加深。然而，由于利益驱使、价值观及个性的不同，在谈判中并非人人都会采用这种谈判方式。而且这种方式并不一定是明智、合适的，当遇到强硬的谈判者时，让步型谈判者极易受到伤害。因此，实际的商务谈判中极少采取让步型谈判，其一般只限于双方的合作关系友好且有长期业务往来的情况。

（三）原则型谈判

原则型谈判，也称竞合型谈判、现代式谈判，是指谈判各方将对方视为与己方并肩合作的同事，而不是作为敌人来对待，并注意调和双方的利益而不是固守各自的立场的谈判。原则型谈判既不像让步型谈判那样只强调双方的关系而忽视利益的获取，也不像立场型谈判那样一味固守立场而忽视了双方的利益。它要求谈判双方尊重对方的基本需要，寻找双方利益上的共同点，从而找到使双方各有所获的方案。当双方的利益发生冲突时，它要求根据公平的原则来做决定，而不是通过双方意志力的较量一决胜负。原则型谈判者认为，在谈判双方对立立场的背后，存在某种共同性利益和冲突性利益。原则型谈判强调通过谈判所取得的价值（这个价值既包括经济上的价值，也包括人际关系的价值）。原则型谈判是一种既理性又富有人情味的谈判，因此为世界各国的谈判研究人员和实际谈判人员所推崇。

七、按谈判议题展开的方向划分

（一）横向谈判

横向谈判是指谈判双方将所有的谈判议题全部平摊在谈判桌上，多项议题同时讨论的谈判。横向谈判在某一问题上出现矛盾或分歧时，会把这一问题放在后面，转而讨论其他问题，如此周而复始地讨论下去，直到所有问题都谈妥为止。以资金借贷谈判为例，谈判涉及货币、金额、利息率、贷款期限、担保、还款以及宽限期等问题，如果双方在贷款金额上不能达成一致意见，就可以把这一问题放在后面，先讨论担保、还款等问题，也许随着担保及还款问题的解决，贷款金额问题便迎刃而解。

（二）纵向谈判

纵向谈判是指谈判双方将谈判的议题按照所确定的先后顺序依次进行商讨的谈判方

式，即采用单项议题依次讨论的谈判。这种方式尤其适用于所谈条款的内容属于因果关系的问题。以索赔谈判为例，先讨论索赔原因，再商讨赔款条件，最后谈赔付金额的问题，逐项讨论每一个问题和条款，讨论一个问题，解决一个问题，上一个问题没解决，就不进入下一个问题，一直到谈判结束。

总之，在商务谈判中，不是横向谈判，就是纵向谈判，至于采用哪一种形式，主要根据谈判的内容、复杂程度以及谈判的规模来确定。一般来讲，大型谈判、涉及两方以上人员参加的谈判大都采用横向谈判的形式；而规模较小、业务简单，特别是双方已有过合作历史的谈判，则可采用纵向谈判的形式。

课堂互动

分组辩论：商业谈判中，横向谈判好，还是纵向谈判好？

要求：学生参考本部分内容进行独立思考，并就横向谈判好还是纵向谈判好两种观点进行自由讨论，随后分两组进行辩论，教师对学生提出的典型见解进行点评，给出总结性观点。

八、按谈判沟通方式划分

（一）面对面谈判

面对面谈判，顾名思义就是谈判双方（或多方）直接地、面对面地就谈判内容进行沟通、磋商和洽谈的谈判。面对面谈判中，谈判各方可以直接对话，不仅是语言的直接交流，而且各方均能直接观察对方的仪表、手势、表情和态度，正是这些构成了面对面谈判独具的优势。不仅如此，由于面对面谈判是人与人之间进行的直接的沟通、磋商和洽谈，受人的个性、需要、动机和直觉的影响较大，因此，商务谈判所研究的谈判策略、技巧、心理、礼仪、人员管理等，都是以面对面谈判方式为背景展开讨论的。面对面谈判在谈判活动中的适用范围非常广泛，一般而言，凡是正规的、重要的、高规格的谈判，都以面对面的谈判方式进行。

（二）书面谈判

书面谈判是指谈判双方利用文字或图表，比如通过信函、电报、电传等形式进行的谈判。书面谈判主要适用于有经常性经济交往活动的谈判，产品批量大而供应范围广的购销谈判以及远距离谈判等。在实际工作中，人们常把书面谈判与面对面谈判结合在一起使用。有些在一般情况下采取书面谈判的交易，在特殊情况下也可以改用面对面谈判；经常有交往的双方，在原先双方约定的交易条件不变时，为了节省成本与时间，具体某一笔交易也可以采用书面谈判的方式。书面谈判方式可以使双方对问题有比较充足的考虑时间，但为了保证谈判效率，一般应规定对方答复的有效期限。值得注意的是，虽然在书面谈判的过程中，也采用书面形式，但这只是反映谈判过程的情况，而不能表明成交的确立，因此，书面谈判的成交也要以合同为证。

（三）网上谈判

网上谈判是指借助互联网进行协商、对话的一种谈判方式。网上谈判是基于电子商务的出现和迅猛发展而出现的，并且越来越被企业提上重要的议事日程。网上谈判常见的形式有借助电子邮箱、即时通信工具等社交软件进行的谈判。这种借助互联网的新兴商务谈判方式，关键不在于更好地提供信息，而在于建立起与客户、合作伙伴之间的新的关系和沟通方式，也就是说通过无处不在的互联网，使得相互间的联系、交往以及商务活动完全可以在网上进行，从而达到提高客户或合作伙伴的满意度、降低成本、提高灵活性、缩短谈判时间、提高工作效率等目的。

（四）电话谈判

电话谈判是指借助电话进行沟通、协商，寻求达成交易的一种谈判方式。电话谈判与面对面谈判同属于口头谈判，但是两者既有相同点，也有不同点。相同点在于都是用语言进行磋商，而且电话谈判方式也包括探询、成交、签约等不同步骤；不同点在于一个是远距离不见面的磋商，另一个是近距离面对面的磋商。双方在谈判之前，都需要做有关的准备工作；谈判开始，要做简短的寒暄；谈判过程中，也少不了讨价还价；谈判之后，要记录并整理有关情况和资料。有的电话谈判自始至终都进行录音，双方在电话中达成的口头协议也构成了有法律约束力的口头合同。在经济发展越来越快的现代社会，时间就是金钱，效率就是效益，电话谈判以其方便、快捷的特点，在经济洽谈、商务营销中的应用越来越广泛。

九、按谈判内容的透明度划分

（一）公开谈判

公开谈判是指谈判本身不保密，谈判的时间、地点、过程、结果均可公开的谈判。随着现代商业竞争的加剧，人们一般并不愿意过多地对外暴露谈判的相关内容，而选择保守商业机密，因而这种谈判方式很少被使用。

（二）半公开谈判

半公开谈判是指有关谈判的内容以及谈判的其他安排有所选择地对外公开的谈判。在半公开谈判的情况下，谈判双方可根据自己的需要来选择对外公开的内容或信息。这种谈判方式在现今的商务活动中较多见。

（三）秘密谈判

秘密谈判是指有关谈判的各项内容、信息和安排全部内外保密的谈判。这种谈判对于谈判的保护比较好，可以大大降低商业机会的流失率，减少其他不良因素的干扰。

课堂讨论

在现实谈判中，可以选择公开谈判与秘密谈判交叉进行，这与半公开谈判有什么不同?

要求：教师不直接提供上述问题的答案，而是先引导学生结合本部分内容进行独立思考，再组织课堂讨论，让学生自由发表见解，最后对学生提出的典型见解进行点评，提出总结性观点。

十、按谈判时间长短划分

（一）闪电式谈判

闪电式谈判是指谈判的时间很短、双方很快就能达成一致意见的谈判。

（二）马拉松式谈判

马拉松式谈判是指谈判的时间很长、有时要经过很多轮商谈，持续几年甚至几十年的谈判，如我国的入世谈判。

同步案例

世界贸易组织（WTO）的前身是成立于1947年的关税与贸易总协定（GATT），1995年重组改称现名。毫无疑问，中国入世谈判是多边贸易体制史上最艰难的较量之一，在世界谈判史上也极为罕见。自1986年7月10日中国正式向WTO前身——关贸总协定递交复关申请起，国内外无数次预测这场谈判的时间表。但谁也不曾料到，由于谈判逐步被“政治化”及其本身的艰巨性、复杂性、特殊性和敏感性，这一谈就是15个春秋。中国代表团换了4任团长，美国换了5位首席谈判代表，欧盟换了4位首席谈判代表。

中国复关和入世谈判大致可分为三个阶段：第一阶段从20世纪80年代初到1986年7月，主要是酝酿、准备复关事宜；第二阶段从1987年2月到1992年10月，主要是审议中国经贸体制，中方要回答的中心题目是到底搞市场经济还是计划经济；第三阶段从1992年10月到2001年9月，中方进入实质性谈判阶段，即双边市场准入谈判和围绕起草中国入世法律文件的多边谈判。经过艰苦斗争，美欧等发达国家不得不同意以灵活务实的态度解决中国的发展中国家地位问题，中方最终与所有WTO成员就中国加入WTO后若干年市场开放的领域、时间和程度等达成了协议。

问题：该案例中的谈判属于哪种类型?

案例解析：按谈判时间长短划分，该案例中的谈判属于典型的马拉松式谈判；按谈判主体所属的地域范围划分，该案例中的谈判属于国际商务谈判；按谈判规模划分，该案例中的谈判属于大型谈判。

任务三　把握商务谈判原则

对于商务谈判，谈判各方不能随心所欲，其语言行为要受到相关商务谈判原则的约束。商务谈判原则是指在商务谈判活动中必须遵循的各项准则，是谈判各方在交换意见、解决分歧的过程中所应遵循的指导思想。正确认识和把握商务谈判的各项原则，有助于谈判各方提高谈判效率、维护谈判权益。

一、平等原则

平等原则是商务谈判得以顺利进行的首要原则，是谈判能够圆满结束的重要前提。在商务谈判中，无论经济实力强弱、组织规模大小，各方都应该坚持地位平等、自愿合作、平等协商、公平交易。

商务谈判的平等原则具体体现为谈判各方的地位平等、权利与义务平等、签约与践约平等等多个方面。地位平等是指国家不分贫富、企业不论实力强弱、个人不论权势高低，在商务谈判中都应该一律平等。权利与义务平等是指商务谈判中的各方都应平等地享受权利，也要平等地承担义务。谈判者享受的权利越多（少），相应地需要承担的义务也就越多（少）。签约与践约平等是指签订贸易及合作协议或合同的谈判各方，须重合同、守信用，认真制定，严格执行。只有坚持平等原则，商务谈判才能在互信合作的气氛中顺利进行，才能达到互助互惠的谈判目标。

二、互利原则

在商务谈判中，平等与互利两个原则密切联系、有机统一。平等是互利的前提，互利是平等的目的。互利原则具体是指商务谈判的各方出于自身利益的追求和互惠互利的意愿参加谈判、寻求共识以谋求合作。

商务谈判不是竞技比赛，不能一方胜利一方失败，一方盈利一方亏本。因为，谈判如果只有利于一方，不利方就会退出谈判，这样自然会导致谈判破裂，谈判的胜利方也就不复存在。坚持互利，就要重视合作，没有合作，互利就不可能实现。以双方谈判为例，谈判双方只有在追求自身利益的同时，尊重对方的利益追求，立足于互补合作，才能互谅互让，争取互惠“双赢”，才能实现各自的利益目标，获得谈判的成功。事实上，谈判双方可以共同努力来增加可以切割的利益总数，即由谈判双方创造性地“做大蛋糕”，尽管其相对的份额保持不变，但各自的所得却增加了，这就是典型的“双赢”式谈判。

同步案例

小张看中一个生意机会，向正在创业的朋友小李借了100万元，双方签订了一年还清的借款合同。12个月后，小张说生意刚刚运转，资金周转不灵，只有不动产，没有现金，不能按时还款；而小李也因为公司创业中遇到瓶颈，日常开支困难，坚持按时要回其100万元的借款。朋友关系变成了敌对关系，双方只好通过律师交涉。最后，双方发现这样争执的结果对双方都没有益处。于是，经过协商，双方决定重新拟定一个还款合同，签订了一个有利于双方的协议，即借款由一年付清改为三年付清，但约定了适当高于银行的借款利率。如此一来，小张解决了资金周转困难的问题，并在自己承受范围内能够还清借款；而小李不但能够要回总的借款，也获得了高于银行的借款利率。

问题：该案例体现了商务谈判的哪一个原则？

案例解析：该案例体现了商务谈判中的互利原则。在谈判过程中，不要局限于眼前利益，只有立足于长远，从互惠互利的原则出发，方能促使可能失败的合作走向成功。

三、合法原则

合法原则是商务谈判的根本，是指商务谈判必须遵守相关国家的法律、法规和政策。国际商务谈判还应当遵循有关的国际法和对方国家的有关法规。

商务谈判的合法原则，具体体现在谈判主体合法、谈判客体合法和谈判手段合法三个方面。谈判主体合法，是指参与谈判的各方组织及其谈判人员应具有合法的资格。谈判客体合法，是指谈判所要磋商的交易项目与内容具有合法性，对于法律不允许的行为，如买卖毒品、贩卖人口、走私货物等，其谈判显然违法。谈判手段合法，是指应通过公正、公平、公开的手段达到谈判目的，而不能采用不正当的手段如行贿受贿、暴力威胁等来达到谈判的目的。总之，只有在商务谈判中遵守合法原则，谈判及其协议才具有法律效力，当事各方的权益才能受到法律的保护。

四、诚实信用原则

诚实信用原则是市场经济活动的一项基本道德准则。诚实信用原则是指当事人在经济活动中应讲信用，恪守诺言，诚实不欺，在追求自己的利益的同时不损害他人和社会的利益。“诚招天下客，誉从信中来。”在商务谈判中，谈判者保持诚信是很重要的，对于双方之间的公开约定，必须践约。谈判者的风格可以千变万化，但是其诚信品格必须是不变的。

当然，谈判者的诚实守信并不等同于谈判桌上的开诚布公，更不等同于把一切都和盘托出。精明的谈判者既讲信用，又有分寸，绝不随意透露自己的全部意图，不暴露自己的真实需求，而是该明言则明言、该回避则回避，通过自己的人品取得信任，通过自己的策略赢得谈判。

五、立场服从利益原则

立场服从利益原则是指在商务谈判中双方在处理立场与利益的关系时要立足于利益而在立场方面做出一定的让步。双方的利益是谈判的基点，不要在立场上讨价还价，而要寻找在互相对立的立场背后可能隐藏的双方共同和一致的利益。

当然，重利益并不是说就不要立场。在商务谈判中，谈判者必须坚持基本原则。立场是谈判的基础，没有立场，就没有见解和观点，谈判也就不能进行。但是谈判的最基本问题不是双方在立场上的冲突，而是双方在利益上的协调。

谈判者所采取的立场与其所追求的利益是密切相关的。立场反映了谈判者追求利益的态度和要求，而谈判者的利益则是促使其采取某种立场的原因。利益在许多情况下是内隐的，而一个人的立场则由其自己决定，并常常通过其言谈举止显现出来。

同步案例

西奈半岛是连接非洲及亚洲的三角形半岛，位于埃及的东北端，与东边的以色列和加沙地带相连。1967 年阿以战争期间，西奈半岛被以色列军队占领。当 1978 年埃及重新要求收回西奈半岛时，双方谈判陷入僵局。由于西奈半岛紧挨以色列的国土，以色列出于国家边境安全的考虑，坚持保留西奈半岛的一部分，而埃及出于国土完整的需要，坚持收回西奈半岛的全部领土。立场的对立与争执使谈判一度陷入僵局。

问题：在本案例中应怎样使用立场服从利益原则来解决双方的问题？

案例解析：出于对双方利益的考虑，埃及的利益要求是国土完整，以色列的利益要求是边境安全，因此，埃及和以色列经过多年谈判，终于突破僵局，达成协议，即西奈半岛领土完全归还埃及，但是要求紧挨以色列的大部分地区实行非军事化，以保证以色列的安全，即埃及的国旗可以在西奈半岛飘扬，但埃及的坦克却绝不能靠近以色列。这个令双方满意的协议之所以能够达成，就是因为双方找到了利益需求的满足点，并据此进行协调。

六、人事分开原则

商务谈判中的人事分开原则是指在谈判中把对人即谈判对手与所讨论的问题的态度区分开来，不在谈判中把对问题的不满发泄到谈判者个人身上的原则，即要处理好“对事不对人”或“对人不对事”的辩证关系。在商务谈判过程中，双方如果互不了解，出现争执，就容易将个人的好恶与现实问题结合在一起，产生沟通障碍，从而导致双方之间的误解加深、成见强化，最后致使谈判破裂。因此，将谈判者个人的因素与谈判所涉及的目标分离，是商务谈判获得成功的重要方法之一。

七、客观标准原则

在谈判过程中，利益冲突客观存在，谈判双方都希望得到对自己有利的谈判结果。面对谈判中时时处处存在的以利益为焦点的分歧和冲突，谈判双方要达成协议，就必须消除这些分歧，最好能够找到一个最能反映客观情况的标准以利于理智解决问题。

（一）什么叫客观标准

客观标准是指独立于谈判双方意志之外并为双方所认可和接受、合情合理又切实可行的准则。首先，双方所寻求的客观标准应独立于各方主观意志之外，即不由谈判中的任何一方所指定。其次，该客观标准应为谈判各方所接受，任何一方不同意，都不能作为客观标准使用。最后，该客观标准应合法、合情、合理，并切合实际，方便操作和使用。可供双方作为协议基础的客观标准是多种多样的，可以是国际惯例、法律法规、道德准则，也可以是市场平均价格、专业标准、价格指数等。如果双方认为每个问题都需要双方共同努力去寻求客观标准，每一方就都应在对待最能反映客观标准的问题上理智行事。如果要修改某些标准，那么必须已提出更好的建议。

（二）确定最合适的标准

客观标准应具有以下几个特征。一是保证公平性。它是指给双方以平等的机会，就像两个人分东西，一方提出分配方案，而由另一方先行挑选。二是注重情理。谈判双方往往都认为自己的标准是合法的和公平的，而认为对方的标准不正确，这就要求谈判者从理性的角度出发，注意倾听对方的理由，并从中吸取合理的部分。三是排除主观意志的干扰。这里所谓主观意志，是指在不改变自身立场或观点的条件下，要求对方改变立场或观点。这种做法必然导致双方竭力维护各自的立场，甚至将谈判引向破裂。在这种情况下，即使达成协议，也要花费大量的时间和精力，不仅恶化双方的关系，还会影响双方的长期合作和伙伴关系。

同步案例

我国某公司向国外某公司出口某种商品。对方公司一再要求降价。我方公司经过多次降价后认为已没有再降价的余地，遂从市场行情到成本列举了许多理由来支持己方的观点。对方公司不为所动，坚持要更优惠的价格，谈判就此陷入僵局。突然，我方谈判人员问起对方国家的反倾销标准，对方谈判人员虽然不明所以，但也据实相告。最后，我方谈判人员问道："若我们应你方要求再降价的话，不就成了向贵国倾销产品了吗？如果由此引起贵国对这种产品的反倾销，你们愿意承担后果吗？"

问题：本案例中，中方所遵循的商务谈判原则是什么？

案例解析：本案例中，中方所遵循的商务谈判原则是客观标准原则。反倾销标准是一种客观标准。反倾销是国际贸易中一国为防止另一国对本国进行商品低价倾销而影响本国民族产业的发展，进而采取的一种抵制措施，通常表现为当进口国因外国倾销某种产品而令国内产业受到损害时，征收相当于出口国国内市场价格与倾销价格之间差额的进口税。

崇德修身

谈判解决问题 合作才是主流

十三届全国人大二次会议新闻中心于2019年3月8日10时在梅地亚中心新闻发布厅举行记者会。路透社记者提问："您认为中美两国是否正在走向冲突？如何来避免这种情况？中方如何来加强和美方的互信？"外交部部长王毅回应称："中美关系历来是合作与摩擦并存，但是我们始终认为，合作是大于分歧的。"同时，王毅讲到，中美两国的利益已经高度融合。美国几乎所有大公司在中国都有业务，几乎所有的州与中国都有合作。有这样一种说法，有个别人声称要让中美"脱钩"。这显然是不现实的，与中国"脱钩"，就是与机遇"脱钩"，就是与未来"脱钩"，某种意义上也是与世界"脱钩"。中美只要坚持相互尊重，致力于平等协商，任何难题最终都能够找到双方都可以接受的解决办法。

问题：中美贸易磋商应遵循什么基本理念？

提示：中国的发展，毫无疑问得益于经济全球化；中国的发展，也为世界作出了巨大贡献。这是中国长期以来追求大局意识、和而不同、包容协作等理念的体现。任何形式的保护主义，最终都只会伤及本国企业与消费者。合作才是中美关系的主流。

知识测试

一、单项选择题

1. "多项议题同时讨论"体现的是（　　）的特点。

A. 横向谈判　　B. 纵向谈判

C. 马拉松式谈判　　D. 闪电式谈判

2. 谈判客体又称（　　）。

A. 谈判议题　　B. 交易条件

C. 谈判标的　　D. 谈判地点

二、多项选择题

1. 下列属于谈判构成要素的有（　　）。

A. 谈判主体　　B. 谈判客体

C. 谈判议题　　D. 谈判时间

2. 按谈判所在地划分，商务谈判可分为（　　）。

A. 主场谈判　　B. 客场谈判

C. 主客场轮流谈判　　D. 第三地谈判

三、判断题

1. 主场谈判比客场谈判好。（　　）

2. 商务谈判中应遵循立场服从利益的谈判原则。（　　）

3. 关系主体参与谈判比行为主体参与谈判要好。（　　）

四、简答题

1. 谈判的特征有哪些？

2. 商务谈判的原则有哪些？

五、论述题

商务谈判的类型有哪些？至少针对一种划分方式进行举例。

项目实训

实训背景：

根据本项目情境导入《学院教学实训中心教学资源采购谈判》所提供的资料，结合该商务谈判的特征，确定其谈判主体、谈判客体、谈判议题等构成要素，分析其谈判类型及在谈判中应遵循的商务谈判原则。

实训目标：

能够对该商务谈判进行特征、类型、构成要素、遵循原则的分析和确定。

实训内容：

1. 根据该商务谈判的类型，进行该商务谈判的特征分析；

2. 结合《中华人民共和国采购法》，对该商务谈判进行程序拟定；

3. 结合情境资料，进行该商务谈判的谈判主体、谈判客体、谈判议题、谈判时间、谈判地点的分析和选择；

4. 针对该商务谈判的需要，确定应遵循的商务谈判原则。

实训步骤：

1. 将全班学生分成若干小组，学生可以自由组合，每组4～6人，每组确定一名组长；

2. 教师根据实训情境，设定本次商务谈判的谈判类型、谈判特征、谈判构成要素、谈判原则、谈判程序等各模块任务的内容；

3. 各组进行任务认领，分工查找资料并集中讨论，推荐代表进行发言和展示，整个过程小组成员之间须分工明确、协作配合、积极表现；

4. 实训结束，进行组内互评和组间互评，教师进行点评与总结；

5. 各组进行小结讨论，完成实训总结；

6. 教师在“学习通”平台上展示班级优秀实训成果及相关资料。

实训成果：

《×××谈判实训总结》

注意事项：

1. 小组成员分工明确，注重协作配合；

2. 主动参与，积极讨论；

3. 实训总结应包括小组分工、任务内容描述及反思等方面。

任务评价

<table>
<tr><th rowspan="2">评价方式</th><th rowspan="2" colspan="2">评价内容</th><th rowspan="2">分值</th><th colspan="2">评价人</th></tr>
<tr><th>个人</th><th>教师</th></tr>
<tr><td rowspan="9">自我评价
与教师评价
（75%）</td><td rowspan="5">技能点</td><td>能对谈判类型进行正确的判定</td><td>5</td><td></td><td></td></tr>
<tr><td>能结合谈判类型进行谈判特征的分析</td><td>12</td><td></td><td></td></tr>
<tr><td>能结合谈判方式进行谈判程序的拟定</td><td>13</td><td></td><td></td></tr>
<tr><td>能结合情景资料进行谈判构成要素的分析</td><td>20</td><td></td><td></td></tr>
<tr><td>能针对谈判需要确定应遵循的谈判原则</td><td>10</td><td></td><td></td></tr>
<tr><td rowspan="3">素质点</td><td>树立双赢的现代谈判理念</td><td>5</td><td></td><td></td></tr>
<tr><td>具有合作意识</td><td>5</td><td></td><td></td></tr>
<tr><td>具有法规意识，尊重规则</td><td>5</td><td></td><td></td></tr>
<tr><td colspan="2">合计（$\sum$ 个人分值 * 20%+ $\sum$ 教师分值 * 80%）</td><td>75</td><td colspan="2"></td></tr>
<tr><td rowspan="4">组间互评
（25%）</td><td colspan="2">实训任务前期准备情况及任务整体完成质量</td><td>10</td><td colspan="2"></td></tr>
<tr><td colspan="2">小组每个成员任务的参与度与投入度</td><td>8</td><td colspan="2"></td></tr>
<tr><td colspan="2">小组成员之间的配合度及团队精神</td><td>7</td><td colspan="2"></td></tr>
<tr><td colspan="2">合计</td><td>25</td><td colspan="2"></td></tr>
<tr><td>综合评价</td><td colspan="2">自我评价（15%）＋教师评价（60%）＋小组互评（25%）</td><td>100</td><td colspan="2"></td></tr>
</table>

项目二 商务谈判准备

学习目标

知识目标：了解商务谈判的准备内容，掌握商务谈判心态准备、人员准备、物质准备以及模拟谈判等相关内容，理解商务谈判方案的制订原则及结构内容，熟练掌握商务谈判活动礼仪的内容及相关要求。

技能目标：能够根据谈判背景进行恰当的心态准备、信息准备、物质条件准备及人员配备，并制订完善的谈判方案，掌握有效进行模拟谈判的能力，遵循商务谈判活动礼仪。

素质目标：树立“凡事豫则立，不豫则废”的理念，明确谈判准备工作的重要性，培养良好的谈判心态，切实加强工作谋划，做到思考在前、谋划在先。

思维导图

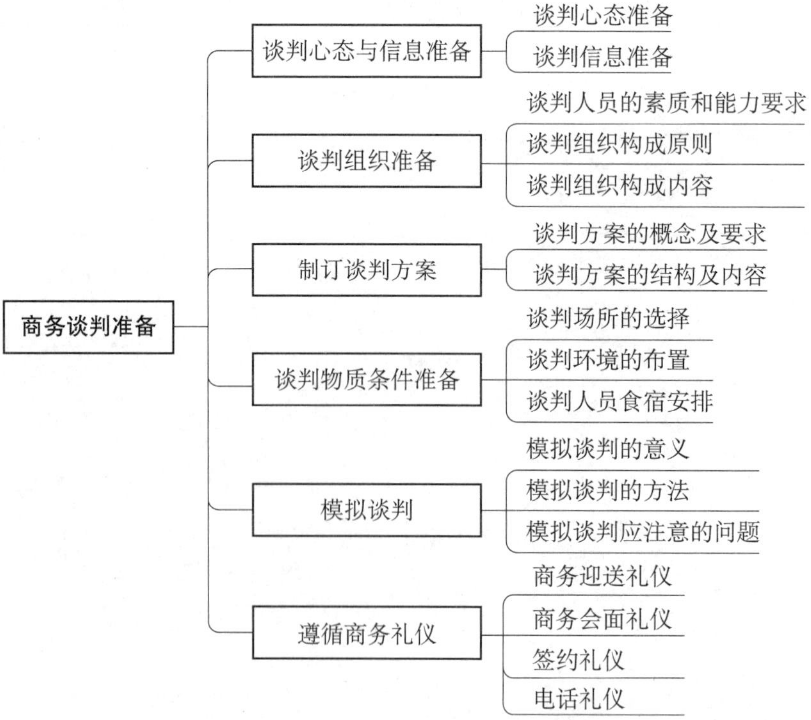

情境导入

进驻大学生创新创业孵化园的谈判

某大学规划出一个大学生创新创业孵化园，创造了足够优惠的条件为在校大学生个体创客与创业团队提供日常办公、科技孵化及其他创新创业保障，满足大学生创业者研发、培训、孵化、展示、交易等需求，现共有30个独立办公区域对外出租，竞争激烈。假设你所在的班级准备组建一个创业公司，进驻该孵化园，现在由你担任本次谈判的负责人，与学校相关部门进行谈判。

请问：你们需要从哪些方面着手准备本次商务谈判？

启示：谈判是我们每个人日常生活及工作中不可缺少的活动。本次商务谈判是在校生与学校相关部门的领导进行谈判，不但要有良好的谈判心态，而且应做好全面、具体的谈判准备。

任务一 谈判心态与信息准备

一、谈判心态准备

心态决定成败。在商务谈判前，做好心态准备是非常重要的。谈判者如果没有良好的心态，或是过于紧张、焦虑急躁，或是过于傲慢、盲目轻敌，或是过于慎重、畏首畏尾，对于谈判来说都非常不利。对于谈判这种密集度和缜密性比较高的工作而言，拥有一颗平常心，就等于拥有清醒的头脑。因此，在谈判过程中，谈判者一定要保持良好的心态。

（一）学习的心态

21世纪是一个日新月异的时代，新技术、新材料、新知识层出不穷，市场环境也在不断发生变化。谈判者只有永远保持学习的心态，紧跟时代发展，顺应市场趋势，才能在商战中立于不败之地。快速发展的经济社会，也使得社会上的浮躁心态变得非常普遍，各种成功学使得很多人在寻找成功和致富的捷径中迷失了自我。实际上，成功没有捷径，学习的心态本身就是一种谦逊、谨慎的态度，有助于避免谈判者在谈判桌上因自以为是、过于傲慢而“大意失荆州”。

（二）共赢的心态

我们所处的时代是一个合作共赢的时代，企业之间的关联度日益增强，既有激烈竞争，又有合作和发展空间。虽然商务谈判过程的本质是双方（或多方）当事人的博弈过程，谈判中各方充分利用谈判技巧、策略，在追求自身最佳得益的前提下获取最有利的交易条件，但谈判的结果并不是“你赢我输”或“你输我赢”。谈判各方首先要树立共赢的理念，牢记共赢的原则，牢牢把握合作的主线，管控好矛盾，使冲突和分歧朝着有利于解决问题的方向发展。各方都树立了共赢的理念，对谈判的顺利进行和各方利益达到最大化都有促进作用。

课堂讨论

“零和”游戏：游戏者有输有赢，一方所赢正是另一方所输，游戏的总成绩永远是零。这种理论认为，世界是一个封闭的系统，财富、资源、机遇都是有限的，个别人、个别地区和个别国家财富的增加必然意味着对其他人、其他地区和其他国家的掠夺。

“共赢”观念：个人的“利己”不一定建立在“损人”的基础上，通过有效合作，皆大欢喜的结局是可能出现的。

谈一谈在谈判中“零和”和“共赢”的具体应用。

要求：教师不直接提供问题的答案，而是先引导学生结合本部分内容进行独立思考、自由发表见解，再组织课堂讨论，最后进行点评。

（三）创新的心态

谈判的创新心态，一方面指的是谈判策略、谈判技巧的不断创新；另一方面指的是谈判规则的不断创新，即谈判既是“切分蛋糕”又是不断“做大蛋糕”的过程。在传统商务谈判中，谈判者往往首先考虑各自的利益，他们认为利益是一定的，别人多拿了，自己就少拿了。因此，双方就在分割利益上下功夫，而没有把注意力放在寻找使双方利润空间扩大并达到双赢的方案上面。事实上，商务谈判的成功与否在很大程度上取决于能不能扩大双方的整体利益，把“蛋糕”做大。创新的心态表现在以下两方面：一是双方可以通过各自的努力使成本降低，扩大双方的共同利益；二是打破自我封闭、观念保守的谈判思路，通过创新思维，拿自己不太需要的东西来交换自己需要的东西，从而使得谈判利益最大化。

（四）抗挫的心态

在商务谈判中，谈判者会遇到各种各样的困难和阻碍，这会引起谈判者的心理波动，产生挫折是不可避免的。在商务谈判中，造成谈判者心理挫折的因素主要有以下几种：一是因谈判者掌握的谈判信息不够，制定的谈判目标不合理或者不可行而导致的心理挫折；二是由惯例、经验、成见所形成的思维定式，对于谈判中所出现的新情况、新问题难以解决而导致的心理挫折；三是谈判者因自身的某些特殊需要，如自尊、面子、自我价值实现等受到伤害或者没有得到很好的满足而导致的心理挫折。如果谈判者没有良好的抗挫心态，轻则可能会分散自己的注意力，重则可能造成剧烈的情绪波动，进而影响谈判进程。针对上述心理挫折，谈判者只有选择恰当的方式进行情绪控制或者主动面对，才能避免在商务谈判中处于被动的地位。

知识小贴士：谈判的心理禁忌

二、谈判信息准备

当今时代是一个信息爆炸的时代。信息既是商务活动的先导，也是影响商务谈判成败的决定性力量。信息是谈判双方沟通的纽带，也是制订谈判计划和谈判战略的重要依据，还是控制谈判进程的重要手段。因此，谈判信息的搜集与整理对于商务谈判活动具有非常重要的意义。

商务谈判信息是指反映与商务谈判相联系的各种情况及其特征的有关资料。商务谈判信息资料同其他领域的信息资料相比，有其不同特点。首先，商务谈判资料无论是资料的来源还是资料的构成都更复杂和广泛，在有些资料的取得和识别上具有相当大的难度。其次，商务谈判资料是在特定的谈判圈及特定的当事人中流动，谈判者对谈判资料的敏感程度是其在谈判中获胜的关键。最后，商务谈判涉及己方和谈判对手的资金、信用、经营状况、成交价格等，具有极强的保密性。

（一）商务谈判信息的构成

1. 各项方针、政策、法律及民俗

市场经济是法制经济，市场经济中的所有商品交易活动，都离不开法律法规的保护和制约。社会经济活动都是在国家的宏观计划调节下进行的，政府的各项方针、政策为经济发展指明了方向，创造了宽松的市场环境，从而保证经济活动顺利进行。自然，企业的各种经济活动也是在这些制度方针，如《民法典》《公司法》《产品质量法》《商标法》《专利法》《消费者权益保护法》《标准化法》等的指导下进行的。

对于国际商务谈判而言，谈判者还要了解和掌握国际贸易的各种法规和条例，对方国家的行业政策、关税政策、贸易法规、进出口管理制度，对我国是否实行禁运或限制进出口的种类范围，不同文化背景下的消费习俗、消费心理和购买行为等，这有利于我方制订正确的谈判战略、计划，避免在谈判中出现不必要的分歧、误会，从而促使谈判顺利进行。

2. 市场行情

随着现代社会生活节奏的不断加快，企业间的竞争也更加激烈，市场行情瞬息万变。面对结构复杂、竞争激烈的市场行情，谈判者必须进行多角度、全方位、及时的了解和研究。与谈判有关的市场行情信息主要有：市场的分布情况、产品的需求情况、销售的竞争情况、商品的流通渠道和习惯性销售渠道、商品的交易价格和常用优惠措施，以及商品市场分布的地理位置、运输条件、政治和经济条件等。只有对上述行情信息进行及时、准确、充分的了解和分析，才能准确预测和分析其变化动态，从而掌握谈判的主动权。

3. 谈判对手信息

《孙子兵法》曰："知彼知己，百战不殆。"己方商务谈判的成败在很大程度上取决于己方对谈判对手信息的掌握程度。商务谈判要面对的谈判对手可能来自不同国家或地区。由于文化背景、价值观念以及社会习俗等存在明显的差异，谈判者在谈判中的谈判风格也各不相同。只有了解和掌握谈判对手的基本情况，才能有针对性地制定己方的谈判策略。

微课：谈判需要搜集对方哪些信息?

除了掌握对方的基本情况，谈判者也需要做到"知己"。所谓"知己"，就是要求谈判者在谈判之前掌握组织内部的信息，搞清楚组织自身的处境，深入了解高层决策者的想法。几乎所有的谈判方案和谈判策略都是基于谈判者对自身处境的认识并依照组织高层决策者的要求制定出来的。己方信息具体包括己方企业及产品信息，己方谈判代表人员相关信息，己方内部的规章、制度及相关流程等。只有知彼知己，才能使己方在激烈的谈判中胸有成竹、从容应对，最终赢得谈判。

同步案例

我国某冶金公司因生产需要，需采购一套先进的冶炼组合炉和自动冶炼设备。经过反复比对，我方公司选择了美国一家公司的设备，并组建了一支由高级工程师俞安亲自带队的谈判团队前往洽谈。为保证谈判的成功，我方谈判团队尤其是团队负责人俞安查找了大量产品资料，同时对美国这家公司的规模、实力、历史和经营情况等进行了调查。

谈判第一阶段，双方先就冶炼组合炉进行洽谈。美方公司态度强硬，上来就对冶炼组合炉报价150万美元。俞安列举各国成交价格，美商谈判代表目瞪口呆，没料到中国公司对市场行情这么了解，最终冶炼组合炉以80万美元成交。谈判随后进入第二阶段，双方围绕自动冶炼设备进行谈判。美方初次报价230万美元，经过激烈的讨价还价，价格被压到130万美元，但距离我方能够接受的理想价格仍有差距，谈判陷入僵局。美方公司谈判人员说道："我们已经作出了很大的让步，贵公司仍不能合作，看来你们没有诚意。算了，我们不谈了。"俞安闻言轻轻一笑，把手一伸，做了一个优雅的"请"的动作。美商真的走了，中方谈判代表团其他成员有点着急，甚至埋怨俞安不该逼得这么紧。俞安却说："放心吧，他们会继续谈的。同样的设备，去年他们卖给法国的价格是95万美元，国际市场上这种设备的成交价格在100万美元左右是正常的。"果然不出所料，一周后美方又回来继续谈判了。俞安向美商点明了他们与法国的成交价格，美商愣住了，他们没想到眼前这位中国人如此精明，但仍坚持道："现在物价上涨得厉害，比不得去年。"俞安反驳道："今年物价涨幅没有超过6%，1年时间，你们算算，该涨多少?"美商被问得哑口无言。最终双方以101万美元达成交易，我方取得谈判成功。

资料来源：杨群祥．商务谈判［M］．7版．大连：东北财经大学出版社，2023.

问题：该案例中，我方为什么能够取得谈判的成功？

案例解析：谈判是双方心理素质的较量，也是谈判技巧、专业知识与信息掌握情况的较量。正如《孙子兵法》中所说"知彼知己，百战不殆"，唯有准备充分，方能心中有数、胸有成竹，也才能做到胜券在握。本案例中我方谈判团队负责人之所以能够胜券在握并最终带领团队取得谈判成功，正是因为在谈判前进行了全面的、有针对性的谈判信息准备。

（二）商务谈判信息的要求

1. 准确性

准确性是指信息资料的真实可靠性。真实性是信息的生命，不真实的信息会把商务谈判决策引向歧途。为保证信息的真实性：首先，要求资料来源真实可靠；其次，在进行信息资料加工时，要注意鉴别，去伪存真，剔除不真实的信息资料；最后，要弄清模糊度较大的资料，对于不明确的资料要暂时搁置起来。

2. 全面性

全面性是指信息资料的完整性、系统性和连续性。残缺不全的资料常常会导致谈判中的判断失误。因此，搜集的信息资料必须是与商贸谈判有关的全方位的信息资料。搜集时要尽可能详细，网开四面，广泛搜集，防止遗漏重要的信息资料。同时，要保持系统性，要能反映有关政治、经济等活动的动态变化状况与转化过程及其特征。

3. 针对性

针对性是指所准备的信息资料要适合本次商务谈判工作的实际需要。只有切实适合本次谈判决策或解决问题的信息，才具有适用性。因此，资料搜集必须有明确的目的，按专题进行，不要面面俱到。同时，在整理和分析资料时，要善于选择与某一谈判行动有关的重要信息资料，送交决策者作为谈判决策时的参考。

4. 时效性

时效性是指信息资料的及时性。信息资料应尽可能灵敏地反映最新动态。信息有很强的时效性，具有时效性的信息才是财富。因此，一方面要及时地搜集发展变化着的有关情况的信息；另一方面，信息资料的整理、分析、传递的速度要快。

（三）商务谈判信息的传递与保密

谈判信息资料的搜集整理与谈判信息资料的传递与保密是紧密相连的有机统一体。谈判者在做好信息资料的搜集整理的基础上，要十分注意信息资料的传递与保密工作。

知识小贴士：商务谈判信息的搜集渠道

1. 信息资料的传递

商务谈判信息的传递包含两个方面：一是指己方谈判人员之间的信息传递，二是指谈判人员同己方企业之间的信息传递。对于前者，在谈判桌上本方谈判人员应该在保证信息安全的情况下，通过约定暗语、手势表情等方式进行传递。而对于后者，尤其是在客场谈判的情况下，要有效地控制调节，以保证信息资料上传下达的通畅高效。通常情况下，要事先规定好联络方式和制度，并明确联络程序及责任人，以便迅速顺利地汇报谈判情况，请示下一步行动，避免因部门之间的推诿而贻误商机。

2. 信息资料的保密

由于商务谈判一般涉及商业机密，因此，商务谈判所涉及的文件、档案及双方各自有关重要观点等资料的保密工作非常重要。如果不严格保密，将造成不可挽回的损失。因此，在商务谈判中，必须做好谈判信息的保密工作，包括明确保密事项、采取相应的保密措施等，必要时还应签订保密协议。

谈判信息资料保密的一般措施有：

（1）不要给对方提供窃密机会，如文件调阅、保管、复印、打字等。

（2）不要随便托人代发电报、E-mail 等。

（3）不要乱放文件，尤其是印有重要信息的文件不要敞露于谈判桌上。

（4）资料的管理应由专人负责，并设置一定的安全管理权限，未经有关负责人批准，不能随意调阅。

（5）不要在公共场所，如餐厅、洗手间、过道等地方谈论与谈判业务有关的问题。

（6）不要过分信任临时服务人员。

（7）最后的底牌只能让关键人物知道。

（8）在谈判达成协议前，不应对外公布。

（9）必要时使用暗语、手势或事先约定的动作。

同步案例

这是一个发生在一家生产家用纺织用品的工厂和其采购商之间的谈判。谈判已接近尾声，双方即将签订采购合同，但是工厂忽然接到了对方谈判负责人打来的电话，要求把价格再降低5%，否则将取消本次合作。工厂负责人听说后立即慌了，原来工厂已经很久没有接到订单，资金周转困难，基本面临停产的危险，本次订单如果能够签订成功，将会成为挽救工厂的关键，使得工厂起死回生。经过反复讨论和思量，最后，工厂负责人不得已交代己方谈判代表接受了对方5%的降价要求。原来，在签订合同的几天前，工厂的一名工作人员在与采购商的接触中，无意中提到工厂由于长期缺乏订单，正面临巨大的经营压力。作为“回报”，对方采购谈判负责人不但没有施以同情，反而趁机压价。

问题：从本次谈判中，我们应该吸取的教训是什么？

案例解析：本次谈判告诉我们，谈判收集信息的渠道非常广泛。双方在谈判接洽过程中，应增强防范意识。无论何时，公司的员工都要严守公司的商务机密，尤其在谈判过程中，不能随意透露不利于己方的信息给对方。

任务二 谈判组织准备

谈判组织准备，也称谈判人员准备，是指为实现一定的谈判目的，依照某种特定的方式对人员进行的系统安排。一场成功的商务谈判，离不开一支规模适当、结构合理的谈判队伍。组织力量的来源，一方面是组织成员的个人素质与能力，另一方面是组织成员的协同能力。

一、谈判人员的素质和能力要求

在波澜壮阔的历史进程中，许多重大历史事件无不闪耀着谈判者超人的智慧和令人赞叹的谈判技巧，例如：在古代，苏秦、张仪合纵连横，晏子使楚不辱使命，蔺相如完璧归赵等；到了当代，我国外交官的个人形象和谈判风格都给我们留下了深刻的印象。当我们感叹谈判者的英姿飒爽、雄才伟略时，当我们为谈判者的智慧与气魄所折服时，我们有没有想过谈判的成功与谈判者良好的品质和修养、宽广的心胸以及大无畏的气魄是分不开的？

（一）谈判人员的素质要求

1. 良好的职业道德

良好的职业道德是谈判人员必须具备的首要条件。谈判人员的一言一行都关系到组织的整体形象和利益。具体来讲，谈判人员良好的职业道德包括诚信正直、遵纪守法、忠于职守、克己奉公、谦虚谨慎、团结协作，具有强烈的事业心、责任心和进取心。

2. 过硬的心理素质

商务谈判不仅是一种智力、技能和实力的比试，更是一场意志、耐性和毅力的较量。一些重大而艰难的谈判，往往不是一轮、两轮就能完成的。对谈判人员而言，如果缺乏过硬的心理素质，是很难在谈判中成功的。因此，谈判人员要能够做到在顺境时不骄不躁，不目中无人；在逆境时保持良好的进取心态，不把自己的缺点和错误强加给别人；当别人侮辱自己时，不以牙还牙，而是宽大为怀，用智慧来应对。

3. 广博的知识储备

广博的知识储备是谈判人员在谈判中获得成功的前提条件。如果没有系统而精深的知识储备，谈判人员就无法游刃有余地进行谈判。谈判人员要将普通知识和专业知识统一起来，在具备贸易、金融、营销等一些必备的专业知识的同时，还要广泛摄取心理学、经济学、管理学、财务学、控制论、系统论等学科的知识，并为己所用。这是谈判人员综合素质的体现。

4. 良好的礼仪素质

礼仪作为一种道德规范，是人类文明的重要表现形式。任何行业都有一定的礼仪规范。在商务谈判中，礼仪作为交际规范，是谈判人员必备的基本素质。在谈判桌上，谈判人员的彬彬有礼、举止有度、高雅格调，往往能给人带来赏心悦目的感觉，能为商务谈判营造和平友好的气氛；反之，谈判人员的无知和疏忽，不仅会使谈判破裂，还会造成恶劣的影响。因此，谈判人员必须具有良好的礼仪素质。

5. 健康的身体素质

商务谈判是一项困难、艰苦的工程，有时甚至要“知其不可为而为之”。但是，一旦接受了谈判任务，谈判人员就要依照己方既定的目标与原则，以勇往直前的姿态全力以赴。因此，在商务谈判中，不管有什么样的困难和压力，谈判人员都要显示出奋战到底的决心和勇气。而面对这些，如果没有健康的身体素质，是很难胜任的。谈判人员只有精力充沛、体魄健康，才能适应超负荷谈判工作的需要。

（二）谈判人员的能力要求

1. 综合的职业能力

（1）协调能力。商务谈判是涉及人与领域较多的复杂活动。这就要求谈判人员既能尊重他人，虚心听取利于谈判的合理意见，又善于解决矛盾，善于调动他人。

（2）应变能力。谈判桌上瞬息万变，因此谈判人员需要有一定的应变能力，从而做到临危不乱，以不变应万变，即使陷入被动或困扰，也能做到处变不惊、从容应对。

（3）意志力。谈判工作可能是枯燥冗长的，这就要求谈判人员有坚韧的意志力，不为困难所屈服，不为诱惑所动摇，有坚定的决心去赢得谈判的最终胜利。

（4）自制力。这是指谈判人员在谈判局势发生急剧变化，甚至在激烈的争执中也能克服自身的心理障碍，控制自身的行为，以恰当的语言和举止来说服和影响对方，既不被顺利冲昏头脑，又不因挫折萎靡不振。

（5）语言表达能力。谈判是人类利用语言工具进行交往的一种活动。谈判中的语言不仅应当准确、严密，而且应生动形象、富有感染力。优秀的谈判人员，应像语言大师那样精通语言，通过语言的感染力强化谈判的艺术效果，同时使对手能够正确领悟己方的意图。

2. 较强的业务能力

（1）运筹、计划能力。谈判中的运筹、计划能力包括谈判的进度如何把握，谈判在什么时候、什么情况下可以进入下一阶段，在谈判的不同阶段将使用怎样的策略等。这些都需要谈判人员发挥其运筹的作用。当然，这种运筹和计划离不开对谈判对手的背景、需要、可能采取的策略的调查和预测。

（2）洞察能力。在谈判之前，谈判人员并不十分了解对手，很多信息只有在谈判桌上才会发现。这就需要谈判人员具备良好的洞察能力，绝不放弃对方语言、行动以及表情上的蛛丝马迹，进而判断对方的真实意图，以便采取相应对策。

（3）判断能力。谈判人员不但要善于察言观色，还要具备对所见所闻做出正确的分析和判断的能力，能够根据对方的第一次报价和一些行为，迅速做出判断和估测。正确的假设将直接影响谈判的进程。

（4）控制能力。谈判是由谈判者由两极走向交叉点的过程。由于这个过程会受到诸多不利因素的影响，因此，谈判形式变幻莫测，稍有不慎就会迷失方向。有控制力的谈判人员能运用各种手段和方法把握住谈判局面的发展变化方向，善于抓住转瞬即逝的机会，让谈判按预定轨道发展。

（5）现场调控能力。随着双方力量的变化和谈判的进行，谈判中可能会出现比较大的变动。善于应变、权宜通达、机动进取是谈判人员必备的能力。优秀的谈判人员要善于因时、因地、因事随机应变，从而完成对现场的调节和控制。

（6）创造能力。优秀的谈判人员往往有一定的创造力，有丰富的想象力。在认真执行计划的同时，他们会努力拓展自己的想象空间。即便是在双方达成一致的基础上，他们也会寻找达成协议的更好的选择。

“金无足赤，人无完人。”要选择完全符合以上条件的商务谈判人员或许是不可能的。然而，中国古语也讲“尺有所短，寸有所长”，任何人都各有长处，也各有所短，彼此都有可取之处，没有一个人身上全是优点，也没有一个人身上全是缺点。我们要善于取人之长，补己之短。常识和经验告诉我们，选择商务谈判人员时要坚持求其人之所长，而不在求其人为“完人”。只有通过慎重、周密的人员选择和安排，才能使得谈判胜券在握。

课堂讨论

结合上述商务谈判人员的素质要求和能力要求，讨论自身应该提高的素质和能力还有哪些。

要求：教师不直接提供上述问题的答案，而是先引导学生结合本部分内容进行独立思考、自由发表见解，再组织课堂讨论，最后对学生提出的典型见解进行点评。

二、谈判组织构成原则

（一）知识互补原则

知识互补原则是指谈判小组成员之间要实现专业知识的互补。商务谈判，特别是一些较大项目的谈判，涉及的专业知识可能会很多。而人无全才，拥有一技之长就是人才。商务谈判组织构成中应该有处理不同问题的专家，他们分别具有某一方面的专业知识，能够处理某一领域的专业问题，如商业人员精通市场，财务人员精通核算，技术人员精通技术，法律人员精通法律。这些不同专业的人员互相配合，组成一支知识全面、业务精通的谈判队伍，发挥整体优势。

（二）性格互补原则

性格是指一个人比较固定的对人、对事的态度和行为模式，是人的个性心理特征。组建谈判队伍时，可以考虑将不同性格的谈判人员搭配在一起，互相协调，互补不足。现代医学研究表明，人的性格可粗略分为多血质、胆汁质、黏液质和抑郁质四大类。多血质性格的人，大多数亲切随和、反应敏捷、开朗善辩，但欠稳重；胆汁质性格的人，敢作敢为、胆大好胜、处事果断，但是处事可能比较急躁，遇到对方挑衅难以冷静而理智地对待；黏液质性格的人，思维严谨、处事稳重，但是可能会表现出优柔寡断；抑郁质性格的人，办事细心、沉着冷静，但是过于拘谨，一旦遇到挫折会难以释怀。因此，只有将上述性格的人协调互补，才能让其在团队中发挥各自的作用。

（三）学历、经验并重原则

学历的高低标志着一个人的受教育程度。一般情况下，学历高的人具有更丰富的专业知识，具有更大的潜能。但是“纸上得来终觉浅，绝知此事要躬行”，如果只有书本知识而欠缺实践，也很难应对形势突变的复杂谈判局面。有些人虽然没有接受过多少高等教育，但是经过多年谈判实战的摸爬滚打，积累了丰富的谈判实践经验，临场发挥能力非常强。因此，谈判组织如果能够将高学历与有经验的人员结合在一起，将能够提高谈判队伍的整体谈判水平。

（四）新老搭配原则

“新”指的是新人，即谈判场合的新兵。初生牛犊不怕虎，新人虽然经验较少，但是没有顾虑，敢作敢为。“老”指的是经验丰富的沙场老将。在谈判人员的配备中，既有初出茅庐的新人，又有训练有素的老将。新人表现出的争强好胜、思路敏捷，与老将表现出的沉着稳重、坐镇指挥，相得益彰、互相配合，既发挥了优势，又培养了新人，是一种非常好的搭配。

（五）精干高效原则

从谈判实践来看，谈判人员的人数控制在 3～7 人为宜。但如果是大型谈判，则谈判规模会相应增大。但是无论多大规模的谈判，都要做到人员数量适当，与谈判规模、谈判内容相适应，尽量避免不必要的人员设置。

课堂讨论

一般的商务谈判，为什么 3～7 人的规模最好？

要求：教师不直接提供上述问题的答案，而是先引导学生结合本部分内容进行独立思考、自由发表见解，再组织课堂讨论，最后对学生提出的典型见解进行点评。

（六）分工明确、互相配合原则

在商务谈判中，既要做到工作不越位、角色不混淆，又要做到默契配合、互相协作。这具体体现为主谈和陪谈的分工与合作，台上和台下的分工与合作，各专业陪谈人员之间的分工与合作。

（七）社会地位对等原则

商务谈判强调平等原则，因此，在配备商务谈判人员时，己方谈判人员的规格、地位应与对方谈判人员的级别相当，至少不低于对方谈判人员的级别。这样做，一方面能显示己方对对方的尊重，另一方面能使双方谈判实力相当。

三、谈判组织构成内容

（一）谈判组织业务构成

谈判组织的业务构成包括商务人员、技术人员、财务人员、法律人员、翻译人员等。

1. 商务人员

商务人员由熟悉商业贸易、市场行情、价格形势的贸易专家担任。其负责商务贸易的对外联络工作。

2. 技术人员

技术人员由熟悉生产技术、产品标准和科技发展动态的工程师担任。其在谈判中负责对有关生产技术、产品性能、质量标准、产品验收、技术服务等问题进行谈判，也可为商务谈判中价格决策做技术顾问。

3. 财务人员

财务人员由熟悉财务会计业务和金融知识，具有较强的财务核算能力的财会人员担任。其主要职责是对谈判中的价格核算、支付条件、支付方式、结算货币等与财务相关的问题进行把关。

4. 法律人员

法律人员由精通经济贸易各种法律条款，以及法律执行事宜的专职律师、法律顾问或本企业熟悉法律的人员担任。其职责是做好合同条款的合法性、完整性、严谨性的把关工作，也负责涉及法律方面的谈判。

5. 翻译人员

翻译人员由精通外语、熟悉业务的专职或兼职翻译担任。其主要负责口头与文字翻译工作，沟通双方意图，配合谈判运用语言策略。在涉外商务谈判中，翻译人员的水平将直接影响谈判双方的沟通和磋商。

（二）谈判组织角色构成

1. 谈判负责人

谈判负责人，在小组谈判中也称谈判小组长，是商务谈判组织的领导者，在谈判中拥有领导权和决策权，但不一定是主谈人员。其具体职责包括谈判方案的制订、谈判队伍的组建、谈判桌上的组织协调、谈判后的分析总结与汇报等。通常情况下，能够担任谈判负责人的，或是公司领导层管理人员，或是某一领域的专家。谈判负责人一般具有以下特点：

（1）较权威的地位。谈判负责人只有具有权威的地位，才能树立威信，率领团队。同时，较权威的地位一般也意味着较大的权力，而较大的权力能够使其在谈判桌上更好地发挥主观能动性。

（2）较全面的知识。谈判负责人除了本身具有较高的思想政治素质和业务素质外，还应具有较全面的知识，能够较为敏锐地发现谈判中的问题，制订正确的策略以引导谈判方向。

（3）较强的管理能力。谈判负责人的主要职责之一就是负责谈判团队的管理。谈判负责人只有具有较强的管理能力，才能使其所带领的谈判团队具有较强的凝聚力和战斗力。

（4）果敢的决策能力。谈判负责人的另一个主要职责，就是负责判断和决策。谈判情况瞬息万变，当谈判遇到突发情况，或者“将在外，君命有所不受”的情况时，胜败乃一瞬间之事，战机不可失，只有具备果敢的决策能力，才能抓住时机，赢得谈判。

课堂互动

基于以下谈判内容，谈判负责人应该怎样进行选择？（1）大型投资项目；（2）购买大型设备；（3）购买一般设备或原材料；（4）重要的销售合同；（5）一般的销售合同；（6）合同索赔谈判。

要求：教师就以上任务进行分组，引导学生结合相应内容分组进行独立思考，再组织学生进行分组发言，随后进行组间互评，最后教师对学生提出的典型见解进行点评。

热点关注：我国历任国际贸易谈判代表

2. 主谈

主谈，也称首席谈判代表，既是商务谈判中的主要发言人，也是谈判方案的主要执行者。主谈应具有雄辩的口才、严密的逻辑思维、敏捷的反应能力和较高的业务水平。在有些情况下，主谈可能也是谈判负责人。主谈在谈判活动中，起着举足轻重的作用，具体表现在：

（1）做好谈判前的准备工作。准备工作具体包括谈判目标、策略和程序的安排，谈判成员之间的分工，了解并掌握谈判所需各类信息，备齐谈判所需的各类文件资料等。

（2）发挥核心作用。作为谈判的主要发言人，一方面，主谈承担着谈判方案的执行落实工作；另一方面，主谈代表着上级指示精神的贯彻执行。因此，主谈要能够勇担责任、言出必行。

（3）抓住主攻点，寻找突破口。谈判是双方利益的激烈交锋，主谈要时刻保持头脑清醒，一方面要尽量守住己方阵地，另一方面要寻找对方可能妥协的方面作为主攻点，争取对方的让步，从而推动谈判朝着有利于己方的方向发展。

（4）调动陪谈积极性。谈判成功与否的关键，就是能否有效发挥全体谈判成员的积极性、能动性和创造性，而主谈在这一方面负有主要职责。主谈要能够分工得当，认真听取和考虑陪谈的意见，最大限度地发挥陪谈的专业作用，为谈判献计出力。

基于上述作用，在谈判过程中，不能随便更换主谈。但是在下述情况下，可考虑更换主谈，具体包括：改变谈判级别，谈判陷入僵局，从头再谈，主谈不力或者出现严重的失误。

3. 陪谈

陪谈，是谈判组织的重要角色，能够在具体细节上答复对方的咨询并直接质疑对方，从而有效弥补主谈在某些专业上的不足，协助主谈完成谈判任务。在谈判桌前，陪谈在言行上一定要与主谈保持高度一致，与主谈相互呼应，完成谈判任务。

课堂互动

买卖双方就交货问题进行谈判，假如你是卖方的商务陪谈，当你的主谈讲道“出于对商品品质的保证，又由于近期订单较多，因此，两个月内交货比较困难”时，你应该怎样发言与主谈呼应，并强化主谈的讲话意向？

要求：学生根据上述实例，搜集资料，在不破坏谈判气氛的基础上，合理运用语言技巧进行模拟发言，然后教师点评。

4. 智囊团

智囊团，也称顾问团或“外脑”，一般是指由若干智力较强、专业知识丰富的人员组成的团体。对于大型谈判或者涉及项目较多的复杂谈判，仅依靠 3～7 人的谈判团队是很难完成庞大的谈判任务的，这个时候，有一个专业齐全、精明能干的智囊团的配合，将使得谈判如虎添翼。如中国加入世贸组织的谈判，在长达 15 年的谈判历程中，中国有大量的各方面专家在其中发挥了顾问作用。

同步案例

国际谈判圈中长久以来流传着这样一个真实而有趣的故事：1959 年，苏共中央第一书记赫鲁晓夫与美国总统艾森豪威尔参加一次首脑会议。喜欢辩论的赫鲁晓夫不时向艾森豪威尔提出一些问题，而每当艾森豪威尔被问及时，他并不急于回答，而是看着他的国务卿杜勒斯，等后者把一张张便条递过来之后，他才作答。而与他相反，赫鲁晓夫每被问及一些问题时，总是不假思索地立即回答。赫鲁晓夫对自己的智慧和口才非常得意，甚至在他的回忆录中也不无讽刺地写道："美国谁才是真正的领袖？是杜勒斯还是艾森豪威尔？"

问题：你如何看待艾森豪威尔的会谈表现？

案例解析：作为一个有着赫赫战功的将军，艾森豪威尔深知其在外事上的能力并不如国务卿杜勒斯，因此，才有了谈判桌前的上述表现。作为美国代表团团长，艾森豪威尔这样的做法充分体现了他的谨慎和睿智，既表现了他求真务实、沉着稳重的统帅作风，也为他争取了思考问题的时间。在商务谈判中，由谁来回答问题并不重要，重要的是谁能更好地回答问题。

任务三 制订谈判方案

谈判是一项非常复杂的工作，要在错综复杂的局势变化中左右谈判的发展，使自己处于有利地位，就要做到不打无准备之仗，在事先充分搜集信息的基础上，制订出完备的谈判方案。作为一份指导性文件，谈判方案能够对谈判进行预先筹划，为谈判成功打下基础。

一、谈判方案的概念及要求

（一）概念

谈判方案是指在谈判开始前对谈判目标、谈判主题、谈判议程、谈判策略、谈判人员组成及分工等预先所做的书面安排。它是为实施具体的谈判策略而采取的一系列具体措施的书面描述，具有较强的行动指向性和计划项目的全面具体性特征。

谈判方案可根据谈判的规模、重要程度的不同来制订。内容可多可少，可简可繁，既可以是书面形式也可以是口头交代。在实际工作中，谈判者应根据谈判的具体情况，或详或疏地制订谈判方案。

（二）要求

由于商务谈判的规模、重要程度不同，商务谈判的内容有所差别，因此，谈判方案也会不同，但是其要求都是一样的。一个好的谈判方案要做到以下几点：

1. 简明扼要

谈判方案是指导谈判者进行谈判的指导性文件，是一系列具体执行措施。为了方便谈判人员查看并记住其主要内容，谈判方案不能过于繁杂，应结构清晰、突出重点。

2. 明确具体

简明扼要并不代表简单粗略。相反，为了突出其实操性，谈判方案的内容应与谈判的内容相结合，明确具体，不能空洞和含糊。

3. 富有弹性

富有弹性是指谈判方案具有灵活性。俗话说“计划赶不上变化”，作为一份提前制作的方案，即便考虑再周全，在实施过程中也可能会面临这样或那样的问题。因此，要使该方案在指导中取得比较理想的效果，就必须使其具有一定的弹性，使得谈判人员能够在不违背根本原则的情况下，根据情况的变化，在权限允许的范围内灵活处理有关问题，以取得较为有利的谈判成果。谈判方案的弹性表现在：一是设定多层次可选择性目标，二是拟定可选方案，三是制订应急预案。

二、谈判方案的结构及内容

一个完整的谈判方案应该包括题目、前言、正文、落款等内容。现将具体结构及内容分析如下：

（一）题目

题目一般由谈判双方、谈判内容和谈判文件组成；用介词“与”和谈判对手、谈判内容、文件组成。如：××公司与××公司关于××项目的谈判方案。

（二）前言

前言主要是对双方的谈判背景进行分析，包括对双方的简要介绍，对双方谈判关系的描述，对本次谈判目的及谈判意义的简要说明等。

（三）正文

1. 谈判主题

一般来讲，一次谈判为一个主题服务，所有谈判活动围绕该谈判主题展开。为保证全体谈判人员牢记谈判的主题，主题在表述上不可赘述，应言简意赅，尽量用一句话来概括和描述。例如：以最优惠的条件达成某项交易。

2. 谈判目标

谈判目标是指谈判要达到的具体目的，它指明了谈判的方向，并体现了谈判方对本次谈判的期望水平。商务谈判的目标是以己方满意的条件达成一笔交易。确定正确的谈判目标是保证谈判成功的基础。谈判目标可分为以下三个层次。

(1) 最低目标。最低目标也称底线，是谈判必须实现的最基本的目标，也是谈判的最低要求。若该目标不能实现，则谈判将不会有任何意义。谈判者宁愿谈判破裂，放弃该项目的谈判，也不能接受比最低目标更低的条件。因此，最低目标是谈判者必须坚守的最后一道防线。

(2) 可接受目标。可接受目标是谈判者通过对谈判对手、己方利益需求等影响谈判的各种主客观因素的全面估价，明确己方可以争取或做出让步的范围。这个目标实际上是一个区间，谈判中的讨价还价只要进入该区间，就意味着双方可以成交，也往往意味着谈判取得了成功。

(3) 最高目标。最高目标也称理想目标，是己方在谈判中需要通过努力争取才能实现的目标，是谈判者超越可接受目标所争取的尽可能多的利益体现。该目标一般也意味着对方所能忍受的上限，也是对方的底线。要实现最高目标，谈判者往往要冒谈判破裂的风险。谈判者一般需要充分发挥个人才智和水平才能实现最高目标。

课堂互动

假如在公司的某次谈判中以出售价格作为谈判的目标，我方的底线是 800 元，对方的底线是 1 400 元，那么在本次谈判中我方的可接受目标和理想目标应怎样界定?

要求： 学生根据上述实例，搜集资料，合理确定谈判的可接受目标和理想目标，并模拟谈判，然后教师点评。

3. 双方优劣势分析

为了进一步评判谈判双方所处的地位，必须系统、全面地分析谈判双方在本次谈判中所具备的优势条件和面临的威胁，即分析己方与对方各自所拥有的优势与劣势，这是确定谈判战略、战术的先决条件。通过这些分析，一方面，我方可以在谈判中尽可能地扬长避短；另一方面，我方可以针对对方的弱点与不足，进行有力的攻击和突破。

4. 谈判议程

谈判议程是指谈判各项议题的时间安排，包括谈判议题的确定和谈判时间的安排。谈判议程的安排对双方非常重要，从某种角度说，议程本身就是一种谈判策略，必须高度重视这项工作。谈判议程可分为通则议程和细则议程，前者由谈判双方共同协商确定，后者只供己方使用。

在拟定细则议程时，应注意几个方面的问题：一是谈判议程的安排要依据己方的具体情况，在程序安排上尽可能扬长避短，保证己方优势能得到充分发挥；二是谈判议程的安排要能体现己方谈判的总体方案，统筹兼顾，引导和控制谈判进度和节奏；三是谈判议程的安排要能够为己方出其不意地运用一些策略埋下契机，一个谈判老手是绝对不会放过利用拟定谈判议程的机会来运筹谋略的。

5. 谈判策略和技巧安排

谈判策略和技巧的安排一般紧随谈判议程的安排，尤其是要紧密契合己方谈判细则议程的安排。谈判策略和技巧包括：开局策略的选择、报价方式和原则、讨价技巧和还价技巧的使用、僵局处理技巧的安排、威胁战术的使用、让步的模式和原则、促成签约技巧的使用等。

6. 谈判小组成员的组成与分工

企业应列出己方参加本次谈判的人员，并明确每个人的角色分工。如：

小组负责人：公司副总　张××

主谈：公司市场部经理　李××

陪谈 1：杨××　负责技术问题

陪谈 2：刘××　负责金融问题

陪谈 3：马××　负责市场问题

陪谈 4：李××　负责法律问题

记录员：张副总秘书　王××

7. 谈判费用预算

谈判费用预算是指企业对本次谈判活动费用的匡算，是企业投入本次谈判活动的资金费用使用计划。它规定在谈判期内从事谈判活动所需的经费总额、使用范围和使用方法，是企业谈判活动得以顺利进行的保证。它具体包括经费总额及经费使用范围、分配方法等，可采用制定预算表的方式进行表述。常见的谈判费用包括住宿费、餐饮费、交通费、礼品费、招待费、资料费、通信费等。

8. 应急预案

应急预案是指面对突发情况的应急管理、计划安排等。应急预案的制订，有利于谈判者在谈判过程中遇到突发情况时，沉着面对，有序处理相关问题，从而为谈判活动顺利进行提供保障，为己方谈判成功奠定基础。

热点关注：从中美知识产权谈判看谈判方案的制订

（四）落款

落款主要包括谈判小组名称、制订该方案的单位或主管部门的名称及制订日期等。

任务四　谈判物质条件准备

谈判物质条件准备主要包括三个方面：一是谈判场所的选择，二是谈判环境的布置，三是谈判人员食宿安排。谈判物质条件的准备，小到影响谈判人员的发挥，大到影响谈判气氛的形成，乃至关乎整个谈判进程。

一、谈判场所的选择

谈判场所的选择包括两个方面：一是谈判国家、地区的选择，二是具体的谈判场地的选择。前者应考虑交通方便、通信便利，后者应根据谈判的性质而定，最好选择比较安静、不受干扰的场所。而非正式谈判，则不受上述条件限制。

谈判场所的选择通常有三种，即己方所在地、对方所在地和第三地。对于谈判者来讲，每种谈判场所的选择各有利弊，应根据其特点尽量扬长避短。

二、谈判环境的布置

环境优美、布置巧妙的谈判环境，能够使谈判者有一种安全舒适、精神放松的心理感受。通过谈判环境的用心布置，不仅能够显示出己方热情友好的诚恳态度，还能够营造出和谐的谈判氛围，促使谈判顺利进行。当然，客方也要警惕主方利用场所布置给自己制造陷阱。

同步案例

钓鱼台国宾馆隶属中国外交部，院内绿草如茵，湖水清澈，散落着十六栋接待楼和一个古建筑群，客房有四百多套，有“东方第一馆”美誉。发生在此的一些“经典”事件，可圈可点；更有数不清的趣闻逸事，广为流传。1972 年 2 月，美国总统尼克松来华进行历史性的“破冰之旅”，他同毛泽东主席、周恩来总理进行了会谈，下榻之处便是钓鱼台 18 号楼。1982 年 9 月，英国首相撒切尔夫人访华，入住钓鱼台 12 号楼。20 世纪 80 年代，中英、中葡关于香港、澳门前途问题的谈判，以及中苏关系正常化的谈判也是在钓鱼台国宾馆进行的。1992 年，中韩双方经过谈判，在 17 号楼芳菲苑签署了建交公报。1999 年 12 月，国家主席江泽民在钓鱼台国宾馆会见俄罗斯总统叶利钦。从 2003 年 8 月开始，世人瞩目的六方会谈在钓鱼台国宾馆举行，历经波折，终于在 2007 年实现突破，通过了“2·13”共同文件。

资料来源：董会峰．钓鱼台国宾馆正在“全球化”[EB/OL]．中国新闻网，2007-10-10.

问题：为什么钓鱼台国宾馆见证了这么多外交会谈？

案例解析：钓鱼台国宾馆环境幽雅清宁，亭台楼阁间碧水红花、林木石桥，是中国古典建筑情趣与现代建筑格调的完美融合，既符合会谈环境的基本环境要求，又体现了中国传统文化的博大精深，无疑可作为我国外交洽谈的理想场所。

一般来讲，谈判环境的布置要满足以下要求：一是交通、通信便利，通信设施要完备；二是环境舒适幽静，并具备一定的灯光、通风和隔音条件；三是办公设备齐全，必要时还要配备密谈室方便一对一沟通。客方会根据会场的布置情况来判断主方对谈判的重视程度及诚意。

（一）主谈室的布置

主谈室应当宽大舒适、光线充足、色调柔和、空气流通、温度适宜，使得谈判人员能够心情愉快、精神饱满地参与谈判。谈判桌一般居于房间中间，不宜装设固定电话或录音设备，以免干扰谈判进程、泄露有关机密，或对谈判人员造成心理压力，影响谈判发挥。

当然，如果双方协商需要录音，也可配备录音设备。

（二）密谈室的布置

密谈室是供谈判双方内部协商机密问题而单独使用的房间。密谈室的位置最好靠近主谈室，有较好的隔音性能，室内可配备白板、笔、笔记本等物品，窗户上要有窗帘，光线不宜太亮。东道主绝不能在密谈室安装微型录音或录像设备偷录密谈信息。客方在主方场地使用密谈室进行谈判时，一定要提高警惕。

（三）休息室的布置

休息室是供谈判间隙或休会时双方休息时使用的。休息室应该布置得舒适，可配备沙发、鲜花或轻松的音乐，还可配备一些茶点，这样有利于双方放松紧张的神经，调节心情，舒缓气氛。

（四）座次的安排

谈判会场的座位次序安排是否得当，是一个比较突出且敏感的问题。

1. 双方谈判

双方谈判或双边谈判，即通常所说的长桌谈判，是商务谈判中最常见的。长桌谈判有横式与竖式之别，横式即谈判桌在谈判厅里是横着摆放（见图 2－1），竖式即谈判桌在谈判厅里是竖着摆放（见图 2－2）。如果谈判桌横放，面对正门的一方为上，应属于客方；背对正门的一方为下，应属于主方。如果谈判桌竖放，应以进门的方向为准，右侧为上，属于客方；左侧为下，属于主方。同时，在安排位置时，应遵循居中为上、以右为上的基本原则，即在进行谈判时，各方的主谈人员应在自己一方居中而坐，其他人员则应遵循右高左低的原则，依照职位的高低分别在主谈人员的两侧就座。假如需要翻译人员，应安排其就座于仅次于主谈人员的位置，即主谈人员右侧。

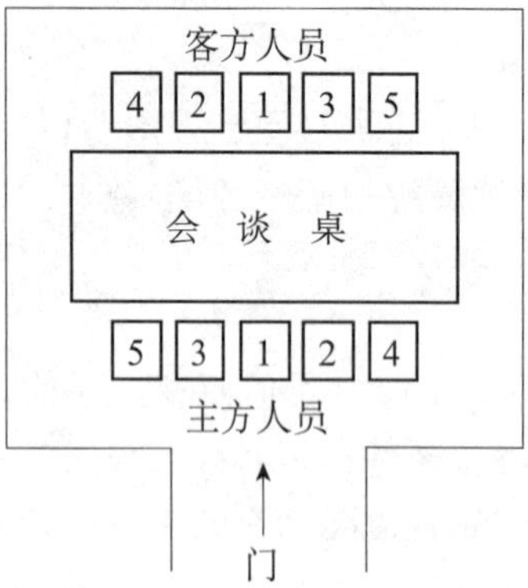

图 2－1　长桌谈判横式座次

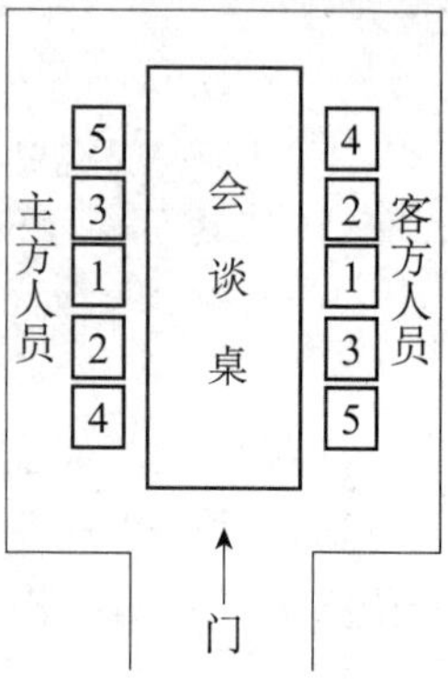

图 2－2　长桌谈判竖式座次

2. 多方谈判

多方谈判或多边谈判，是指谈判的参加者是三方或者三方以上。多方谈判的座次排列有两种情况：一种是自由式，即参加谈判的各方可自由择座；另一种是主席式，即在面对房间正门处设一个主位，谁需要发言，就到主位上发言，其他人面对主位，背门而坐。

除了上述问题，谈判会场的其他设备和服务也要周到，如烟灰缸、纸篓、记事本、文件夹、各种饮料和水果等。总之，谈判场所的布置要服从谈判的需要，并根据谈判的性质、特点、关系等因素灵活决定。

三、谈判人员食宿安排

谈判是一种艰苦、复杂且极耗费体力、精力的商务活动，因此，食宿安排也是谈判的重要内容。东道主对于来访人员的食宿安排不一定要豪华、阔气，但是一定要周到细致、方便舒适，并符合当地的标准。许多外国客商，特别是发达国家的客商十分讲究时间观念、勤俭节约，并不喜欢琐碎而冗长的招待仪式，甚至会因为主方的奢华而怀疑主方有贿赂之嫌。但是，在谈判过程中，适当组织客方谈判人员参观游览当地的一些名胜古迹或举办一些文体活动还是有必要的，这样不仅可以调节客人的旅行生活，还可以增进相互间的理解，调节谈判气氛。

同步案例

20世纪70年代，为恢复中日邦交正常化，日本首相田中角荣到达北京进行谈判，他怀着等待中日间最高首脑会谈的紧张心情，在迎宾馆休息。迎宾馆内气温舒适，田中角荣的心情也十分舒畅，与随从的陪同人员谈笑风生。他的秘书早坂茂三仔细看了一下房间的温度计，是17.8℃。习惯的温度使得田中角荣心情舒畅，也为谈判的顺利进行创造了条件。

资料来源：陈文汉．商务谈判实务［M］．2版．北京：清华大学出版社，2018.

问题：该案例中，我方进行了什么样的谈判准备？

案例解析：该案例很好地体现了商务谈判准备中食宿安排的重要性。恰当的食宿安排，一方面体现了我方的礼仪，另一方面为谈判的顺利进行奠定了良好的基础。

任务五 模拟谈判

模拟谈判是指在正式谈判开始之前，谈判小组成员对即将开始的谈判进行的预演或彩排。作为谈判准备工作的最后阶段，事先演练是谈判的一个必经程序。美国著名律师劳埃德·保罗·斯特莱克在其《辩护的艺术》中曾讲道："我常常扮演证人，让助手对我反复盘问，要他尽可能驳倒我，这是极好的练习。在这种排演中，我常常会发现自己准备得还不够充分。于是我们就研讨出现的失误及其原因。然后，我和助手相互交换角色，由我去盘问他。就这样，新的主意逐渐形成。"

一、模拟谈判的意义

（一）检验谈判计划是否周密可行

谈判计划是在谈判小组负责人的主持下，具体由谈判小组成员制订的。作为对未来将要发生的正式谈判的预案，谈判计划可能会有一些不足或疏漏之处。事实上，谈判计划是否完善，只有在正式的谈判中才能得到真正的检验，但那毕竟已经是事后行为，为时已晚。而模拟谈判正好能够弥补这种不足。在模拟谈判中，谈判者通过角色扮演，模拟谈判中会出现的场景，能够较为全面地检验谈判计划是否切实可行，发现一些己方可能忽略的问题，从而尽早修正和调整。

（二）提高谈判人员的谈判技巧

模拟谈判能够使得谈判人员获得一次临场的操练和实践。很多成功的谈判实例和心理学研究表明，正确的想象练习不仅能够提高谈判者的独立分析能力，而且对于谈判者的心理准备、心理承受力、临场发挥等方面都是很有益处的。在模拟谈判中，谈判者可以一次又一次地扮演自己，甚至扮演对手，从而熟悉实际谈判中的各环节，提高自身的应变能力和谈判技巧，为临场发挥做好充分的心理准备。

同步案例

1954年，苏、美、英、法、中五国外交会议在日内瓦国联大厦举行。这是中华人民共和国首次以五大国之一的身份和地位参加讨论国际问题，也是新中国成立以来第一次与西方打交道，没有任何经验。在代表团出发之前，我方进行了反复的模拟练习。由代表团的同志为一方，其他人分别扮演西方各国的新闻记者和谈判人员，提出各种问题“刁难”代表团的同志。通过演练，我方及时发现问题，并予以解决。最终，我国代表团获得了国际社会的一致好评。

问题：该案例中，我方是怎样做谈判准备的？

案例解析：任何成功的谈判，从一开始就必须站在对方的立场看问题。这种角色扮演的技术，不但能使谈判人员了解对方，也能使谈判人员了解自己，因为其给谈判人员提供了客观分析自我的机会。该案例就是通过角色扮演、模拟谈判很好地进行了谈判准备的典型。

二、模拟谈判的方法

（一）全景模拟法

全景模拟法是一种在想象谈判全过程的前提下，谈判人员尽可能扮演谈判中所有人物的模拟方法。这种模拟方法耗资大、成效高，一般适用于大型的、复杂的、关系到企业重大利益的谈判。

1. 关注谈判全过程

谈判人员按照假设的谈判顺序展开模拟，想象在谈判中可能发生的一切情形，并依照想象的情况和条件，演习双方交锋时可能出现的一切局面，模拟谈判发生的全过程。

2. 扮演谈判中的所有人物

一方面，要对谈判中可能会出现的人物都有所考虑，并指派合适的人员对这些人物的行为和作用加以模仿；另一方面，主谈人员或其他在谈判中起重要作用的人员，应尽可能地扮演谈判中的每一个角色，从而有利于换位思考，有助于己方制定更加完善的策略。同时，通过对不同人物的扮演，谈判者可以选择自己所充当的角色，一旦发现不适合扮演在原谈判方案中规定的角色，还可以及时更换，以避免因角色不适应而引起的谈判风险。

（二）讨论会模拟法

这种方法有些类似于头脑风暴法。一方面，由企业参加本次谈判的人员根据自己的经验，就企业在本次谈判中谋求的利益、对方的基本目标、对方可能采取的策略、己方的对策等问题畅所欲言；另一方面，请专业人士或者谈判经验比较丰富的其他人员，对谈判中可能发生的情况、对方可能提出的问题等提出疑问，由谈判人员一一解答。讨论会模拟法特别欢迎反对意见，这些意见有助于己方重新审核拟定的谈判方案，从多种角度、以多重标准评价方案的科学性和可行性。

课堂讨论

讨论会模拟法为什么特别欢迎反对意见？在讨论会模拟中应注意什么？

要求：教师不直接提供上述问题的答案，而是先引导学生结合本部分内容进行独立思考、自由发表见解，再组织课堂讨论，最后对学生提出的典型见解进行点评。

（三）列表模拟法

列表模拟法是最简单的一种模拟方法，主要适用于小型的、常规性的谈判。列表模拟法有些类似于著名推销大师海因兹·戈德曼的列表处理顾客异议的方法，即在一张纸上从中间画一条线，一分为二，一边列出己方各方面的优缺点、谈判目标及对方可能采取的策略，另一边列出己方应采取的对策。采取这种方法，应尽可能地搜罗问题并列出对策，找有丰富谈判经验的人员帮助完善。

三、模拟谈判应注意的问题

模拟谈判的效果直接关系到企业在谈判中的实际表现。而要想使模拟谈判真正发挥作用，就必须注意以下问题：

（一）科学做出假设

模拟谈判实际上就是提出各种假设，然后针对这些假设制定一系列对策和措施。因此，假设是否科学，是模拟谈判能否有效的重要前提。通常，在模拟谈判中的假设有三个方面：一是对客观环境的假设，二是对自身的假设，三是对对方的假设。

为确保假设的科学性，首先，假设的情况要基于客观事实，切忌仅凭想象主观臆造，所依据的事实越全面、越客观，假设的准确度就越高；其次，应该由具有丰富谈判经验的人员提出假设，相对而言，他们提出的假设的准确度较高；最后，我们应认识到，再高明的谈判者，也无法假设谈判中出现的所有情况，因此，谈判者在谈判中还需要不断变换思路、灵活应对。

（二）谨慎选择参加人员

参加模拟谈判的人员，除了参加本次谈判的实际人员以外，还应包括以下三类人员。一是知识型人员。这类人员专业知识丰富，且能够对所掌握的知识触类旁通、举一反三，能够从科学的角度去研究谈判中可能出现的问题。二是预见型人员。这类人员也称经验型人员，对谈判中可能出现的各类问题相当敏感，能根据自己的业务经验，准确推断出事物的发展变化规律，并指出事物的发展方向。三是求实型人员。这类人员有着强烈的脚踏实地的工作作风，考虑问题客观、实际、周密，不会以主观印象代替客观事实，对模拟谈判的各种假设条件能够小心求证，力求贴近实际。

（三）较强的仿真性

模拟谈判越接近真实情况，就越能真实地发挥作用。参加模拟谈判的人员要具有较强的角色扮演能力。模拟谈判要求己方人员根据不同情况扮演场上的不同人物，并从所扮演的人物的心理出发，尽可能模拟出在真实情况下对方的所思所想，并有所作为。这就要求己方模拟人员克服心理障碍，尽量从对方的角度来思考问题并做出决定。

（四）结束后要进行总结

模拟谈判的目的是发现问题、弥补不足、完善方案。因此，在模拟谈判结束后，只有及时地、认真地回顾在谈判中己方人员的表现，包括对策略的灵活运用程度、对对手的灵敏反应度、自身班子的协调配合度等，才能真正为谈判奠定良好的基础。

任务六 遵循商务礼仪

礼仪是人类文明和社会进步的重要标志，是人们在社会交往中长期形成的行为规范和准则。俗话说，“礼多人不怪”。礼仪是现代人必须具备的基本素质，具体表现为仪表、礼貌、礼节、仪式等。商务礼仪是商务人员的行为准则和道德规范，体现出商务活动中商务人员的基本素质、修养、涵养和教养。商务谈判作为一项特殊的商务活动，对谈判者的礼仪有特殊的要求。懂得并掌握这些必要的礼仪，是商务谈判人员必须具备的基本素质。

一、商务迎送礼仪

迎送是商务活动中常见的礼仪活动之一。迎送活动的规格有高低、仪式有简繁。迎送的对象按其性质分，有专程前来，也有顺道路过；按其级别分，职务各有高低；按人数分，有大型的代表团，也有数人或者一人的。主方应根据客方的身份地位、来访性质及其与当地的关系等因素，安排相应的迎送活动。

（一）确定迎送规格

迎送规格主要依据三方面的情况来确定，即前来谈判的人员的身份和目的，己方与被迎送者之间的关系以及惯例。一般来讲，迎送人的身份地位要与对方对等。若当事人不能出面或者身份不能完全对等，应选择由职位相当的人士或副职出面，且应在会面时礼貌做出解释。

（二）掌握对方抵离时间

迎候人员应当准确掌握对方抵达的时间，提前到达机场、车站或码头，以示对对方的尊重。送别人员应事先了解对方离开的准确时间，提前到达客人入住的宾馆，陪同客人一同前往机场、车站或码头；亦可直接前往机场、车站或码头恭候客人，向客人道别。

（三）做好接待准备工作

在得知客人抵达日期后应首先考虑食宿安排问题。迎接时，最好在对方尚未启程时，问清楚对方是否已经自己联系好住宿，如果未联系好，则须代其预订酒店和房间。当得知对方人员中有女宾或者携有女眷时，可以准备鲜花，通常在参加迎送的主要领导人与客人握手之后，由儿童或青年女性将花献上。有的国家由女主人向女宾献花。如果对方人员较多，为了避免在接站时混乱，应事先排定乘车号和住房号，并打印成表格。在对方人员抵达后，将乘车表发至每一位客人手中，使之明确自己所乘的车号。

二、商务会面礼仪

在商务交往中，要讲究会面时的礼仪。会面礼仪主要包括问候、介绍、握手、递接名片等方面的礼仪。

（一）问候礼仪

见面问候时有两个问题要注意：

1. 问候要有序

一般来讲，位低者先问候位高者，下级先问候上级，主人先问候客人，男士先问候女士，这是一种社会公德。

2. 称呼要有别

中国人和外国人、生人和熟人、本地人和外地人不大一样。称呼的要点：一是有些称呼是普遍适用的，如称呼行政职务、技术职称等；二是和外商打交道时，应习惯称呼“先生”“女士”。此外，要注意慎用简称。

（二）介绍礼仪

介绍是指通过一定的方式使交往双方相互认识，并使双方有一定程度的了解。介绍分为自我介绍和他人介绍两种。正确的介绍内容应该包含单位、职务、姓名，缺一不可。介绍时，遵循地位较高者有优先知晓权的原则。因此，应先把职位低的介绍给职位高的，先把晚辈介绍给长辈，先把男士介绍给女士。但是主客之间，则应先把客人介绍给主人，同时按照位置远近逐个介绍。

（三）握手礼仪

握手礼是很多国家常使用的见面礼和告别礼，是用以表示欢迎、慰问、感激、祝贺时的一种礼节。双方往往是先嘘寒问暖，后握手致意。

1. 握手的方法

握手时，距对方约一步远，上身稍向前倾，两足立正，伸出右手，四指并拢，虎口相交，拇指张开下滑，向受礼者握手。握手时间一般以 1～3 秒为宜。握手时要集中精神，目视对方面部，面带微笑。另外，当握手时，不妨说一些问候的话。

知识小贴士：握手的禁忌

2. 握手的顺序

握手的顺序遵循地位较高者先伸手的原则，因此，上下级之间，上级先伸手；长辈和晚辈之间，长辈先伸手；男士和女士之间，女士先伸手。但是主客之间，主人应先伸手表示欢迎或欢送。

此外，有些国家还有一些传统的见面礼节，如在东南亚信仰佛教的国家，人们在见面时双手合十致意；日本人行鞠躬礼；在我国，人们见面时有时会拱手行礼等。

（四）递接名片礼仪

1. 名片的递送

一般来说，地位低的人应先把名片递给地位高的人，客人应先将名片递给主人。当与多人交换名片时，应按照职位高低的顺序，或是由近及远，切勿跳跃式地进行，以免给对方厚此薄彼之感。向他人递送自己的名片时，应将名片正面朝向对方，用拇指和食指夹住名片，其余手指托住名片的反面，双手奉上；同时，身体微微前倾，面带微笑，目视对方，并说“请多多指教”。如果自己的姓名中有不常用的字，最好能将名字读一遍，以便对方称呼。

2. 名片的接受

接受名片时应起身，面带微笑并说“谢谢”或“非常荣幸”等礼貌语。接过名片，一定要看一遍，以示尊者。看过名片后，应将名片放好，不要随意摆弄或扔在桌上。另外，接受名片后要回敬给对方一张，如果没有带名片或者名片用完了，应向对方致歉。

三、签约礼仪

签约礼仪是指在商务活动中，合作双方或多方经过协商与谈判，彼此就谈判内容达成一致并举行签字仪式时应遵守的礼仪。

所有参加签字仪式的人员都要注意自己的服饰，仪表应整洁、挺括，仪态要庄重、友好、大方，既不能过于严肃，也不应过分喜形于色。双方出席签字仪式的人员步入签字厅后，签字人入座，其他人员分宾、主并按身份高低顺序排列于各签字人座位后，双方身份最高者站立于中央，双方助签人员分别站在各自签字人的外侧（见图 2－3）。

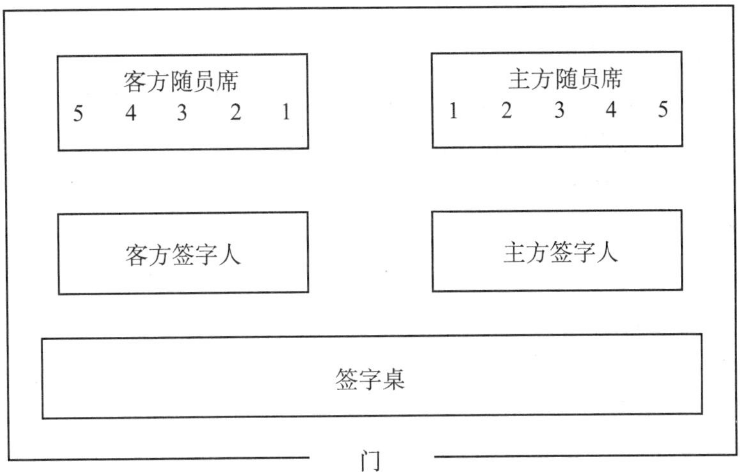

图 2－3　签字仪式位次安排

签字仪式开始后，双方主签人员在本国或本单位保存的文本上签毕后，由助签人员互相传递、交换协议文本，签字人再在对方保存的协议文本上签字，然后由双方签字人郑重地相互交换协议文本，并相互握手致意。其他参加签字仪式的人员应鼓掌祝贺。

协议文本交换完毕，双方人员握手致意后，服务人员用托盘端上香槟，供宾、主双方全体出席签字仪式的人员举杯庆贺。一般而言，双方出席签字仪式的最高领导人及签字人和主谈人员相互碰杯即可，喝酒也只是象征性地表示一下庆贺之意，不能狂饮失态。签字仪式结束后，应让双方最高领导人及宾客先退场，然后东道主再退场。

以上介绍的是商务谈判中的一般礼仪要求，在实际运作中，会有各种具体的做法，在不同地区其做法也不尽相同，因此要因地制宜，不能生搬硬套。

微视频：签约礼仪模拟

四、电话礼仪

电话是现代商务活动中公认的最便利的通信工具之一。电话礼仪是否到位，直接影响一个公司的声誉，有时候甚至会成为影响交易成败的关键因素。

（一）接电话礼仪

1. 接电话要及时

一般来说，在办公室里，电话铃响 3 声之前就应接听，响 6 声后就应道歉："对不起，让您久等了。"如果受话人正在做一件要紧的事情不能及时接听，代接的人应代为解释。

2. 调整姿势与心态

拿起电话听筒的时候，一定要保持坐姿端正、面带笑容。礼貌、亲切、温情的声音会给对方留下良好的印象。如果绷着脸，声音会变得冷冰冰。而坐姿或站姿不端正，会影响声音的发出。

3. 自报家门并确认对方身份

接到对方打来的电话，拿起听筒应首先做自我介绍："您好！我是××公司的×××。"然后主动问："请问您是哪位？我能为您做什么？您找哪位？"如果对方找的人在旁边，应说"请稍等"，然后用手掩住话筒，轻声招呼你的同事接电话。如果对方找的人不在，应该告诉对方，并且问："需要留言吗？我一定转告。"

4. 物品准备

要用左手接听电话，用右手准备纸笔，随时记录有用的信息。应按 Who（谁）、When（什么时间）、Where（在哪儿）、Why（为什么）、How（怎么样）的顺序询问与记录；记录后复述内容，确保准确、全面，尤其是人名、地名、日期、电话与数字等。

（二）打电话礼仪

打电话的礼仪要点有四个。一要选好时间。如非重要事情，尽量避开受话人休息、用餐的时间，而且最好别在节假日打扰对方。二要掌握通话时间。打电话前，最好先想好要讲的内容，以便节约通话时间，不要现想现说，通常一次通话不应长于 3 分钟。三要态度友好。说话时，不能叼着香烟、嚼着口香糖；声音不宜过大或过小，吐字要清晰，保证对方能听明白。同时，通话时不要大喊大叫。四要用语规范。通话之初，应先做自我介绍，不要让对方"猜一猜"。请受话人找人或代转时，应说"劳驾"或"麻烦您"。

崇德修身

煞费苦心的座次安排

参考消息网 2019 年 3 月 2 日报道，由于在关键性的朝鲜解除核武器和平壤要求的取消制裁问题上没有达成协议，美朝峰会以失败告终。这不禁让人想起十余年前的朝核六方会谈。

朝核六方会谈于 2003 年 8 月 27 日开始，到 2007 年 9 月 30 日为止，共举行过六轮会谈，谈判地点均在北京。中国作为东道主，为来自其他五方的来宾提供周到的服务。这种服务，既包括谈判地点的选择、谈判场所的布置，又包括会谈桌型的设计、美朝代表座位的安排。每一轮谈判都被安排在钓鱼台国宾馆的芳菲苑。钓鱼台国宾馆的一大特色就是其浓厚的艺术氛围。芳菲苑里陈列着不少瓷器、玉器等艺术品，很多展品都是特地从故宫借来的，为的是让各国客人能够在很短的时间里欣赏到中国文物的精华。这些展品经常更换，六方团长每次握手合影时，背后的国画从来没有雷同的。

会谈用的桌子颇有些讲究。在第一轮会谈时，六边长桌的空隙处，需用一张小条桌填上才能合围，呈十二边形。后来，为了体现会场整体造型，国宾馆的木工师傅们专门设计制作了桌角，真正实现了“六边六角”。特制的巨型墨绿色桌布覆盖整桌，无一接缝。除了主会场的大会议桌，还有一套相同式样的小会议桌。这是为工作组会议专门定制的。

为让朝、美代表挨着坐，中方费心巧做安排。每次六方会谈，团长的座位固定不变。以中方为起点，右手按逆时针方向依次为日本、朝鲜、美国、俄罗斯和韩国。据说，为了设计这个顺序，中方当初也颇费了一番心思。英文字母顺序是排列的第一要则。不过，英文字母是取全称还是缩写，则很有门道。如果用缩写的话，中国是 China（C），朝鲜是 DPRK（D），日本是 Japan（J），韩国是 ROK（Ro），俄罗斯是 Russia（Ru），美国是 USA（U）。按照这一顺序，美国团长和朝鲜团长就被隔开了。为了让美、朝代表坐在一起，中方采用了按国名全称排座位的方式。这样一来，朝鲜是 DPRK（D），日本是 Japan（J），中国是 P. R. China（P），韩国是 ROK（Ro），俄罗斯是 Russia（Ru），美国是 USA（U）。美、朝双方正好在首尾两端，双方团长在六方会谈的桌子上，也正好成了邻座。

主会场边上的会见厅，专门用来召开六方团长会。厅里摆了一张直径约 4 米的圆形红木茶桌，但高度只有 50 厘米左右。会见厅的座位顺序完全按主会场布置，比起正式会议的“有棱有角”，圆桌会议提供了一份沟通的便利。

思考：中方在谈判前所做的上述准备体现了什么样的核心价值观？

提示：中国是一个具有优秀传统文化的国家，中方在谈判前所做的上述准备很好地体现了社会主义核心价值观中的公正、平等、和谐等。这既体现了好客之道，又彰显了我国源远流长的传统文化；这既遵循了国际规则，又尽量推进以和为贵。

知识测试

一、单项选择题

1. 所准备的信息资料要适合本次商务谈判工作的实际需要，这体现了谈判信息的（　　）特点。

A. 全面性　　B. 准确性　　C. 时效性　　D. 针对性

2. 关注谈判全过程，并扮演谈判中的所有人物，指的是模拟谈判中的（　　）。

A. 讨论会模拟法　　B. 列表模拟法　　C. 全景模拟法　　D. 头脑风暴法

二、多项选择题

1. 商务谈判信息的要求有（　　）。

A. 全面性　　B. 准确性　　C. 针对性　　D. 时效性

2. 下列对首席谈判代表的能力要求描述正确的有（　　）。

A. 反应敏捷　　B. 逻辑性强　　C. 能言善辩　　D. 业务水平高

三、判断题

1. “必赢”的心态是商务谈判成功的前提。（　　）

2. 商务谈判的首席谈判代表也称谈判负责人。(　　)

3. 握手礼仪应遵循地位较低者先伸手的原则。(　　)

四、简答题

1. 如何做好商务谈判信息的传递与保密工作？

2. 谈判组织构成原则有哪些？

五、论述题

商务谈判方案的结构内容有哪些？

项目实训

实训背景：

根据本项目情境导入《进驻大学生创新创业孵化园的谈判》所提供的资料，分别扮演学生创业团队谈判代表和学校创新创业孵化园经营管理团队谈判代表，开展本次谈判前的准备工作，从而促成双方良好合作关系。

实训目标：

能够根据谈判背景，通过分角色扮演学生创业团队谈判代表及学校创新创业孵化园经营管理团队谈判代表，完成谈判前相关准备工作。

实训内容：

1. 学生自行分组，进行谈判角色的分配；

2. 分别对班级创业团队及学校创新创业孵化园经营管理团队的谈判心理进行分析，尤其是作为班级创业团队稳定本方谈判人员的谈判心理；

3. 全面、具体、有针对性地搜集与整理信息；

4. 拟定合理可行的谈判方案；

5. 选择和布置谈判场所；

6. 分角色进行角色扮演和模拟谈判；

7. 注重遵循相关商务礼仪。

实训步骤：

1. 将全班学生分成若干小组，学生可以自由组合，每组4～6人，两组结合为一个谈判阵营，分别扮演班级创业团队及学校创新创业孵化园经营管理团队，每组确定一名组长担任谈判负责人；

2. 结合任务，组长按照各成员特长进行适当角色分工，确定每位角色的定位及职责；

3. 教师根据实训情境设定谈判应进行的心理准备、信息准备、人员准备、方案准备、物质条件准备等模块内容；

4. 各组进行模拟谈判展示，谈判过程要体现小组成员良好的谈判心理、分工配合及正确的谈判礼仪；

5. 模拟结束，进行组内互评和组间互评，教师进行点评与总结；

6. 各小组进行小结讨论，完成实训总结；

7. 教师在“学习通”平台上展示班级优秀实训成果及相关资料。

实训成果：

1.《×××谈判方案》

2.《×××谈判实训总结》

注意事项：

1. 谈判方案具体可行；

2. 模拟过程情境逼真、角色扮演投入；

3. 实训总结应包括角色分工、实训过程描述及成败反思等方面。

任务评价

评价方式	评价内容		分值	评价人	
				个人	教师
自我评价与教师评价（75%）	技能点	能具有不卑不亢、双赢、创新性的谈判心态	5		
		能进行全面、具体、有针对性的信息搜集与分析	10		
		能进行科学合理的角色分配	10		
		能撰写规范可行的谈判方案	20		
		能科学地选择与布置谈判场所	5		
		能遵循恰当的谈判礼仪	10		
	素质点	共赢、创新的谈判意识	5		
		“凡事豫则立，不豫则废”的谈判理念	5		
		良好的商务谈判礼仪素养	5		
	合计（$\sum$ 个人分值 * 20%＋ $\sum$ 教师分值 * 80%）		75		
组间互评（25%）	实训任务前期准备情况及任务整体完成质量		7		
	小组每个成员任务的参与度与投入度		6		
	小组成员之间的配合度及团队精神		6		
	实训情境仿真性		6		
	合计		25		
综合评价	自我评价（15%）＋教师评价（60%）＋小组互评（25%）		100		

项目三 商务谈判开局

学习目标

知识目标： 了解商务谈判开局阶段的基本任务，灵活掌握如何根据不同类型的谈判来营造相应的开局气氛，掌握营造开局气氛的方法及开局策略。

技能目标： 能够根据不同的情况及气氛的需要选择相应的开局策略，并具备灵活运用的能力。

素质目标： 树立“良好的开端是成功的一半”理念，明确气氛营造在开局阶段的重要性，具备开局阶段气氛营造的创新意识和策略选用的基本素质，具备求真务实、态度严谨的职业素养和良好的礼仪素养。

思维导图

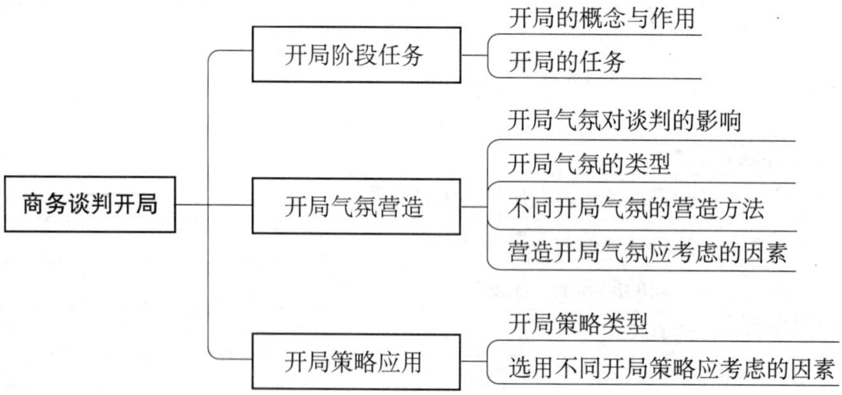

情境导入

在寒暄中失去先机

小张是一个刚毕业的大学生，新入职一家服装厂做销售人员。下面是他在一次销售中被对方以寒暄的形式探测了底细而使自己陷入被动局面的例子。

当他第一次找服装批发商谈判时，刚一见面，批发商就友善地对他寒暄说：“我们第一次打交道吧？以前我好像没见过你。”批发商想用寒暄托词，来探测对手究竟是生意场上的老手还是新手。小张缺乏经验，恭敬地回答：“我刚大学毕业，现在还在试用期，今天也是第一次来拜访您，还请您多关照。”正是这番极为平常的寒暄答复却使批发商获得了重要的信息：对方原来只是个新手。批发商问："您打算以什么价格卖出您的产品?"小张如实地告知对方："我的产品每件成本是20元，我准备卖25元。"

批发商了解到小张销售经验缺乏，试用期又急于做出业绩，因此趁机杀价："您首次做服装销售，要想打开市场，刚开张应该卖得更便宜些。每件21元，如何?"结果，没有经验的小张在这次交易中吃了亏。

请问：你觉得小张的失误在哪里？如果是你，你有没有更好的可以扭转这种不利局面的方法?

启示：谈判的开局阶段，会对后面的谈判产生深远影响，决定着双方在谈判中的力量对比。双方在开局中采取的态度和方式，也决定着双方对谈判局面的控制，对把握和控制整个谈判的局势意义重大。

任务一　开局阶段任务

一、开局的概念与作用

（一）开局的概念

微课：商务谈判开局任务

开局，是指一场谈判开始时，谈判各方之间的寒暄和表态以及对谈判对手的底细进行探测，为影响、控制谈判进程奠定基础。商务谈判开局阶段是谈判准备阶段之后，谈判双方进入面对面谈判的开始阶段。

谈判开局阶段，谈判双方对谈判尚无实质性认识，各项工作千头万绪，无论准备工作做得如何充分，都免不了遇到新情况、碰到新问题。由于在此阶段，谈判各方的心理都比较紧张，态度比较谨慎，都在调动一切感觉功能去探测对方的虚实及心理状态，因此，在这个阶段一般不进行实质性谈判，而只是双方见面、介绍、寒暄，以及谈判一些不太关键的问题。开局阶段所占用的时间较短，讨论的内容除了阐明议题与有关程序，大多与谈判的主题关系不大或根本无关。这些非实质性谈判从时间上来看，只占整个谈判过程的很小一部分。

（二）开局的作用

良好的开端是成功的一半。商务谈判的开局对整个商务谈判过程起着非常重要的作用，它往往关系到商务谈判的格调和商务谈判的走向。良好的开局会为以后的商务谈判取得成功打下良好的基础。

在商务谈判中，开局往往显示了双方谈判的诚意和积极性，为整个谈判定下了一个基调，在很大程度上决定了整个谈判的发展方向，对谈判的最终结果有举足轻重的影响。因此，在谈判开局阶段，谈判人员必须采取得力的方式，力求把握谈判的主动权。

二、开局的任务

开局阶段本身可分为几个环节，每个环节有着不同的特点和要求，体现了不同的任务。谈判人员应当根据不同环节的具体要求，采取相应的行为方式。

（一）导入

导入是指从步入会场到寒暄结束的这段时间。导入的时间虽然很短，但其作用却很大。为便于双方接触交流，导入阶段一般以站立交谈为好。虽然每个人的行为方式、个性特征各不相同，但导入阶段总体应包括入场、握手、介绍、问候、寒暄等行为。正常的行为要求是：入场时应径直走向会场，表情自然，目光坦率而自信，以开诚布公、友好的态度出现；握手时应掌握握手的力度、时间和方式，亲切郑重，不迟疑、不傲慢或久握不放；介绍时可以自我介绍也可以由双方的领导向对方介绍己方的谈判人员；问候寒暄时语言、语态、语调应亲切、和蔼、轻松自如。

（二）营造良好气氛

经验表明，开局阶段所创造的特定的谈判气氛会对整个谈判过程产生重要的影响和制约作用。因此，谈判人员在开局阶段的基本目标和任务是为谈判创造合适的谈判气氛，为后续的谈判工作打下良好的基础。有经验的谈判人员都会充分重视和利用谈判开局，创造对己方有利的理想的谈判气氛，从而引导整个谈判的发展方向和左右整个谈判的格局，最终实现己方的谈判目的。

（三）协商通则

谈判人员在寒暄过后纷纷入座，话题自然转到谈判上来。在讨论正式谈判内容之前，有关谈判的目标、计划、进度、人员的问题需要先确定下来，使双方达成共识，以使正式谈判顺利进行。协商通则主要围绕“4P”展开：目标（Purpose），即说明双方为什么坐在一起，通过谈判达到什么目的；计划（Plan），即确定会谈的议程安排，如讨论的议题、双方约定共同遵守的规程等；进度（Pace），即会谈进行的速度，也就是日程安排；人员（Person），即谈判双方对每个成员的正式介绍，包括姓名、职务及在谈判中的作用、地位等。

知识小贴士：商务谈判中的通则议程和细则议程

（四）开场陈述

在对“4P”基本达成共识后，各方要简要地阐述各自的谈判意愿，表明己方的立场及重要观点。此举的目的是让对方了解自己对有关问题的看法和基本原则，并以此换取对对方更多的了解，因此也是双方互相探测对方底细的过程。在此过程中，双方既有所表露，又有所隐藏，心照不宣。

同步案例

A公司是一家实力雄厚的房地产公司，在投资的过程中相中了B公司的一块极具升值潜力的地皮，想尽快拿到手进行商业投资。而B公司也正想通过出售这块地皮获得资金，以拓展国外市场。于是，双方精选了久经沙场的谈判干将，对土地转让问题展开磋商。

A公司代表："我们公司的情况贵公司可能已有所了解，我们公司是××公司和××公司（均为全国著名的大公司）合资创办的，经济实力雄厚，近年来在房地产开发领域业绩显著。我们公司去年在你们市开发的××花园，收益就很不错。听说你们的周总也是我们的买主。你们市的几家公司正在谋求与我们合作，想把他们手里的地皮转让给我们，但我们没有轻易表态。你们这块地皮对我们更有吸引力，我们准备把原有的住户拆迁，开发一片居民小区。前几天，我们公司的业务人员对该地区的住户、企业进行了广泛的调查，基本上没有什么阻力。时间就是金钱，我们希望能以最快的速度就这个问题达成协议，不知贵公司的想法如何？"

B公司代表："很高兴能与贵公司有合作的机会。我们之间以前虽没有打过交道，但对贵公司的情况还是有所了解的。我们遍布全国的办事处就有多家住的是你们建的房子，这可能也是一种缘分吧。我们确实有出卖这块地皮的意愿，但并不急于脱手，因为除了贵公司外，兴华、兴运等一些公司也对这块地皮表示出了浓厚的兴趣，正在积极地与我们接洽。当然了，如果你们的条件比较合理，我们还是愿优先与你们合作的，我们可以帮助你们简化有关手续，使你们的工程能早日开工。"

问题：该案例中，双方谈判代表的开局陈述体现了什么特点？

案例解析：以上案例中，双方谈判代表都不愧是久经沙场的谈判行家。A公司谈判代表明确、直接地进行了自我介绍，同时又充分显示了己方的谈判地位与实力。B公司谈判代表也表现得相当镇静，不卑不亢，在对对方的合作意愿予以回应的同时，也显示了己方不可小觑的谈判实力，使己方在谈判开局时不落于下风。

任务二　开局气氛营造

一、开局气氛对谈判的影响

微课：商务谈判开局气氛营造

任何商务谈判都是在一定的气氛下进行的。谈判气氛是谈判各方之间的相互态度，它能够影响谈判人员的心理、情绪和感觉，从而引起谈判人员相应的反应。因此，谈判气氛对整个谈判过程具有重要的影响，其发展变化直接影响整个谈判的前途。

具体来讲，开局气氛对谈判的影响表现如下：（1）影响谈判的主动权。在开局阶段，谁能够营造对己方有利的谈判气氛，谁就能够取得有利的谈判地位，从一开始就掌握谈判的主动权；相反，如果谁在开局阶段处于下风，陷入被动局面，那么就会被对方牵制，失掉谈判的主动权。（2）影响谈判者的期望。期望决定结果，己方对谈判的期望值越高，谈判的结果就越好；对方对谈判的期望值越高，谈判的难度就越大。（3）影响谈判的方式。开局气氛为谈判定了一个基本格调，这个格调是坦诚还是诡秘，是信任还是怀疑，是融洽还是对立，是热烈还是冷淡等，无疑会对谈判的进行和演绎方式产生巨大的影响。

二、开局气氛的类型

每一场谈判都有其独特的气氛。由于商务谈判的内容、形式、地点、谈判双方的关系等各不相同，因此商务谈判的气氛也各不相同。常见的开局气氛有高调气氛、低调气氛和自然气氛。不同的谈判气氛对谈判的影响不同，一种谈判气氛可在不知不觉中把谈判朝着某种方向推进。

当双方走到一起准备谈判时，洽谈的气氛就已经形成。热情还是冷漠，友好还是猜忌，轻松活泼还是拘谨紧张，都已基本确定。当然，谈判气氛不仅受开局时的影响，双方见面之前的预先接触、谈判深入后的交流都会对谈判气氛产生影响。谈判开始瞬间对谈判气氛的影响最强烈，它奠定了谈判的基础。此后，谈判的气氛波动比较有限。

谈判环境的布置也是营造良好开局气氛的重要环节。对方从环境的布置中可以看出己方对谈判的重视程度，从而留下较深的印象。特别是一些重要的谈判，任何疏忽都会给对方留下己方对谈判不重视、缺少谈判诚意的印象，从而影响谈判气氛。

三、不同开局气氛的营造方法

（一）营造高调气氛

高调气氛是指谈判情势比较热烈，谈判双方情绪积极、态度主动，愉快因素成为谈判情势主导因素的谈判开局气氛。通常在下述情况下，谈判一方应努力营造高调的谈判开局气氛：己方占有较大优势，价格等主要条款对己方极为有利，己方希望尽早达成协议与对方签订合同。在高调气氛中，谈判对手往往只注意到对自己有利的方面，而且对谈判前景的看法也倾向于乐观，因此，高调气氛可以促进协议的达成。营造高调气氛通常有以下几种方法：

1. 感情渲染法

感情渲染法是指通过某一特殊事件来引发普遍存在于人们心中的美好感情因素，并使这种感情迸发出来，从而达到营造气氛的目的。

同步案例

A 国一家生产企业准备从 B 国引进一条生产线，于是与 B 国一家公司进行了接触。双方分别派出了一个谈判小组就此问题进行谈判。谈判那天，B 方代表板着面孔走进会谈室。当双方谈判代表刚刚就座时，A 方首席代表（副总经理）站了起来，对大家说："在谈判开始之前，我有一个好消息要与大家分享。我的太太在昨天夜里为我生了一个大胖儿子！"此话一出，A 方代表纷纷站起来向他道贺。B 方代表于是也纷纷站起来向他道贺。整个谈判会场的气氛顿时高涨起来。

资料来源：利·汤普森．国际商务谈判：第 6 版［M］．赵欣，译．北京：中国人民大学出版社，2019．

问题：A 方代表为什么能在强劲的对手面前取得开局的成功？

案例解析：B 方代表在谈判前板起面孔，试图营造一种冰冷的谈判气氛，给 A 方代表造成一种心理压力，从而控制整个谈判，趁机抬高价码或提高条件。于是，A 方首席代表用自己的喜事打破了 B 方代表的冰冷面孔，营造了一种有利于己方的高调气氛。

2. 称赞法

称赞法是指通过称赞对方来削弱对方的心理防线，从而使对方焕发出谈判热情，即通过调动对方的情绪来营造高调气氛。

采用称赞法时应该注意以下几点：

（1）选择恰当的称赞目标。选择称赞目标的基本原则是投其所好，即选择那些对方最引以为豪的并希望己方注意的目标。

（2）选择恰当的称赞时机。如果时机选择得不好，称赞法往往适得其反。

（3）选择恰当的称赞方式。称赞方式一定要自然，不要让对方认为你是在刻意奉承他，继而引起反感。

同步案例

东南亚某个国家的华人企业想要成为我国某著名家电公司在当地的代理商。双方几次磋商均未达成协议。在最后的一次谈判中，华人企业的谈判代表发现我方代表喝茶及取放茶杯的姿势十分特别，于是他说道："从您喝茶的姿势来看，您十分精通茶道，能否为我们介绍一下？"这句话正好点中了我方代表的兴趣所在，于是他滔滔不绝地讲述起来。后面的谈判进行得异常顺利，那个华人企业终于拿到了其所希望的地区代理权。

问题：本案例中，这种开局方式的好处是什么？

案例解析：开局阶段人们的精力最为充沛，注意力也最集中，所有的谈判者都在专心倾听别人的发言，注意观察对方的一举一动。谈判者应注意把握住这一关键时机，力争创造良好的谈判气氛。通过称赞对方来削弱对方的心理防线，从而焕发出对方的谈判热情，调动对方的情绪，营造高调气氛。

3. 幽默法

幽默法是指用幽默的方式来消除谈判对手的戒备心理，使其积极参与谈判，从而营造高调的谈判开局气氛。采用幽默法时要注意以下几点：

（1）选择恰当的时机。

（2）采取适当的方式。

（3）要收发有度。

同步案例

刘经理与王厂长约好中午12时在生态园吃饭并谈判。可是一个小时后，王厂长才赶到，并抱歉地说："对不起，我来晚了，让您饿了这么久。"刘经理答道："没关系，我已经饱餐了美食的香气和绿色的空气。"

资料来源：吴建伟．商务谈判策略与案例分析［M］．北京：清华大学出版社，2017.

问题：本案例中，刘经理的幽默开局的好处是什么？

案例解析：刘经理用夸张的幽默手法表达了自己的不满，比起"您来得这么晚，为什么不让我先吃完午餐"要巧妙得多，而王厂长在刘经理的幽默中会更感愧疚。

4. 诱导法

诱导法是指投其所好，利用对方感兴趣或值得骄傲的一些话题，来调动对方的谈话情绪与欲望，从而营造良好的谈判气氛。

同步案例

富有传奇色彩的创始人史蒂夫·罗斯打算创立时代华纳公司时，还在从事殡仪馆业务。在罗斯放弃原有工作进入更大规模的行业所采取的第一组措施中，其中一项就是帮助某小型汽车租赁公司与凯撒·基梅尔就一笔生意进行谈判，后者在纽约市内拥有大约60个停车场。罗斯希望基梅尔可以允许那家汽车租赁公司使用他的停车场出租汽车，租车的客户可以免费使用停车场。作为回报，罗斯打算给基梅尔提成租车费。谈判开始前，罗斯彻底调查了基梅尔，在各方面的信息中有一条引起了他的注意：基梅尔是个不折不扣的赛马迷，拥有自己的马，并让它们参加比赛。罗斯知道一些赛马的事，因为他的亲戚也养马，并且也参加赛马。当罗斯走进基梅尔的办公室开始谈判时，他做了一件事，此举被后人称为史蒂夫·罗斯经典谈判招数。他很快扫视了整个房间，目光停留在一个相框上，照片上是基梅尔的一匹马站在一次大规模的赛马冠军组中。他走过去，端详了一会儿，然后故作惊讶地喊道："这场比赛的2号马是莫蒂·罗森塔尔（罗斯的亲戚）的！"听了这话，基梅尔微笑起来。两人话语投机，后来联手进行了一次非常成功的风险投资。

资料来源：白远．国际商务谈判：理论、案例分析与实践［M］．6版．北京：中国人民大学出版社，2022.

问题：本案例中，罗斯成功的原因是什么？

案例解析：本案例中，在开局时，罗斯采用诱导法，投其所好，利用对方感兴趣和值得骄傲的“赛马”话题，成功调动了对方的谈话情绪，为谈判成功奠定了良好基础。

（二）营造低调气氛

低调气氛是指谈判气氛十分严肃、低落，谈判的一方情绪消极、态度冷淡，不快因素成为谈判情势的主导因素。通常在以下情况下，谈判一方应该努力营造低调的谈判开局气氛：己方有讨价还价的砝码，但是并不占有绝对优势；合同中某些条款并未达到己方的要求，如果己方施加压力，对方会在某些问题上做出让步。低调气氛会给谈判双方都造成较大的心理压力，在这种情况下，哪一方心理承受力弱，哪一方往往就会妥协让步。因此，在营造低调气氛时，己方一定要做好充分的心理准备并要有较强的心理承受力。营造低调气氛通常有以下几种方法：

1. 感情攻击法

这里的感情攻击法与营造高调气氛的感情渲染法性质相同，都是以感情诱导作为营造气氛的手段，但两者的作用方向相反：在营造高调气氛的感情渲染中，要激起对方的积极感情，使得谈判开局充满热烈的气氛；而在营造低调气氛时，要诱发对方的消极感情，致使一种低沉、严肃的气氛笼罩在谈判开始阶段。

同步案例

营造低调氛围“置之死地而后生”

克莱斯勒汽车公司曾是美国汽车行业的“三驾马车”之一。进入20世纪70年代，该公司业务开始下滑，处于濒临破产的境地。1979年，克莱斯勒公司要求银行延期收回6.55亿美元贷款。当克莱斯勒公司分别与各家银行谈判时，各家银行均不妥协。于是，公司董事会董事长史蒂夫决定改成将大家召集到一起谈。如果各家银行在这次谈判中仍不妥协，后果将不堪设想，因为当时全美经济衰退严重，克莱斯勒公司破产对美国很可能意味着一个更可怕的经济灾难的降临。

当4月1日各家银行代表到齐时，史蒂夫宣布会议开始。他的开场白让人震惊：“先生们，昨天晚上，克莱斯勒董事会举行了紧急会议。鉴于目前的经济衰退、公司的严重亏损、利率的节节上升，更不要说在座的各位银行家们的不支持态度，公司决定今天上午9时30分宣布破产。”顿时，整个会议室鸦雀无声，空气异常沉闷。过了5分钟，史蒂夫补充道：“也许我应该提醒大家，今天是4月1日。”

这是史蒂夫在会前5分钟想出来的一条奇谋。它具有很大的冒险性，但事实证明也具有令人震惊的效果。它使会场中的每一个人瞬间陷入一幅可怕图景中，想象不达成协议将面临的严重后果。

资料来源：陈文汉，甄冰．商务谈判实务［M］．3版．北京：人民邮电出版社，2021.

问题：本案例中，史蒂夫采用了什么样的方法，营造了怎样的气氛？

案例解析：谈判桌上有时需要给对方制造压力以达成自己的目的。本案例中，史蒂夫采用了感情攻击法营造了一种压抑的低调气氛，从而实现了自己的谈判目标。

2. 沉默法

沉默法是以沉默的方式来使谈判气氛降温，从而达到向对方施加心理压力的目的。注意，这里所讲的沉默并非一言不发，而是指本方尽量避免就谈判的实质问题发表议论。采用沉默法要注意以下两点：

（1）要有恰当的沉默理由。通常人们采用的理由有：假装对某项技术问题不理解；假装不理解对方对某个问题的陈述；假装对对方的某个礼仪失误表示十分不满。

（2）要沉默有度，适时进行反击，迫使对方让步。

3. 疲劳战术

疲劳战术是指使对方对某一个问题或某几个问题反复进行陈述，从生理和心理上让对手疲劳，降低对手的热情，从而达到控制对方并迫使其让步的目的。一般来讲，人在疲劳的状态下，思维的敏捷程度下降，容易出现错误，热情降低，工作情绪不高，比较容易屈从于别人的看法。采用疲劳战术应注意以下两点：

（1）多准备一些问题，而且问题要合理，每个问题都能起到让对方疲劳的作用。

（2）认真倾听对方的每一句话，抓住错误并记录下来，作为迫使对方让步的砝码。

4. 指责法

指责法是指对对方的某项错误或礼仪失误严加指责，使其感到内疚，从而达到营造低调气氛、迫使谈判对方让步的目的。

同步案例

法国一家公司派代表到美国采购一套大型设备。由于不熟悉当地道路且发生交通堵塞，法方代表耽误了时间，当赶到谈判会场时，比双方商定时间晚了近半个小时。美方代表对此表现出极大的不满，花了很长时间来指责法方代表的这一错误。法方代表也因为自身的失误频频向美方代表表示歉意。但谈判开始以后，美方代表仍然对法方代表的错误耿耿于怀，一时间弄得法方代表手足无措，无心与美方代表讨价还价。等到合同签订以后，法方代表才发现自己吃了大亏。

问题：本案例中，美方代表营造了哪种开局策略？这样做的好处是什么？

案例解析：在与法方代表的谈判中，美方代表主要运用了指责法来营造有利于他们的谈判气氛——低调谈判气氛，强硬地指出了法方的过失，以制造心理优势，使己方处于主动地位。

（三）营造自然气氛

自然气氛是指谈判双方情绪平稳，谈判气氛既不热烈，也不消沉。这种谈判开局气氛便于向对方进行摸底，因为谈判双方在自然气氛中传达的信息往往要比在高调气氛和低调气氛中传送的信息准确、真实。当谈判一方对谈判对方的情况了解甚少，对方的谈判态度不甚明朗时，谋求在平缓的气氛中开始对话是比较有利的。

自然气氛一般无须刻意去营造，商务活动中的许多谈判都是在这种气氛中开始的。但是，具体考虑到谈判双方的实力对比和谈判双方之间的业务关系等因素，也可以有针对性地营造自然气氛：一是谈判双方势均力敌或实力相差不多；二是双方有过业务往来，关系一般；三是双方在过去没有业务往来，是第一次进行业务接触。

营造自然气氛要做到以下几点：

第一，注意自己的行为、礼仪，不能过于热情，也不能过于冷淡。

第二，不要与对方就某一问题过早发生争议。

第三，询问对方时，询问方式要自然，语气要平和。

第四，对于对方的提问，能正面回答的一定要正面回答；不能回答的，要采用恰当方式进行回避。不能让对方有被冷落或被敷衍的感觉。

谈判气氛并非一成不变。在谈判中，谈判人员可以根据需要来营造适合自己的谈判气氛。但是，谈判气氛的形成并非全是人为因素的结果，客观条件也会对谈判气氛产生重要的影响，如节假日、天气情况、突发事件等。因此，在营造谈判气氛时，一定要注意外界客观因素的影响。

课堂讨论

在谈判开局气氛的营造中，你觉得这三种开局气氛各自的优缺点是什么？你认为哪种开局气氛最好？通常你在买东西的时候更倾向于使用怎样的开局气氛？

要求： 教师不直接提供上述问题的答案，而是先引导学生结合本部分内容进行独立思考、自由发表见解，再组织课堂讨论，最后对学生提出的典型见解进行点评。

四、营造开局气氛应考虑的因素

不同的谈判内容、不同的谈判类型需要营造不同的谈判气氛。在考虑究竟应营造什么样的谈判气氛时，通常应考虑下面的因素。

（一）谈判双方的业务关系

双方的业务关系主要有以下四种情况，要根据具体情况灵活运用。

（1）谈判双方有过良好的业务合作。在这种情况下，要营造高调的气氛，谈判双方应把这种友好的业务关系作为谈判的基础。谈判双方开始的语言应是热情洋溢的；内容上可以畅叙双方的友好合作关系，也可以适当地称赞对方企业的发展和进步；姿态上应比较自由、放松而亲切。

（2）谈判双方有过一般的业务往来。此时的目标仍是要争取营造高调的气氛。但谈判人员在语言的热情度上应有所控制；内容上可以简要地说说双方过去的业务往来，也可以谈双方在日常生活中的一些兴趣、爱好；姿态可以随和、自然。

（3）谈判双方有过不尽如人意的业务往来。在这种情况下，要营造低调的气氛，给对方施加压力。谈判开始的气氛应严肃，甚至带一点冷峻；内容上可以对过去双方业务关系表示遗憾，以及希望通过本次磋商来改变这种状况，也可以谈一些途中见闻、体育比赛等中性话题；姿态上应该充满正气，注意与对方保持一定的距离。

（4）谈判双方从未有过业务往来。在这种情况下，双方应力争创造友好、真诚的高调氛围，以淡化和消除双方的陌生感，为后面实质性的谈判奠定基础。谈判人员在语言上应表现得礼貌、友好，但又不失身份；内容上以旅途见闻、体育消息、天气状况、个人业余爱好等比较轻松的话题为主，也可以就个人在企业任职时间、负责范围、专业经历等进行一般性的询问和交谈；姿态上应是不卑不亢，沉稳中不失热情，自信但不骄傲。

（二）谈判双方的个人感情

谈判是人们交流思想的一种行为，个人感情交流的过程和效果对其会产生很大的影响。如果双方谈判人员过去有过交往和接触，并结下友谊，就应畅谈友谊，回忆过去交往的情况，以增进相互间的个人感情。个人感情的增进会对谈判进程有积极的影响。

（三）谈判双方的谈判实力

谈判双方的实力分以下三种情况：

（1）双方谈判实力相当。为了防止一开始就强化对方的戒备心理和激起对方的敌对情绪，并使这种气氛延伸到实质性谈判阶段，从而导致双方为了一争高低，造成两败俱伤的结局，在开局阶段，要力求创造友好、轻松、和谐的高调气氛。因此，己方谈判人员在语言上要做到轻松而不失严谨、礼貌而不失自信、热情而不失沉稳。

（2）己方谈判实力明显强于对方。为了使对方能够清醒地认识到这一点，并且在谈判中不抱有过高的希望，己方在产生威慑作用的同时又不至于把对手吓跑，在开局阶段，在语言和姿态上，己方既要表现得礼貌、友好，又要充分显示出己方的自信和气势。

（3）己方谈判实力明显弱于对方。为了不使对方在气势上占上风，从而影响后面的实质性的谈判，在开局阶段，在语言和姿态上，己方一方面要表示出友好、积极合作的姿态；另一方面要充满自信、举止沉稳、谈吐大方，使对方不至于歧视己方。

（四）谈判双方的见面场地

谈判双方见面的形势会直接影响谈判气氛。如果谈判主方主动到机场、车站去迎接客方，或双方第一次见面是在宾馆或酒桌上，就容易建立起热烈、积极、友好的高调谈判气氛；反之，如果双方是在主方的洽谈室见面，就容易建立起平静、严肃、严谨的自然谈判气氛。

（五）谈判双方的问候方式

谈判双方见面后，问候的方式对谈判开局的气氛也会产生很大的影响。一般而言，双方见面后会寒暄几句，例如：问对方一些旅途见闻、到本地是否习惯等关心对方生活方面的话题，就能够迅速消除彼此间的陌生感，建立起热烈、积极、友好的高调谈判气氛。如果双方一见面，就直奔谈判主题，甚至直奔双方矛盾冲突点，就会出现严肃、严谨的自然谈判气氛，情况严重时还会出现冷淡、对立、紧张的低调谈判气氛。

（六）谈判者的仪态

谈判者的仪态包括谈判者的语言、举止、服饰。如果谈判者语言热情洋溢、举止端庄高雅、服饰干净整齐，就容易给对方留下良好的印象，有利于形成真诚、友好、积极的谈判气氛。如果谈判者语言冷漠无情、举止粗劣低俗、服饰不洁邋遢，就会给对方留下不良印象，从而可能造成严肃、紧张的谈判气氛。

任务三　开局策略应用

在正式谈判开始之前，除了良好的开局气氛，还需要运用好开局策略，以利于谈判顺利进行。谈判开局策略是谈判者为谋求谈判开局中的有利地位和实现对谈判开局的控制而采取的行动方式或手段。

微课：开局策略应用

一、开局策略类型

商务谈判无时无刻不体现着策略的运用。在商务谈判策略体系中，涉及谈判开局的具体策略有很多。常见的谈判开局策略有以下几种：

（一）一致式开局策略

一致式开局策略是指在谈判开始时，为使对方对己方产生好感，以“协商”“肯定”的方式，创造或建立起对谈判的“一致”的感觉，从而使谈判双方在友好愉快的气氛中不断将谈判引向深入的一种开局策略。一致式开局策略的运用还有一种重要途径，就是在谈判开始时以问询方式或补充方式诱使对方走入己方的既定安排，从而使双方达成一致和共识。所谓问询方式，是指将答案设计成问题来询问对方。一致式开局策略如果运用得好，可以将自然气氛转变为高调气氛。

同步案例

50 多年前，中美领导人曾经在北京举行过一场紧张的秘密谈判。1972 年 2 月 21 日，美国总统尼克松访华，开启了两国关系的破冰之旅，中美双方将要展开一场具有重大历史意义的国际谈判。为了营造融洽和谐的谈判环境和气氛，周总理亲自领导，对谈判中的各种环境都做了精心的准备和安排，甚至对宴会上要演奏的中美两国的民间乐曲都进行了精心的挑选。在欢迎尼克松一行的国宴上，当军乐队熟练地演奏起《美丽的亚美利加》乐曲时，尼克松总统简直惊呆了，他没有想到能在北京听到他如此熟悉的乐曲，因为这支乐曲正是他就职美国总统仪式上演奏的家乡乐曲。曲终时，他特地走到乐队前表示感谢。此时国宴气氛达到了高潮，这种融洽而热烈的气氛也感染了美国客人。

资料来源：杨群祥．商务谈判［M］．7 版．大连：东北财经大学出版社，2023.

问题：为什么要演奏《美丽的亚美利加》乐曲？

案例解析：作为一首特别的曲子，《美丽的亚美利加》对于尼克松总统意义非凡。我方这样的精心安排，向美方传递了友好、一致的谈判感觉，营造了高调气氛，为后期谈判奠定了良好基础。

（二）保留式开局策略

保留式开局策略是指在谈判开局时，对对方提出的关键性问题不作彻底、确切的回答，而是有所保留，从而给对方造成神秘感，以吸引对方步入谈判。

保留式开局策略适用于谈判双方过去有过商务往来，但对方曾有过不太令人满意的表现，己方要通过严谨、慎重的态度，引起对方对某些问题的重视，不急于拉近关系，注意与对方保持一定的距离。这种策略也适用于己方对对方的某些情况存在疑问，需要经过简短的接触进行摸底的情况。当然，保留并不等于没有谈判诚意，也不等于冷漠和猜疑，这种策略正是为了寻求更有效的谈判成果而使用的。

采用保留式开局策略时不要违反商务谈判的道德原则，即以诚信为本，向对方传递的信息可以是模糊信息，但不能是虚假信息。否则，会使自己陷入非常难堪的局面之中。保留式开局策略适用于低调气氛和自然气氛，而不适用于高调气氛。保留式开局策略还可以将其他的谈判气氛转为低调气氛。

（三）坦诚式开局策略

坦诚式开局策略是指以开诚布公的方式向对方陈述自己的观点或意愿，尽快打开谈判局面。

坦诚式开局策略比较适合双方过去有过商务往来，而且关系很好、互相了解较深的情况。谈判人员可以将这种友好关系作为谈判的基础，在陈述中，可以真诚、热情地畅谈双方过去的友好合作关系，适当地称赞对方在商务往来中的良好信誉。由于双方关系比较密切，因此可以省去一些礼节性的外交辞令，坦率地陈述己方的观点以及对对方的期望，使对方产生信任感。

坦诚式开局策略有时也可用于己方实力不如对方的情况。己方实力弱于对方，这是双方都了解的事实，因此没有必要掩盖。己方可坦率地表明存在的弱点，使对方理智地考虑谈判目标。这种坦诚也表达出实力较弱的一方不惧怕对手的压力，充满自信和实事求是的态度。坦诚式开局策略可以在各种谈判气氛中应用。这种开局方式通常可以把低调气氛和自然气氛引向高调气氛。

同步案例

某区一位书记在同外商谈判时，发现对方对自己的身份持有强烈的戒备心理，这种状态妨碍了谈判的进行。于是，这位书记当机立断，站起来向对方说道："我是书记，但也懂经济、搞经济，并且拥有决策权。我们摊子小，并且实力不强，但人实在，愿意真诚与贵方合作。咱们谈得成也好，谈不成也好，至少您这个外来的'洋'先生可以交一个我这样的'土'朋友。"寥寥几句肺腑之言，打消了对方的疑虑，使谈判顺利地向纵深发展。

资料来源：陈汉明，李占红．商务谈判理论与实务［M］．长沙：湖南师范大学出版社，2012.

问题：本案例中，在这位书记的谈判中，我们学到了什么？

案例解析：这位书记适时地发现了谈判中的问题，及时采取正确的方法改变了谈判的不利局面并缓解了现场气氛。他仅用寥寥几句肺腑之言便很快打消了对方的疑惑，使谈判得以顺利进行。这位书记对商务谈判的理解非常透彻，且能做到恰当而明智地运用谈判策略，值得我们学习。

（四）进攻式开局策略

进攻式开局策略是指通过语言或行为来表达己方强硬的姿态，从而获得对方必要的尊重，并借以制造心理优势，使得谈判顺利地进行下去。采用进攻式开局策略一定要谨慎，因为在谈判开局阶段就设法显示自己的实力会使谈判一开局就处于剑拔弩张的气氛中，对谈判进一步的发展极为不利。

进攻式开局策略只有在特殊情况下才能使用。例如，发现对方居高临下，以某种气势压人，有某种不尊重己方的倾向，如果任其发展下去，对己方是不利的，因此要变被动为主动，不被对方的气势压倒，采取以攻为守的策略，捍卫己方的尊严和正当权益，使双方站在平等的地位上进行谈判。进攻式策略要想运用得好，必须注意有理、有力、有节，不能使谈判在一开始就陷入僵局；要切中问题要害，对事不对人，既表现出己方的自尊、自信和认真的态度，又不能咄咄逼人，使谈判气氛过于紧张。一旦问题表达清楚，对方也有所改观，就应及时调节气氛，使双方重新建立起友好、轻松的谈判气氛。

进攻式开局策略可以扭转不利于己方的低调气氛，使之转向自然气氛或高调气氛。但是，进攻式开局策略也可能使谈判陷入僵局。

同步案例

德国一家著名汽车品牌刚刚在美国上市，需要在当地找一家汽车代理商为其进行销售代理，以弥补其刚开始不了解美国市场的缺陷。谈判当天，德国谈判代表因为堵车迟到了，美国谈判代表抓住此事紧紧不放，以此给对方不断施加压力以获取更多的优惠条件。德国谈判代表发现对方咄咄逼人，于是站起来说："我方十分抱歉耽误了贵公司的时间，但这绝非我们的本意。我们对美国的交通状况了解不足，导致了这个不愉快的结果。我们希望不要再因为这个问题纠缠下去并耽误我们谈判的宝贵时间了。如果因为此事贵公司怀疑我方的合作诚意，那我们只好结束这次谈判。我们也相信，以我们公司如此的优惠条件，在美国肯定不会找不到代理商。"德国谈判代表的一席话让美国谈判代表哑口无言，他们也并不想真正失去这次交易机会，从而使得谈判得以顺利进行下去。

问题：针对美国谈判代表营造的开局气氛，德国谈判代表是如何运用开局策略的？

案例解析：进攻式开局策略是指通过语言或行为来表达己方强硬的姿态，从而获得对方必要的尊重，并借以制造心理优势，使得谈判顺利地进行下去的策略。采用进攻式开局策略一定要谨慎，其适用条件是对方刻意制造低调气氛，这种气氛对己方的讨价还价十分不利，若不扭转将损害己方的利益。本案例中，德国谈判代表采用进攻式开局策略，成功瓦解了美方谈判代表谋求营造低调气氛以取得谈判主动权的企图。

（五）挑剔式开局策略

挑剔式开局策略是指开局时，对对方的某项错误或礼仪失误严加指责，使其感到内疚，从而达到营造低调气氛、迫使对方让步的目的。

课堂互动☞

情景模拟：当己方与对方以前有过业务往来，但对对方印象不佳时，灵活采用上述开局策略。

要求：学生根据上述实例，搜集资料，合理运用语言技巧进行模拟发言，然后教师点评。

二、选用不同开局策略应考虑的因素

不同情形的谈判需要选用不同的开局策略。谈判开局策略的选择受到谈判双方实力对比、谈判形势、谈判气氛营造等一系列因素的制约和影响。选择谈判开局策略，必须全面考虑这些因素，并且在实施时还要依据谈判经验对其进行调整。一般来说，确定恰当的开局策略需要考虑以下几个因素。

（一）谈判双方之间的关系

谈判双方之间的关系，主要有以下几种情况：

（1）如果双方在过去有过业务往来且关系很好，那么这种友好的关系应作为双方谈判的基础，在这种情况下，开局阶段的气氛应是热烈、真诚、友好、愉快和轻松的。例如：“过去我们双方一直合作得很愉快，我想，这次我们仍然会合作愉快的。”

（2）如果双方有过业务往来，但关系一般，那么开局的目标是争取创造一种比较友好、和谐的气氛。例如：“过去我们双方一直保持着业务往来关系，我们希望通过这一次的交易磋商，将我们双方的关系推向一个新的高度。”

（3）如果双方过去有过一定的业务往来，但己方对对方的印象不好，那么开局阶段的谈判气氛应是严肃、凝重的。例如：“过去我们双方有过一段合作经历，但遗憾的是并不那么令人愉快，希望这一次我们能合作愉快。千里之行，始于足下。让我们从这里开始吧。”

（4）如果过去双方人员并没有业务往来，那么第一次的交往应力争创造一种真诚、友好的气氛，以淡化和消除双方的陌生感以及由此带来的防备，为后面的实质性谈判奠定良好的基础。例如：“这笔交易是我们双方的第一次业务交往，希望它能够成为我们双方发展长期友好合作关系的一个良好开端。”

（二）双方的实力

（1）双方谈判实力相当，为了防止一开始就强化对手的戒备心理和激起对方的对立情绪，以致影响实质性谈判，在开局阶段，仍然要力求营造一种友好、轻松、和谐的气氛。己方谈判人员在语言和姿态上要做到轻松而不失严谨、礼貌而不失自信、热情而不失沉稳。

（2）如果己方谈判实力明显强于对方，为了使对方能够清醒地意识到这一点，并且在谈判中不抱过高的期望，又不至于吓跑对方，则开局阶段己方在语言和姿态上，既要表现得礼貌、友好，又要充分显示出自信和气势。

（3）如果己方谈判实力弱于对方，为了不使对方在气势上占上风，从而影响后面的实质性谈判，则开局阶段己方在语言和姿态上：一方面要表示友好，积极合作；另一方面要充满自信，举止沉稳，谈吐大方，使对方不至于轻视己方。

知识小贴士：职场商务谈判攻略——谈判开局

崇德修身

中美元首会晤

当地时间2023年11月15日，国家主席习近平在美国旧金山斐洛里庄园同美国总统拜登举行中美元首会晤。两国元首就事关中美关系的战略性、全局性、方向性问题以及事关世界和平和发展的重大问题坦诚深入地交换了意见。

习近平抵达斐洛里庄园时，受到拜登热情迎接。

习近平指出，当今世界正经历百年未有之大变局，中美有两种选择：一种是加强团结合作，携手应对全球性挑战，促进世界安全和繁荣。另一种是抱持零和思维，挑动阵营对立，让世界走向动荡和分裂。两种选择代表着两个方向，将决定人类前途和地球未来。作为世界上最重要的双边关系，中美关系要放在这个大背景下思考和谋划。中美不打交道是不行的，想改变对方是不切实际的，冲突对抗的后果是谁都不能承受的。大国竞争解决不了中美两国和世界面临的问题。这个地球容得下中美两国。中美各自的成功是彼此的机遇。

习近平深刻阐释了中国式现代化的本质特征和内涵意义，以及中国的发展前景和战略意图。习近平指出，中国的发展有自身的逻辑和规律，中国正在以中国式现代化全面推进中华民族伟大复兴，中国不走殖民掠夺的老路，不走国强必霸的歪路，也不搞意识形态输出。中国没有超越或者取代美国的规划，美国也不要有打压遏制中国的打算。

习近平指出，相互尊重、和平共处、合作共赢，这既是从50年中美关系历程中提炼出的经验，也是历史上大国冲突带来的启示，应该是中美共同努力的方向。这次旧金山会晤，中美应该有新的愿景，共同努力浇筑中美关系的五根支柱。

拜登对习近平应邀赴美出席美中元首会晤表示热烈欢迎。拜登表示，去年同习近平主席在巴厘岛进行了重要会晤。旧金山是华人最先抵达美国的地方，是美中共同参与签署《联合国宪章》的地方，也是美中最早建立友城的地方。今天中美双方在旧金山再次面对面会晤具有特殊重要意义，期待在巴厘岛会晤基础上取得新的共识和成果。

拜登表示，美中关系是世界上最重要的双边关系，美中冲突并非不可避免，一个稳定和发展的中国符合美国和世界的利益，中国经济增长有利于美国，也有利于世界。美中关系保持稳定，防止冲突，管控分歧，并在符合双方利益的领域开展合作，有助于两国更好应对各自和共同面临的问题。拜登重申在巴厘岛会晤中作出的五点承诺，即：美国不寻求新冷战，不寻求改变中国体制，不寻求通过强化同盟关系反对中国，不支持“台湾独立”，无意同中国发生冲突。美中经济相互依赖，美国乐见中国发展富裕，不寻求打压遏制中国发展，不寻求同中国脱钩。美方恪守一个中国政策，欢迎双方各部门各层级开展对话，愿继续同中方保持开放坦诚的沟通，增进了解，避免误解，管控分歧。美方愿同中方持续发展经贸关系，在气候变化、禁毒、人工智能等重要领域加强合作，乐见两国增加直航航班，扩大教育科技交流和人员往来。

会谈后，拜登为习近平举行午宴。拜登还邀请习近平一道在斐洛里庄园里散步，并亲自将习近平送到上车处道别。

资料来源：习近平同美国总统拜登举行中美元首会晤 [EB/OL]. 中华人民共和国外交部网站，2023-11-16.

思考：从中我们学到了什么？

提示：质朴语言彰显大国担当，理性声音赢得世界认同。这次旧金山会晤是一次为中美关系增信释疑、管控分歧、拓展合作的重要会晤，也是一次为动荡变革的世界注入确定性、提升稳定性的重要会晤。

知识测试

一、单项选择题

1. 开局阶段奠定谈判成功基础的关键是（　　）。

A. 良好的谈判气氛　　B. 合理的报价

C. 反复磋商　　D. 确定谈判目标

2. 在谈判开始时，以“协商”“肯定”的方式，创造或建立起对谈判的“一致”的感觉，从而使谈判双方在友好愉快的气氛中不断将谈判引向深入的开局策略是（　　）。

A. 保留式开局策略　　B. 一致式开局策略

C. 坦诚式开局策略　　D. 进攻式开局策略

二、多项选择题

1. 属于谈判开局气氛的有（　　）。

A. 高调气氛　　B. 低调气氛　　C. 热烈气氛　　D. 自然气氛

2. 低调气氛的营造方法主要有（　　）。

A. 感情攻击法　　B. 沉默法　　C. 幽默法　　D. 指责法

3. 高调气氛的营造方法主要有（　　）。

A. 感情攻击法　　B. 沉默法　　C. 幽默法　　D. 称赞法

三、判断题

1. 协商通则主要围绕目标、计划、进度和人员四方面展开，简称“4P”。（　　）

2. 在谈判的开局阶段，高调气氛比低调气氛好，对己方谈判更有利。（　　）

3. 一致式开局策略比较适合用来营造高调的开局气氛。（　　）

4. 保留式开局策略可能会使开局气氛由高调变为低调。（　　）

四、简答题

1. 什么叫开局？开局的作用是什么？

2. 开局任务有哪些？

3. 开局气氛有哪些？营造方法分别是什么？

五、论述题

试分析谈判双方关系、实力不同，应分别采取什么样的开局策略？

项目实训

实训背景：

根据本项目情境导入《在寒暄中失去先机》所提供的资料，结合开局气氛与开局策略的相关内容，模拟小张作为一名销售新兵，须在谈判开局中营造的气氛及采用的开局策略，以促使洽谈的顺利进行，赢得谈判的成功。

实训目标：

通过角色扮演，分组进行谈判开局的模拟训练，恰当营造开局气氛，合理运用开局策略，有效开展谈判活动。

实训内容：

1. 明确不同开局气氛的适用场景，为情境导入中的谈判开局气氛选择恰当的方法；
2. 根据情境导入中的谈判情况，科学选择开局策略；
3. 拟定开局任务，撰写开局方案。

实训步骤：

1. 将全班学生分成若干小组，学生可以自由组合，每组 4～6 人，每组确定一名组长；
2. 结合任务，组长按照各成员特长进行适当角色分工，确定每位角色的定位及职责；
3. 教师根据实训情境设定本次实训任务；
4. 各组进行任务认领，分工查找资料及集中讨论，推荐代表模拟展示，整个过程小组成员之间须分工明确、协作配合、积极表现；
5. 实训结束，进行组内互评和组间互评，教师进行点评与总结；
6. 各小组进行小结讨论，完成实训总结；
7. 教师在“学习通”平台上展示班级优秀实训成果及相关资料。

实训成果：

1. 《×××谈判开局方案》
2. 《×××实训总结》

注意事项：

1. 小组成员分工明确，注重协作配合；
2. 灵活选择开局气氛与开局策略；
3. 开局方案拟定科学，实训总结撰写完善。

任务评价

<table>
<tr><th rowspan="2">评价方式</th><th colspan="2" rowspan="2">评价内容</th><th rowspan="2">分值</th><th colspan="2">评价人</th></tr>
<tr><th>个人</th><th>教师</th></tr>
<tr><td rowspan="7">自我评价
与教师评价
（75%）</td><td rowspan="3">技能点</td><td>能有序实施开局阶段的主要任务</td><td>20</td><td></td><td></td></tr>
<tr><td>能灵活营造谈判开局气氛</td><td>20</td><td></td><td></td></tr>
<tr><td>能综合多方因素选用商务谈判开局策略</td><td>20</td><td></td><td></td></tr>
<tr><td rowspan="3">素质点</td><td>谈判开局气氛选择和策略选择的灵活创新意识</td><td>5</td><td></td><td></td></tr>
<tr><td>求真务实、认真严谨的工作态度</td><td>5</td><td></td><td></td></tr>
<tr><td>良好的商务谈判礼仪素养</td><td>5</td><td></td><td></td></tr>
<tr><td colspan="2">合计（$\sum$ 个人分值 * 20%＋ $\sum$ 教师分值 * 80%）</td><td>75</td><td colspan="2"></td></tr>
</table>

续表

评价方式	评价内容	分值	评价人	
			个人	教师
组间互评（25%）	实训任务前期准备情况及任务整体完成质量	7		
	小组每个成员任务的参与度与投入度	6		
	小组成员之间的配合度及团队精神	6		
	实训情境仿真性	6		
	合计	25		
综合评价	自我评价（15%）＋教师评价（60%）＋小组互评（25%）	100		

项目四 商务谈判磋商

学习目标

知识目标：了解谈判中的报价、讨价还价、僵局及让步的含义，掌握报价、讨价还价的方式和技巧，理解谈判僵局产生的原因，掌握商务谈判化解僵局的技巧和让步的策略。

技能目标：能够撰写商务谈判策划书，能够在谈判报价、讨价还价、化解僵局和让步时灵活运用合适的策略，明确各种策略的适用条件、注意事项及应对方法。

素质目标：养成冷静沉着地面对谈判中超过预期、复杂的谈判局面时的心理素质，具备求真务实、态度严谨的职业素养，在谈判策略运用中具有创新意识和良好的礼仪素养。

思维导图

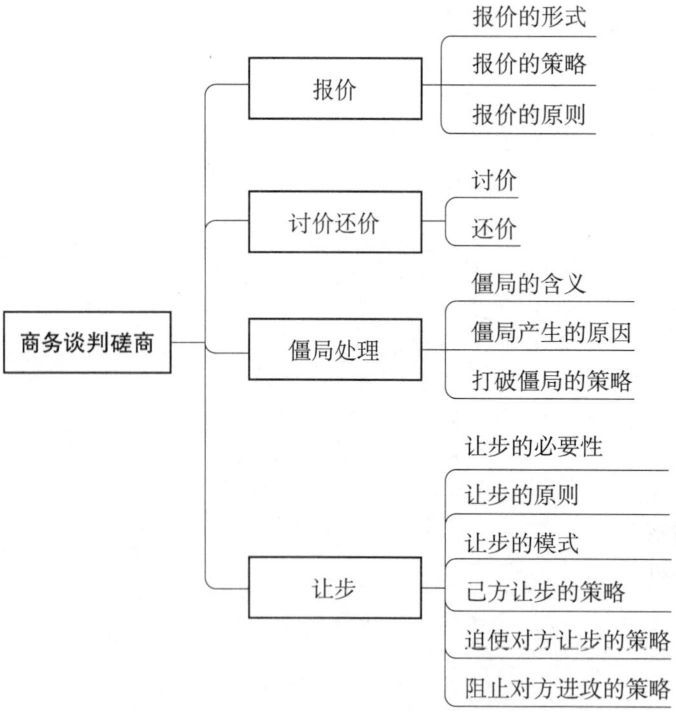

情境导入

建材公司与茶叶公司的投资谈判

某建材公司经营建材生意多年，积累了一定的资金，准备用闲置资金进行投资，由于近年来茶叶市场行情不错，投资的初步意向为茶叶市场。该公司负责人有一定的目标投资预算和投资年收益率，并希望在一年内能够见到回报。某品牌绿茶产自美丽而神秘的云南省，其产地海拔超过2200米，在那里生长的绿茶优质且纯正，茶多酚含量超过35%，高于其他（已被发现的）同类茶产品。该品牌绿茶公司已注册并投入生产，品牌效应在云南省内正初步形成。该品牌绿茶在全省知名连锁药房及其他大型超市、茶叶直营店都有设点，销售状况良好，但是品牌的知名度还不够，缺乏足够的资金，需要吸引资金用于扩大生产规模和加大宣传力度。现有的品牌、生产资料、宣传策划、营销渠道等一系列有形资产和无形资产，估算价值几百万元人民币。

请问：如果要促使建材公司投资茶叶公司，如何设计谈判方案呢？

启示：当谈判双方中的一方对于产品或业务领域不是很熟悉时，容易给谈判带来阻碍进而产生谈判僵局。谈判的本质是利益谈判，因此谈判双方要抓住各自的利益，采取合适的谈判策略和有上下限幅度的弹性谈判目标，从而促使谈判成功。

微课：商务谈判磋商

任务一　报　价

商务谈判中的报价，是指谈判一方主动或被动地向对方提出己方交易要求的行为，包括价格、交货期、付款方式、数量、质量、保证条件等。报价直接影响谈判的开局、走势和结果，事关谈判者最终获利的大小，是关系到商务谈判最终能否成功的关键问题之一。商务谈判要取得成功，就必须研究报价技巧和方式。

一、报价的形式

（一）书面报价

书面报价是指以书面形式提出报价，不准备口头补充。在书面形式的谈判中，交易条件的提出一般均采用此种方式。国际贸易中称之为发盘。在面对面谈判中，采用此种方式提出交易条件的情形很少见。一般是在有关规则的约束下，己方没有选择余地，只能以这种方式提出交易条件。如在竞争一项规范的招标工程时的投标报价，即属这类情形。在中标前，双方不会也不可以就有关的交易条件进行面对面的磋商。提出交易条件的一方基于以下考虑：其以书面形式提出的交易条件既是最初的交易条件，也是最后的交易条件，即这一条件是终局性的，不希望对方进行任何讨价还价。在这种情形中，对一方以书面形式提交给对方的材料有很高的要求，一般均要求材料完备，表述明确无误，并在材料中要求对方毫无保留地接受。

同步案例

一名机械厂的职员就增加工资一事向厂方提出了一份书面申请。一周后，厂方约他就新的劳动合同进行谈判。令他吃惊的是，一开始厂方就花了很长的时间向他详细介绍机械厂的销售及成本情况，反常的开局让他措手不及。为了争取时间考虑对策，他便拿起桌上的材料看了起来，最上面一份是他的书面申请。一看之下他才明白，原来是他在打字时出了差错，将要求增加工资 12%打成了 21%，难怪厂方严阵以待。他心里有了底，谈判下来，最后以增加工资 15%达成协议，比自己的期望值高了 3 个百分点。看来，他原来的要求太低了。

问题：这名职员的加薪为什么能比期望值高？他的错误报价产生了什么影响？

案例分析：本案例中，职员因为书面报价的错误导致提高了报价，无意中提高了双方的预期，反而达到了超出预期的结果。

（二）口头报价

口头报价是指不预先提供任何书面形式的报价材料，仅仅在双方会晤时口头提出交易条件，是一种比较常见的报价形式。

口头报价的优点：

（1）具有很大的灵活性。谈判人员完全可以根据谈判形势的变化而变更自己的谈判战术，根据谈判中出现的具体情况，有针对性地提出交易条件。

（2）可以先磋商，后承担责任。通过接触，谈判人员先摸清情况，特别是对方愿意做出承诺的情况，然后决定自己做出怎样的承诺。在达成协议前，谈判人员无须有任何义务感。

（3）面对面的商谈容易加强友好气氛，在报价过程中充分发挥感情因素的作用。当然，用得不好，也可能适得其反。

口头报价的缺点：

（1）对方可以根据己方谈判人员的多方面表现识别、推测本企业所提交易条件的坚定程度。经验表明，人们通常会认为书面表述的东西比口头表述的更真实，具有更强的权威性。因此，人们往往认为口头报价具有更大的讨价还价余地，纯粹的口头报价更容易招致对方的攻击。

（2）不借助任何书面材料，要把一些复杂的情况，如统计数据、计划图表等阐述清楚是比较困难的。

（3）由于对方事先对己方提出的某些问题不了解，其可能在听完己方口头阐明的交易条件后，要求暂停谈判以拖延时间，如“尚须做进一步研究才能答复”等。

（三）以书面形式报价并准备口头补充

这一形式介于上述两种形式之间，其突出的优点是：书面文件便于对方理解，不至于延误谈判；书面材料可将一些复杂的数据、图表等阐述清楚；己方在谈判时有较大的灵活性。其突出的缺点是：由于书面提出的交易条件不是终局性的，而对方又了解了更多的本企业准备履行的义务，这可能不利于己方讨价还价。

课堂讨论

在职员和厂方加薪谈判案例中，职员采取了哪种报价方式？其好处是什么？弊端又是什么？

要求：教师不直接提供上述问题的答案，而是先引导学生结合案例和本部分内容进行独立思考、自由发表见解，再组织课堂讨论，最后对学生提出的典型见解进行点评。

二、报价的策略

（一）报价时机策略

报价时机策略是谈判人员根据自己的经验，选择适当的时机，并提出报价，以促成成交的策略。在价格谈判中，报价时机也是一个策略性很强的问题。有时，卖方的报价比较合理，但并没有使买方产生交易欲望，原因往往是此时买方正在关注商品的使用价值。因此，在价格谈判中，卖方应当首先让买方充分了解商品的使用价值及为买方带来的实际利益，待买方对商品产生兴趣后再谈价格问题。报价时机策略包括先报价和后报价两种策略。

1. 先报价

先报价也称主动报价。先报价比后报价更有影响力，因为先报价能争取主动权，通过先行报价，谈判人员可以直接为谈判设定价格的上下限，并据此影响对方的期望水平，获得对方最大的认可，从而以高于期望值的价格成交。但是先报价也有不利之处：一是先报价等于先向对方亮出了自己的“底牌”，对方可能会根据报价信息，寻找谈判的突破口；二是一方先报价以后，另一方可能会以此为基础调整自己的报价，以获得额外利益。

2. 后报价

后报价也称被动报价，它的利弊正好和先报价相反。其优势在于先行了解了对方的情况，同时没有暴露自己的信息，这样己方就可以集中力量寻找对方的漏洞，以便拿出有利的证据作为要求对方改变报价的依据。采用后报价的策略，还可以在对方报价以后，修改对己方不利的报价方案，以获得更多的利益。后报价的不利之处是：在谈判经验不足的情况下，有可能被对方的气势震慑，造成心理压力；若双方报价相差悬殊，则容易乱了己方的阵脚。

两种报价各有利弊。一般来讲，是选择先报价还是后报价，取决于以下四种因素：

（1）谈判发起者应先报价，否则应后报价。

（2）在预测到谈判可能会激烈时，应先报价，以求先下手为强。在预测到谈判气氛友好时，一般双方不太关注报价先后的问题。

（3）在谈判中，如果双方实力相差悬殊，则实力强的一方应先报价，实力弱的一方以后报价为宜。

（4）按照惯例，在商品购销谈判中，应由卖方先报价，而后买方还价；在投标者与招标者之间，应由投标者先报价。

（二）报价表达策略

报价表达策略就是用口头或书面形式，肯定和干脆地表达似乎不能再做任何变动或没有任何可以商量的余地的策略。在运用报价表达策略时，报价无论采取口头或书面形式，表达都必须十分肯定、干脆，以示不能再做任何变动或没有任何可以商量的余地。千万不要使用“大概”“大约”“估计”这类含糊其词的词语，因为这会使对方感到报价不实。当然，报价并不意味着一口价，而是要自己站稳脚跟，等待对方表现出真实的交易意图才开始让步，也算表达自己的诚意。

（三）报价起点策略

报价起点策略通常是指：作为卖方，报价起点要高，即“开最高的价”；作为买方，报价起点要低，即“出最低的价”。商务谈判中这种“开价要高，出价要低”的报价起点策略，由于足以震慑对方，因此被谈判专家称为“空城计”。对此，人们也形象地称之为“狮子大开口”。从对策论的角度看，谈判双方在提出各自的利益要求时，一般都含有策略性虚报的部分。这种做法，其实已成为商务谈判中的惯例。

当然，价格谈判中这种报价起点策略的运用，必须基于价格谈判的合理范围，必须审时度势，根据实际市场调查报出一个相对合理的“最高价”或“最低价”，切不可漫天要价和胡乱杀价，否则就会吓跑对方，失去交易的机会并导致谈判的最终失败。

（四）报价差别策略

在商务谈判中，同一商品会因客户性质、购买数量、需求缓急、交易时间、交货地点、支付方式等方面的不同，形成不同的购销价格。这种价格差别体现了商品交易中的市场需求导向，在报价策略中应重视运用。

例如，对老客户或大批量需求的客户，为巩固良好的客户关系或建立稳定的交易联系，可适当给予价格折扣；对新客户，有时为开拓新市场，亦可给予适当让价；对某些需求弹性较小的商品，可适当实行高价策略；若对方“等米下锅”，价格则不宜下降；旺季较淡季，价格自然更高；交货地点远程较近程，应有适当加价；支付方式上，一次付款较分期付款或延期付款，价格须给予优惠。总之，差别报价要根据具体情况报不同的价格，其最终的目的是让对方感觉得到了优惠，从而实现双方愉快而长期的商务合作。

（五）报价对比策略

报价对比策略是指向对方抛出有利于己方的多个商家同类商品交易的报价单，设立一个价格参照系，然后将所交易的商品与这些商家的同类商品在性能、质量、服务与其他交易条件等方面做出有利于己方的比较，并以此作为己方要价的依据。

在价格谈判中，使用报价对比策略，往往可以增强报价的可信度和说服力，并有很好的效果。报价对比可以从多方面进行。例如，将本商品的价格与另一可比商品的价格进行对比，以突出相同使用价值的不同价格；将本商品及其附加各种利益后的价格与本商品不附加各种利益的价格进行对比，以突出不同使用价值的不同价格；将本商品的价格与竞争者同一商品的价格进行对比，以突出相同商品的不同价格；等等。

（六）报价分割策略

报价分割策略是一种为了迎合买方的求廉心理，将商品的计量单位细分化，然后按照最小的计量单位报价的策略。价格分割是一种心理策略。卖方报价时，采用这种报价策略，能使买方对商品价格产生心理上的便宜感，容易为买方所接受。

对于报价分割策略的具体运用，可以采用如下两种形式：

1. 用小单位报价

例如：茶叶每千克 200 元，按每两 10 元报价；大米每吨 3 000 元，按每千克 3 元报价。销售员在销售时会把一些贵的商品价格均摊到每天花多少钱，让消费者感觉到实惠。用小单位报价往往比用大单位报价更能使人在心理上产生便宜的感觉，更容易被人接受。

2. 用小单位商品的价格进行比较

例如：“使用这种冰箱的电费平均每天是 0.5 元，0.5 元只够吃一根最便宜的冰棍。”“一袋去污粉能把 1 600 个碟子洗得干干净净。”用小商品的价格去类比大商品的价格会给人以亲近感，拉近与消费者之间的距离。

从以上策略可以看出，报价不仅是一项竞争，也是一门艺术。价格高低事关商务谈判各方的切身利益，同时，价格又是在诸多因素的共同作用下最终形成的。因此，价格是商务谈判中最重要、最复杂的议题之一。为此，谈判人员必须全面了解商务谈判中影响价格的因素，做好报价的准备工作，努力掌握并恰当地运用报价技巧，同时结合其他价格策略如价格解释策略、讨价还价策略等，打好组合拳，注重成本分析，重视历史经验数据，建立适用于本企业的价格，最大限度地占有信息，本着互惠互利、合作共赢的原则，具体问题具体分析，寻求有效的防范措施，最大限度地争取利益并降低风险引起的损失，以实现谈判的最终目标。

三、报价的原则

谈判一方向另一方报价时，不能信口开河，而是要经过仔细分析、精心梳理，不仅要考虑该报价所获的利益，还要考虑该报价能否被对方接受，即报价成功的概率。

具体来说，报价应遵守以下几项原则：

（一）首次报价要狠

对于卖方来说，首次报价必须是最高价；与此相反，对于买方来说，首次报价必须是最低价。这是报价的首要原则。首先，首次报价为讨价还价定了一个限度。其次，首次报价会影响一方对另一方所提供商品或劳务的印象和评价。最后，首次报价只有够狠，才可以为以后的磋商留下充分的回旋余地，使谈判过程更富有弹性，以便于把握成交时机。

（二）合情合理、有根有据

报价要狠，但绝不是漫天要价、毫无道理、毫无控制。恰恰相反，报价过于离谱，对方或被逼无奈而中止谈判，或以其人之道还治其人之身，针锋相对也来个漫天要价。因此，报价应合乎情理、有根有据。如果报价过狠，己方又讲不出道理，对方必然认为己方缺少谈判的诚意并提出质疑，而己方又无法解释，其结果只能是己方被迫无条件让步。

（三）态度坚定、明确

报价时，态度要坚决、果断，毫无保留、毫不犹豫。这样做能够给对方留下认真而诚实的好印象。要记住，任何欲言又止、吞吞吐吐的行为，都必然会引发对方的不良感受，甚至会令其产生不信任感。

知识小贴士：实用的报价策略

任务二 讨价还价

一、讨价

讨价是指谈判中的一方首先报价之后，另一方认为离自己的期望目标太远，而要求报价方改善报价或重新报价的行为。讨价时，己方先要对报价进行评价，以支持己方的讨价要求。评价时，己方可以从总体上谈己方对要价的看法。在对方改善报价后，己方也要对其做出新的评价，以便决定是否再次讨价。

（一）讨价方式

讨价方式可以分为笼统讨价、具体讨价和针对性讨价。笼统讨价即从总体价格上要求改善报价，常在第一次讨价时使用。具体讨价是就分项价格要求改善报价，常用于对方第一次改善报价后的讨价或不宜采用笼统讨价方式的场合。针对性讨价是在前两者的基础上，对对方报价仍不合理的部分进一步要求对方改善报价的行为。

（二）讨价技巧

在具体讨价过程中，要注意以下几点技巧：

1. 揣摩心理，掌握次数

讨价次数既是一个客观数，又是一个心理数。心理次数不反映改善后的报价是否接近期望值，而只反映谈判中报价方对讨价行为有所反应，愿意考虑讨价方所要求的条件，一般遵循事不过三的原则。客观次数须根据商品规格及组成考量，当以分块、分类方式讨价时，其中水分大的部分，不能只遵循事不过三的原则，并且在每次讨价时不要忘了这次讨价的目标，对于对方每一次的价格改善都要进行揣摩，衡量与目标价格的差距，并在此基础上进行进一步的价格评价，以使得对方做出更进一步的价格改善。

2. 以理服人，见好就收

因为讨价是伴随着价格评价进行的，所以讨价应采用尊重对方和说理的方式进行。这里的“理”通常体现为市场行情、竞争者价格、对方成本、过去的交易惯例、商品的质量与性能等。同时，在谈判初期、中期的讨价，己方应以启发、诱导为主，充分说理，尽量保持平和信赖的气氛，避免硬压对方使谈判过早陷入僵局。

3. 步步为营，连贯衔接

步步为营策略是指谈判者在谈判过程中步步设防，试探着前进，不断地巩固阵地，不动声色地推行自己的方案。体现在讨价中就是，面对对方的每一次报价或改善后的报价，己方都要有针对性地指出对方价格的不合理之处及价格解释中的不实之词，从而进一步压“虚头”、挤“水分”，为之后的讨价还价创造有利条件。

4. 投石问路，探测虚实

谈判中需要尽可能地了解对方的实际情况，尤其是当己方采取某一措施时，对方会做出的反应、意图和打算。投石问路就是向对方的一种试探，它借助提问的方式，来探测对方报价的虚实，即假设己方采取某一措施，询问对方将做何反应，从而试探对方在价格条款上的虚实。

知识小贴士：投石问路技巧的使用

课堂互动

运用投石问路的方法模拟讨价谈判。例如：如果我方和你方签订了为期一年的合同，你方的价格优惠是多少？假设我方买下你方的全部存货，报价又是多少？

要求：教师不给出答案，学生试着参照例子从多个方面进行投石问路式的询问。

5. 严格要求，争取让步

己方可以对对方从各个方面进行严格要求，争取进一步改善报价的机会。己方可以在商品质量、性能、成本、运输方式及其他交易条件方面进行严格要求，找出对方的弱点，从而要求对方进一步改善报价。

二、还价

还价是指己方根据对方的报价和己方的谈判目标，主动或应对方要求提出己方价格条件的行为。还价通常是由买方在一次或多次讨价后应卖方的要求而做出的。

（一）还价方式

1. 按分析比价还价

按分析比价还价是指买方不了解所谈产品本身的价值，而以与其相近的同类产品的价格或竞争者产品的价格做参考进行还价。

2. 按分析成本还价

按分析成本还价是指买方能计算出所谈产品的成本，然后以此为基础再加上一定百分比的利润作为依据进行还价。

3. 按谈判中每次还价项目的多少还价

（1）单项还价。单项还价是以所报价格的最小项目还价，即对主要设备或商品逐项、逐个进行还价，如对技术费、培训费、技术咨询费、工程设计费、包装费、运输费逐项还价。

（2）分组还价。分组还价是指把谈判对象划分成若干项目，并按每个项目报价中所含水分的多少分成几个档次，然后逐一还价。

在谈判过程中，双方如果机械地把还价盯在一个大目标上，很可能对目标的实现没有任何帮助。一个总价格是由许多项目构成的，一些技术转让或其他大型的谈判项目其价格的构成可能包括很多内容，如专利权、专有技术、人员培训、技术资料、图纸交换等。因此，在对方报价时，如果价格水分较多，而己方在还价时不做分解，只笼统要求对方让步，就显得比较盲目，效果也不会很理想。比较好的做法是，把对方报价的目标分解，从中寻找出哪些技术是己方需要的，价格应是多少，哪些是己方不需要的，哪一部分价格水分较多，这样还价才更有说服力。

（3）总体还价。总体还价又称一揽子还价，是指不分报价中各部分所含水分的差异，均按同一个百分比还价。

（二）还价策略

在商务谈判中，己方应针对对方的报价策略和方式，进行相应的还价。还价的策略主要有以下两种：

1. 比照还价法

比照还价法是指还价方通过对比参照产品的报价，按照一定的幅度进行还价的策略方法。比照还价法一般适用于买方或谈判实力不太雄厚、对价格掌握不很明了的一方。

运用比照还价法，要弄清对方为何如此报价，即对方的真正期望。分析对方的真正期望，主要从以下几方面入手：检查对方报价的全部内容，询问如此报价的原因和根据，了解对方在各项主要交易条件上有多大的灵活性。

2. 反攻还价法

反攻还价法是指商务谈判的一方采用反驳攻击的技法，部分否定甚至全部否定对方的报价的策略方法。反攻还价法主要适用于两种情况：第一，对方的报价极不合理，策略性虚报的部分过分夸大；第二，对方缺乏谈判经验，对价格掌握不甚明了，对对手缺乏了解。

运用反攻还价法的技巧及注意事项：

第一，做好反攻的资料准备。己方根据报价的内容和自己所掌握的比价资料，推算出对方的虚价何在及其程度大小，并尽力揣摩对方的真实意图，制订反攻的方案。

第二，制订反攻的对策。一般把对方报价中虚价最大、己方反驳论据最充分的内容作为攻击点，由点到面，全面推翻对手的报价。

第三，保持理性反攻。要有理有据地反驳对方的报价，不做无中生有的攻击，也不能做人身攻击，态度宜友好温和。

课堂互动

练习使用还价策略。假设卖方的一件外套报价 380 元，其可接受的最低价是 200 元，买方能接受的最高价是 280 元（具体数字由教师分配，双方保密）。在这种情况下，买方将如何还价？学生分成“买方”和“卖方”两队，进行角色扮演练习。

买方：还价次数……还价幅度……还价理由……

卖方：让步次数……让步幅度……让步理由……

要求：第一步：教师给买方分配最高价，给卖方分配最低价。第二步：买方确定还价的理由和幅度，卖方确定让步的方式与时机。第三步：角色模拟。考核标准是根据情景进行还价，制订让步策略（至少要包含两种还价策略），离底价远的一方为获胜组。

任务三　僵局处理

一、僵局的含义

僵局是指在商务谈判过程中，双方对所谈问题的利益要求差距较大，又都不肯做出让步，导致双方因暂时不可调和的矛盾而形成对峙，从而使谈判陷入一种不进不退的僵持局面。

二、僵局产生的原因

在谈判过程中，僵局无论何时都有可能发生，任何主题都有可能形成分歧与对立。表面上看，僵局表现的时机与形式、对峙程度的高低是令人眼花缭乱、不可名状的。然而，谈判陷入危机往往是由于双方感到在谈判的多个方面期望相差甚远，并且在各个主题上这些差异相互交织在一起，出现难以缓解的迹象。谈判僵局产生的原因可能是多方面的。

（一）谈判一方故意制造谈判僵局

这是一种带有高度冒险性和危险性的谈判战略，即谈判的一方为了试探出对方的决心和实力而有意给对方出难题，扰乱视听，甚至引起争吵，迫使对方放弃自己的谈判目标而向己方目标靠近。谈判的一方故意使谈判陷入僵局，其目的是使对方屈服，从而达成有利于己方的交易。

故意制造谈判僵局的原因可能是己方过去在商务谈判中上过当、吃过亏，现在要报复对方；或者己方处在十分不利的地位，通过给对方制造麻烦来改变己方的谈判地位，并认为即使己方改变了不利地位也不会有什么损失。这样做，往往会导致商务谈判陷入僵局。

通常情况下，谈判人员往往不愿冒使谈判陷入僵局的风险，因为制造僵局往往会改变谈判人员在谈判中的处境。若运用得当，会获得意外的成功；若运用不当，后果不堪设想。因此，谈判人员除非有较大把握和能力来控制僵局，否则最好不要轻易制造僵局。

（二）双方因立场、观点对立而争执导致僵局

在讨价还价的谈判过程中，如果双方对某一问题各持自己的看法和主张，意见分歧，那么，越是坚持各自的立场，双方之间的分歧就会越大。这时，双方真正的利益为这种表面的立场所掩盖，谈判变成了一种意志力的较量。当冲突和争执激化、互不相让时，谈判便会陷入僵局。

（三）沟通障碍导致僵局

沟通障碍就是谈判双方在交流彼此情况、观点，商洽合作意向、交易条件等的过程中，可能遇到的由主观或客观的原因造成的理解障碍。甚至可能发生这样一种情况：由于双方文化背景存在差异——一方语言中的某些特殊概念没能及时准确地用另一种语言准确表述出来，因此造成误解。

同步案例

某跨国公司总裁访问中国一家著名的制造企业，商讨合作发展事宜。中方总经理很自豪地向客人介绍说：“我公司是国家二级企业……”翻译人员用“second-class enterprise”进行了翻译。不料，跨国公司总裁闻此，原本很高的兴致突然冷淡下来，敷衍了几句便起身告辞。在归途中，他抱怨道：“我怎么能同一个二流企业合作？”

问题：本案例中，僵局产生的原因是什么？

案例解析：由于双方文化背景不同，对企业的级别和规模的表述存在较大差异，如果翻译不当，极易产生误解进而引发沟通障碍，甚至导致谈判陷入僵局，直接影响合作。

（四）谈判人员的偏见或成见导致僵局

偏见或成见是指由感情原因所产生的对对方及谈判议题的一些不正确的看法。产生偏见或成见的原因是对问题认识的片面性，即用以偏概全的办法对待别人。偏见或成见很容易引起僵局。

由于谈判人员对信息的理解受其职业习惯、受教育程度、专业知识储备的制约，因此

从表面上看来，谈判人员似乎对对方所讲的内容已完全理解了，但实际上这种理解却常常是主观、片面的，甚至往往与信息内容的实质情况完全相反。

（五）环境的改变导致僵局

当谈判的环境，如价格、通货膨胀等因素发生变化时，谈判的一方不愿按原有的承诺签约，也会导致谈判陷入僵局。

（六）谈判双方用语不当导致僵局

若谈判双方因用语不当而造成感情上的强烈对立，双方都感到自尊受到伤害，不肯做丝毫的让步，谈判则会陷入僵局。

同步案例

在一家服装店，一位老人挑选了一件上衣，售货员见老人挑的衣服过于肥大，便说：“这件衣服您不能穿。”老人感到奇怪，就开口问道：“怎么不能穿？”售货员说：“这件衣服能装你俩。”老人一听，不高兴了，怒气冲冲地质问道：“什么叫‘能装你俩’？你是觉得我买不起两件衣服吗？”

问题：售货员错在哪里？

案例解析：售货员是好意，觉得衣服过于肥大不适合这位老人穿，但由于说话用语不当，不仅生意没有做成，反而招致客户不满。

（七）谈判中形成一言堂导致僵局

谈判中的任何一方，不管出于何种欲望，如果只顾滔滔不绝地论述自己的观点而忽略了对方的反应和陈述的机会，必然会使对方感到不满与反感，导致僵局。

（八）谈判人员的失误导致僵局

有些谈判人员想通过表现自我来显示实力，从而使谈判偏离了主题：或者争强好胜，提出独特的见解令人诧异；或者设置圈套，迷惑对方，使谈判的天平向着己方倾斜，以实现在平等条件下难以实现的谈判目标。但是在使用某些策略时，如果时机掌握不好或运用不当，则往往会导致谈判过程受阻及僵局的出现。

（九）谈判人员的强迫手段导致僵局

在谈判中，人们常常因有意或无意地采取强迫手段而使谈判陷入僵局。特别是涉外商务谈判，由于谈判双方不仅存在经济利益上的相争，还有维护国家、企业及自身尊严的需要，因此某一方越是受到逼迫，就越是不会退让，谈判的僵局也就越容易出现。

（十）谈判人员素质低下导致僵局

俗话说：“事在人为。”谈判人员素质的高低往往成为谈判进行顺利与否的决定性因素。无论是谈判人员工作作风方面的原因，还是谈判人员知识经验、策略技巧方面的不足或失误，都可能导致谈判陷入僵局。

（十一）利益合理要求的差距导致僵局

在谈判中，即使双方都表现出十分友好、坦诚与积极的态度，但是如果双方对各自所期望的利益存在很大差距，那么谈判还是会搁浅。当这种差距难以弥合时，合作必然走向失败，僵局便会产生。

三、打破僵局的策略

（一）用语言鼓励对方打破僵局

当谈判出现僵局时，谈判的一方可以用话语鼓励对方打破僵局。例如：通过叙述旧情，强调双方的共同点，以达到打破僵局的目的。

课堂互动

给老板和职员分别设定一个身份，设计谈判加薪内容，分别达到职员被老板赏识并升职加薪和职员被开除这两种结果。

要求：教师不直接提供上述问题的答案，而是先引导学生结合本部分内容进行独立思考、自由发表见解，再组织课堂讨论，最后对学生提出的典型见解进行点评。

（二）运用休会策略打破僵局

休会策略是谈判人员为控制和调节谈判进程、缓和谈判气氛、打破谈判僵局而经常采用的一种基本策略。把休会作为一种积极的策略加以利用，可以达到以下目的：

（1）缓解体力不支或情绪紧张。

（2）召集各自谈判小组成员，集思广益。

（3）围绕争议的问题，检查原定的策略及战术。

（4）探索变通途径，研究讨论可能的让步。

需要注意的是，提建议的一方应把握好时机，看准对方态度的变化，讲清休会时间；既要清楚并委婉地讲清需要，又要让对方明白无误地知道；提出休会建议后，不要再提出其他新问题来谈，先把眼前的问题解决了再说。

微视频：加薪谈判

同步案例

A 市招商局（以下简称 A 方）与 B 公司（以下简称 B 方）签订合资生产浮法玻璃协议。谈判时，双方在知识产权费用占销售总额的比重这件事上产生了较大的分歧。B 方要价是 6%，而 A 方还价是 4%。经过一番讨价还价，B 方要价为 5%，而 A 方还价是4.5%。双方都不肯再让步了，于是谈判陷入僵局。这时候A方采取了休会策略。休会期间，A方负责人出席B方的午餐会，在应邀发表演讲时，特意将话题转到中国文化上。他充满豪情地说："早在千年以前，我们民族的祖先就将四大发明——指南针、造纸术、印刷术和火药无条件地贡献给了全人类，而他们的子孙后代却从未埋怨过不要专利权是愚蠢的；恰恰相反，他们盛赞祖先具有伟大的人格和远见。"一席豪情奔放的讲话，把会场的气氛激活了。接下来，A方负责人话锋一转，说道："我们招商局在同贵公司的合作中，并不是要求你们也无条件地让出专利，我们只希望你们要价合理——只要价格合理，我们一分钱也不会少给！"这番话虽然是在谈判桌外说的，却深深触动了在座的B方的谈判者。回到谈判桌后，B方很快做出了让步，同意以4.75%达成协议，为期10年。A方的这个协议，比其他城市的同类协议开价低出了一大截。从达成的协议上不难看出，与最初的要价相对比，B方让步是1.25个百分点，而A方让步仅0.75个百分点。

问题：休会策略有哪些好处？

案例解析：休会策略能够让双方平静下来，调整思路。休会改变了谈话环境和方式，在非正式的环境下使沟通更轻松，僵持的问题更容易迎刃而解。

（三）利用调节人调停打破僵局

当谈判因双方严重对峙而陷入僵局时，双方信息沟通就会发生严重障碍，互不信任，互相存在偏见，甚至敌意。当进入立场严重对峙、谁也不愿让步的状态时，找一位中间人来帮助调解，有时能很快使双方立场出现松动。商务谈判中的调节人主要是由谈判者自己挑选的。确定的调节人应该是与双方熟识、为双方所接受的，否则就很难发挥其应有的作用。在选择调节人时，不仅要考虑其是否能体现公正性，还要考虑其是否具有权威性。

（四）更换谈判人员

谈判中出现了僵局，虽经多方努力仍无效果时，谈判的一方可以征得对方同意，及时更换谈判人员，消除不和谐因素，缓和气氛。这样做有可能轻而易举地打破僵局，保持双方的友好合作关系。换人时要向对方做委婉的说明，争取获得对方的理解。一般不要随便换人，即使迫不得已换了人，事后也需要对替换下来的谈判人员做一番工作，不能挫伤他们的积极性。

（五）有效退让打破僵局

当谈判陷入僵局时，谈判双方或一方如果对国内、国际情况有了全面了解，对双方的利益所在又把握得恰当、准确，那么就应以灵活的方式在某些方面采取退让的策略，去换取另外一些方面的得益，以挽回看起来已经失败的谈判，达成双方都能接受的合同。

（六）场外沟通打破僵局

谈判会场外沟通又称场外交易、会下交易。它是一种非正式谈判，双方可以无拘无束地交换意见，达到有效沟通、消除障碍、避免出现僵局之目的。

当出现以下情况时，可采取场外沟通方式：

（1）谈判双方在正式会谈中相持不下，谈判即将陷入僵局。

（2）谈判陷入僵局，谈判双方或一方的幕后主持人希望借助非正式场合进行私下商谈，从而打破僵局。

（3）谈判双方的代表因为身份问题，不宜在谈判桌上让步以打破僵局，但是可以借助私下交谈打破僵局，这样又可不牵涉身份问题。

（4）若谈判对手在正式场合严肃、固执、傲慢、自负、喜好奉承，则己方可以在非正式场合给予其恰当的恭维（切记：恭维别人不宜在谈判桌上进行），这样有可能使其做出较大的让步，以打破僵局。

（5）谈判对手喜好郊游、娱乐。

运用场外沟通时应注意以下问题：

（1）把场外活动视为谈判的一部分，从场外谈判中往往能得到从正式谈判中得不到的东西。

（2）通过社交活动与娱乐活动，双方无拘无束地交谈，相互了解，沟通感情，建立友谊。

（3）借助社交场合，谈判人员可主动和对方非谈判代表的有关人员（如工程师、会计师、工作人员等）交谈，借以了解对方更多的情况，从而得到意想不到的收获。

（4）在非正式场合，己方可由非谈判代表提出建议、发表意见，以促使对方思考，因为即使这些建议和意见很不利于对方，对方也不会追究，毕竟讲这些话的不是谈判代表。

（七）寻找替代的方案打破僵局

谈判中一般存在多种可以满足双方利益的方案，而谈判人员经常简单地采用某一方案，当这种方案不能为双方同时接受时，僵局就会形成。此时，谈判人员可以对一个方案中的某一部分采用不同的替代方法。例如：另选商议的时间，改变售后服务的方式，改变承担风险的方式、时限和程度，改变交易的形态，改变付款的方式和时限等。

（八）其他方法打破僵局

1. 更换话题打破僵局

当谈判陷入僵局，经过协商而毫无进展，双方的情绪均处于低潮时，谈判人员可以采用避开该话题的办法，换一个新的话题与对方谈判，以等待高潮的到来。

2. 适当馈赠打破僵局

谈判人员在相互交往的过程中，适当地互赠一些礼品，会对增进双方的友谊、沟通双方的感情起到一定的作用，这也是常用的社交礼仪。适当馈赠，就是说馈赠要讲究艺术，一要注意对方的习俗，二要避免贿赂之嫌。

3. 以硬碰硬打破僵局

当对方通过制造僵局给己方施加压力时，妥协退让已无法满足对方的欲望，己方应采用硬碰硬的方式反击，让对方自动放弃过高的要求。

在具体谈判中，最终采用何种策略应该由谈判人员根据当时当地的谈判背景与形势来决定，辩证地思考问题，注重打破僵局的科学性与艺术性。

任务四　让　步

一、让步的必要性

一方报价，一方还价后，双方形成一种对峙的局面，都为了成交更有利于己方，想方设法要求对方让步。在谈判中，让步是一种普遍现象。无论是买方还是卖方，让步都是其达成有效协议所必须采取的策略。从某种意义上说，让步是谈判双方为达成协议而必须承担的义务。商务谈判各方要明确己方所追求的最终目标，以及为达到该目标可以或愿意做出哪些让步。让步本身就是一种谈判策略，它体现了谈判人员通过主动满足对方需要的方式来换取自己需要得以满足的精神实质。如何把让步作为谈判中的一种基本技巧、手段加以运用，这是让步策略的基本意义。

如果谈判双方都坚持各自的报价，互不让步，那么协议将永远无法达成。坐在谈判桌上一毛不拔的现象是极少见的，双方只有经过让步，多次重新出价，直至互相靠拢，才能最终实现交易目标。谈判是妥协的艺术，没有让步就无法成功。

同步案例

清朝名臣左宗棠喜欢下棋，而且棋艺高超，少有敌手。在奉命率兵赴西北平乱前夕的一天，他微服出巡，在街上看到一位老者摆棋阵，并且在招牌上写着："天下第一棋手"。左宗棠觉得老者太过狂妄，立刻前去挑战，没有想到老者连出破绽，被左宗棠击败，并且左宗棠连胜三盘。左宗棠看到"天下第一棋手"都被自己打败了，心里非常高兴，"志在必得，舍我其谁"的自信心更加坚定。在得意之余，左宗棠命老者赶快自己砸了招牌走人，不要再在这里丢人现眼。接着，左宗棠率兵去西北平乱了。没想到的是，左宗棠从西北平乱胜利归来后，那块"天下第一棋手"的招牌依然竖在那里。他很不高兴，决定再教训一次这个不知天高地厚的人，于是又和老者下棋。但是这次左宗棠竟然三战三败，被老者打得落花流水。左宗棠不服，第二天再去，仍然惨遭败北。这让左宗棠很迷惑，为何前后两重天？老者哪能在这么短的时间内进步得如此之快？老者笑着说道："前次左将军行将出征，重任在肩，老朽恐挫公锐气，且对弈时也多有暗示，棋场如战场，风云多变，遇到险境，须有信心方能扭转战局，转败为胜。今日左将军得胜归来，未免有些心高气傲，挫您锐气，是恐您骄傲自满、得意忘形，这于国于民不利，因此老朽也就不能让您了……"左宗棠听后，甚是惭愧，当即起身鞠躬拜谢老者，感慨道："先生不仅棋艺高超，而且深谙为人处世之道，可以终身为师矣！"老者为了不影响左宗棠出师平叛，把个人名节置于国家利益之后，胸襟和胸怀，让人钦佩，也让我们看到了老者的大智慧。不计较个人的一时名利，而是把军机国事摆在前面，不逞一时之快，不争匹夫之勇。在时与势面前，能分得清，才是真正的大智慧。正如老子所言，“大直若屈，大巧若拙，大辩若讷”。

问题：本案例中，你怎么看待老者宁愿砸招牌也要让棋的行为？

案例解析：本案例中的让步是一种大智慧。在商务谈判中，谈判人员不是要时时刻刻突显自己，如果受不了委屈和屈辱，受了一点气就要找回来，不分时机场合，不分轻重缓急，最后不免因小失大。做出了让步，并不代表就是失败者。相反，如果从让步中赢得了利益的优化、关系的密切、感情的融洽，这比争一时之气、逞一时之能，是更大的胜利。

二、让步的原则

谈判本身是一个讨价还价的过程，也是一个理智取舍的过程。如果没有舍，也就不能取。高明的谈判人员应该知道在什么时候抓住利益，在什么时候放弃利益。不要什么都想得到，否则可能什么都得不到。只有有得有失，才可能使谈判达成协议。让步是达成协议不得不采取的措施。正因为如此，让步的技巧、策略才显得十分重要。要想做出的让步既对自己有利，又能使谈判顺利达成协议，就要遵循如下基本原则。

（一）维护整体利益

让步的基本原则是：整体利益不会因为局部利益的损失而受损；局部利益的损失是为了更好地维护整体利益。谈判人员必须十分清楚什么是局部利益，什么是整体利益；什么是枝节，什么是根本。让步只能是局部利益的退让和牺牲，而整体利益必须得到维护。因此，谈判人员在让步前一定要清楚什么问题可以让步、什么问题不能让步、让步的最大限度是什么、让步对全局的影响是什么等。以最小的让步换取谈判的成功，以局部利益换取整体利益，是让步的出发点。

（二）明确让步条件

让步必须是有条件的，绝对没有无缘无故的让步。谈判人员心中要清楚，让步必须建立在对方创造条件的基础上，而且对方创造的条件必须是有利于己方整体利益的。当然，有时让步是根据己方策略或是根据各种因素的变化而做出的。这个让步可能是为了己方的全局利益，为了今后长远的目标，也可能是为了尽快成交而不至于错过有利的市场形势等。

同步案例

大型平价药店康泰即将开业，供应商蜂拥而至。张良是一家小品牌制药公司的代表，负责洽谈品牌进店事宜。张良与康泰采购刘经理的谈判非常艰难，对方的要求很苛刻，尤其是60天账期实在让人难以接受，双方谈判陷入僵局。张良以向总部请示为由结束了第一场洽谈。一天，康泰采购刘经理打电话给张良，问张良能不能承包一块店内广告板做广告。此时，张良所在的公司当月也正在开展药店内的广告促销活动，但张良没有立即答应，而是说："刘经理，我会向公司市场部尽力争取协调这件事，在最短的时间答复你。但鉴于我们的产品还没进入你们药店，您看能不能答应我们30天的回款期，让我们的产品先进入药店呢？这样我也好向公司申请这笔广告费啊！"刘经理听后思索了一下说："你先向你们公司市场部申请广告费吧，如果能申请下来就按你说的回款期办理进货。"最终，张良的产品以30天的账期进入康泰药店，也完成了公司店内广告促销的任务，一举两得。

问题：让步要注意什么问题？

案例解析：让步的代价一定要小于让步所得到的利益。要避免无谓的让步，要用己方的让步换取对方在某些方面的相应让步或优惠，遵循得大于失的原则。

（三）选好让步时机

让步时机要恰到好处，不到需要让步的时候绝对不要做出让步的许诺。让步之前必须经过充分的磋商，时机要成熟，使让步成为画龙点睛之笔，而不要画蛇添足。一般来说，当对方没有表示出任何退让的意思时，让步不会给己方带来相应的利益，也不会增强己方讨价还价的力量，故己方不能做出让步。

何时让步，怎样让步，是因人而异的。如果对方是谈判新手，那么，在谈判初始阶段，即使己方采取低姿态，有较大的让步表示，对方也很可能既不感激，也不欣赏。即使你明确地告诉他，他也会因缺乏经验而不敢信任你。如果碰巧对方是个想向上级邀功请赏的人，那么，你就是个牺牲品。如果对方是个谈判老手或是个有智慧、有理性、消息灵通的人，你也不能马上表示妥协，但他能充分理解你，并愿意与你共同协商，满足各自的要求。在这种情况下，往往是双方一点就通。

（四）控制让步幅度、次数和节奏

让步可能是分几次进行的，每次让步都要让出自己的一部分利益，但让步次数不宜过多。让步的幅度要适当，一次让步的幅度不宜过大，让步的节奏也不宜过快。如果一次让步过大，会使对方迅速提高期望值，以致提出更高的让步要求，使己方在谈判中陷入被动局面。让步的节奏也不宜过快，如果让步节奏过快，对方觉得轻而易举就可以得到需求的满足，那么对方就会认为己方的让步无须负担压力和损失，也就不会对己方的让步给予足够重视。

（五）不承诺做出与对方同等幅度的让步

即使双方让步幅度相当，双方由此得到的利益也不一定相同。不能单纯从数字上追求相同的幅度，我们可以让对方感到我们做出了相应的努力，以同样的诚意做出让步，但是并不等于让步幅度是对等的。

（六）让步中讲究技巧

己方可以在关键问题上力争使对方先做出让步，而在一些不重要的问题上己方主动做出让步姿态，促使对方的态度发生变化，从而争取对方的让步。

（七）不轻易让步

在商务谈判中，做出让步是双方为了达成协议而必须承担的义务。但是必须让对方懂得，己方每次做出的让步都是重大的让步。要让对方感到必须付出重大努力之后才能得到一次让步，这样才会提高让步的价值，也才能为获得对方的更大让步打下心理基础。无论对任何人，在做出让步时，最好的办法是让他经过一番努力、奋斗，如此争取到的东西他才会感到有价值、有意义。

（八）让步后要检验效果

己方做出让步之后要观察对方的反应：对方表现出的态度和行为是否与己方的让步有直接关系？己方的让步对对方产生了多大的影响和说服力？对方是否也做出了相应的让步？如果己方先做了让步，那么在对方做出相应的让步之前，己方就不能再做让步了。

三、让步的模式

一般认为，让步次数不宜过多，过多不仅意味着利益损失大，而且影响谈判的信誉、诚意和效率；让步频率也不可过快，过快让步容易让对方有一种成就感，会越发鼓舞对方的斗志和士气；让步幅度更不可过大，过大可能会使对方感到己方报价的水分大，会使对方的进攻欲望更强、程度更猛烈。让步要考虑让步的幅度和次数，做到步步为营。下面通过表 4-1 来说明八种让步模式。

表 4-1　八种让步模式　　单位：元

让步模式	第一阶段让步金额	第二阶段让步金额	第三阶段让步金额	第四阶段让步金额
第一种让步模式	0	0	0	100
第二种让步模式	25	25	25	25
第三种让步模式	40	27	20	13
第四种让步模式	50	30	12	8
第五种让步模式	45	40	0	15
第六种让步模式	13	20	27	40
第七种让步模式	45	40	−2	17
第八种让步模式	100	0	0	0

表 4-1 中，假设卖方最大的让步金额为 100 元，让步分四个阶段进行，不同的让步方式所产生的影响及其结果各不相同。

第一种模式：冒险型。前三个阶段卖方始终坚持原来的报价，不肯做丝毫退让。意志薄弱的买方可能屈服于卖方的压力，或者干脆退出谈判。意志坚强的买方则会坚持不懈，继续要求卖方做出让步。第四阶段卖方的大幅度让步，很可能引发买方提出更高的要求，往往使谈判陷入僵局。

同步案例

A 公司作为供货商同 B 公司进行谈判。谈判开始后，A 公司谈判人员坚持 500 元一件，态度十分强硬，而 B 公司只出 200 元的价格，且亦毫不示弱。谈判进行了三天，陷入僵局。B 公司提出休会，双方再次接洽，若再不能取得共识，谈判则面临破裂。一天后谈判继续进行，双方商定最后阶段谈判只有半天，如果没有办法破解僵局，再拖延下去也只能是浪费时间。谈判进行了一上午仍毫无进展。当谈判还剩最后 10 分钟时，双方代表已做好退场准备，这时 A 公司首席代表突然响亮地宣布："这样吧，先生们，我们初次合作，谁都不愿出现不欢而散的结局，为表达我方的诚意，我们愿把价格降至 320 元，但这绝对是最后的让步。" B 公司代表先是一惊，而后沉默了几分钟，最终伸出手说："成交！"

问题：本案例中，A 公司为什么能取得胜利？

案例解析：这次谈判中，A 公司在做了最大限度的坚持后，一步到位地让步，既维护了己方的利益，也博得了对方的信任，双方不失时机地取得了合作。

第二种模式：刺激型。这种等额的让步模式容易使买方认为，只要有足够的耐性，卖方就会继续做出让步。因此，在第四阶段以后，尽管卖方已无法再做出让步，但买方却仍期待卖方进一步的让步。这种让步模式容易导致僵局，甚至造成谈判破裂。

第三种模式：希望型。卖方逐步减少其让步金额，显示出卖方的立场越来越强硬，不会轻易让步。对于买方来说，虽然卖方仍存在让步的可能，但让步的幅度越来越小。

第四种模式：妥协型。卖方表示了较强的妥协意愿，同时明确地告诉对方，所能做出的让步是有限的。卖方在前两个阶段的让步有提高买方期望的风险，但后两个阶段的让步则可让买方意识到，要求卖方做更进一步的让步已是不可能的了。

第五种模式：危险型。前两个阶段大幅度的让步，大大提高了买方的期望水平，而在第三个阶段卖方又拒绝做出任何让步，买方往往很难接受这一变化，容易使谈判陷入僵局。卖方虽然在最后又做了一定的让步，但与买方的期望值相比，可能仍有很大的差距。

第六种模式：诱发型。这种递增的让步模式足以让买方认为，只要坚持下去，卖方还将做出更大的让步，买方的期望会随时间的推延而增大。第四阶段以后卖方虽已无路可退，却又无法取得买方的信任，很容易出现僵局，甚至导致谈判破裂。

第七种模式：虚伪型。该模式由第五种模式变化而来。第三阶段的加价显示了卖方更为坚定的立场，第四阶段为表善意而做出的小小让步，目的则在于增强买方的满足感。

第八种模式：愚蠢型。卖方大幅度的让步大大提高了买方的期望水平，买方势必在随后的几个阶段力争更大的让步。但由于卖方在一开始就将自己的让步余地全部断送，实际上已不可能再做出任何让步。在这种情况下，双方极有可能产生尖锐的对抗，如果不能进行有效的沟通，很容易使谈判陷入僵局。

上述八种让步模式基本概括了现实谈判中的各种让步模式。从谈判的实践来看，第三和第四种模式比较理想。它们的特点是让步的幅度逐轮递减，以此来向对方暗示正在逼近让步的极限值，同时为顺利达到或接近双方的成交价格铺平了道路。第五和第七种和第八种让步模式在运用时需要较高的艺术技巧，且风险较大。第一、第二、第六种让步模式很少采用或不宜采用。

四、己方让步的策略

（一）互利互惠的让步策略

谈判不会是仅仅有利于某一方的洽谈。一方做出了让步，必然期望对方对此有所补偿，以获得更大的让步。一方在做出让步后，能否获得对方互利互惠的让步，在很大程度上取决于双方商谈的方式：一种是横向谈判，即采取横向铺开的方法，几个议题同时讨论、同时展开、同时向前推进；另一种是纵向谈判，即先集中解决某一个议题，而在开始解决其他议题时，已对这个议题进行了全面且深入的研究讨论。采用纵向谈判方式，双方往往会在某一个议题上争执不下，而在经过一番努力之后，往往会出现单方让步的局面。横向谈判则把各个议题联系在一起，双方可以在各议题上进行利益交换，达成互惠式让步。争取互惠式让步，需要谈判人员具有开阔的思路和视野。除了坚持某些己方必须得到的利益以外，不要太固执于某一个问题的让步，而应统观全局，分清利害关系，避重就轻，灵活地使己方的利益在某方面能够得到补偿。

为了能顺利地争取对方互利互惠的让步，谈判人员可采取的技巧是：

（1）当己方做出让步时，要求对方回报。例如："我们做出这个让步是与公司政策相违背的，在公司主管面前也不好交代。所以贵方也应该在某个问题上有所回报，这样我们也可以对公司有个说法。"

（2）把己方的让步和对方的让步直接联系起来。例如："优惠可以，但享受我方的优惠是有条件的，即一次购买 1 000 件以上，并且要预付货款的 40%，货款为两次付清。"在一般情况下，对方会在两者之间选择其一。

两种方式相比较，第一种方法言之有理且言中有情，再加上委婉的语气，对方不会不动情。第二种方法虽让对方有选择权，但直接提出交换，显得比较生硬。

（二）予远利谋近惠的让步策略

在商务谈判中，参加谈判的各方均持有不同的愿望和需要：有的对未来很乐观，有的则很悲观；有的希望马上达成交易，有的却希望能够等上一段时间。因此，谈判人员自然也就表现出对谈判的两种满足形式，即对现实交易的满足和对未来交易的满足。而对未来的满足程度完全凭谈判人员自己的感觉。比如：当对方在谈判中要求己方在某一问题上做出让步时，己方可以强调保持与己方的业务关系将能给对方带来长期的利益，而本次交易对能否成功地建立和发展双方之间的这种长期业务关系至关重要，向对方说明远利和近利之间的利害关系。如果对方是精明的，是会取远利而弃近惠的。对己方来讲，采取予远利谋近惠的让步策略，并未付出什么现实的东西，却可以获得近惠，何乐而不为？

（三）丝毫无损的让步策略

丝毫无损的让步是指在谈判过程中，当对方就某个交易条件要求己方做出让步，其要求的确有些理由，而对方又不愿意在这个问题上做出实质性的让步时，己方可以采取这样一种处理的办法，即认真地倾听对方的诉说，并向对方表示："我方充分地理解您的要求，也认为您的要求是有一定的合理性的，但就我方目前的条件而言，因受种种因素的限制，实在难以满足您的要求。我们保证在这个问题上我方给予其他客户的条件绝对不比给您的好。希望您能够谅解。"如果不是什么大的问题，对方听了上述一番话以后，往往会自己放弃要求。

五、迫使对方让步的策略

（一）情绪爆发策略

人们总是希望在和平、没有紧张对立的环境中工作和生活。当突然面临激烈的冲突时，在冲突的巨大压力下，人们往往惊慌失措，不知该如何是好。在大多数情况下，人们会选择退却，以逃避冲突和压力。这些特点常常在谈判中被谈判人员利用，从而产生了情绪爆发策略，作为逼迫对方让步的手段。

在谈判过程中，情绪爆发有两种：一种是情不自禁的爆发，另一种是有目的的爆发。前者一般是因为在谈判过程中，一方的态度和行为引起了另一方的反感，或者是一方提出的谈判条件过于苛刻，是一种自然的、真实的情绪发作。后者则是谈判人员为了达到自己的谈判目的而有意识地进行的情绪发作，准确地说，是一种情绪表演，也是一种谈判策略。我们这里说的情绪爆发是指后者。在谈判过程中，当双方在某一个问题上相持不下，或者对方的态度、行为欠妥，或者要求不太合理时，己方可以抓住这一时机，突然之间情绪爆发，大发脾气，严厉斥责对方无理且没有谈判的诚意，有意制造僵局。情绪爆发的烈度应该视当时的谈判环境和气氛而定。但不管怎样，烈度应该保持在较高水平上，甚至拂袖而去，这样才能震慑对方，产生足够的威慑作用和影响。在一般情况下，如果对方不是谈判经验丰富的行家，在这突如其来的激烈冲突和巨大压力下，往往会手足无措，动摇自己的信心和立场，甚至怀疑和检讨自己是否做得太过分，而重新调整和确定自己的谈判方针和目标，做出某些让步。

在运用情绪爆发策略迫使对方让步时，己方必须把握时机和分寸：无由而发会让对方一眼看穿；力度过小，起不到震撼、威慑对方的作用；力度过大，则会让对方觉得你小题大做，甚至使谈判破裂而无法修复。

（二）吹毛求疵策略

吹毛求疵策略也称先苦后甜策略，它是一种先用苛刻的虚假条件使对方产生疑虑、压抑、无望等心态，以大幅度降低对方的期望值，然后在实际谈判中逐步给予优惠或让步的策略。由于对方在心理上得到了满足，便会做出相应的让步。该策略由于先用"苦"降低了对方的期望值，再用"甜"满足了对方的心理需要，因此很容易实现谈判目标，使对方满意地签订合同，同时己方从中获取较大利益。

买方使用这一策略，可以实现以下目的：

（1）使卖方把价格降低。

（2）使买方有讨价还价的余地。

（3）让卖方知道，买方是很聪明的，是不会轻易被人欺骗的。

卖方销售人员在以低价出售商品时，使用这一策略可以有向老板交代的借口——既然我们的商品让买方挑出这么多毛病，能以这个价格卖出去已经很不错了。

同步案例

苹果熟了，果园里一片繁忙景象。一家果品公司的采购员来到果园。“多少钱1斤?”“1.6元。”“1.2元行吗?”“少一分也不卖，目前正是苹果上市的时候。”不久，又一家公司的采购员走上前来。“多少钱1斤?”“1.6元。”“整筐卖多少钱?”“零买不卖，整筐每斤1.6元。”接着，这家公司的采购员从苹果的大小、品相、口感等方面挑出了一大堆毛病来，其实是在声明：瞧你的苹果多次。卖主显然不同意他的说法，在价格上也不肯让步。买主却不急于还价，而是不慌不忙地打开筐盖，拿起一个苹果掂量着、端详着，不紧不慢地说：“个头还可以，但颜色不够红，这样上市卖不上价呀!”接着伸手往筐里掏，掏了一会儿掏出一个个头小的苹果：“老板，您这一筐，表面是大的，筐底可藏着不少小的，这怎么算呢?”买主边说边继续在筐里掏着，不一会儿，又摸出一个带虫眼的苹果：“看，这里还有虫眼，也许是雹伤。您这苹果既不够红，又不够大，算不上一级，勉强算二级就不错了。”这时，卖主沉不住气了，说话也和气了：“您真想要，说个价吧。”双方最终以每斤1.3元的价钱成交了。

问题：两个买主导向不同结果的原因是什么?

案例解析：第一个买主遭到拒绝后就拒绝了谈判，而第二个买主却能以较低的价格成交，关键在于第二个买主在谈判中讨价还价技巧运用得当，使对方服气，不得不做出让步。

但是，任何谈判策略的有效性都有一定的限度，这一策略也是如此。在向对方提出要求时，不能过于苛刻、漫无边际，要挑得有分寸，不能与通行做法和惯例相差太多；否则，对方会觉得我方缺乏诚意，以致中断谈判。在谈判中运用这一策略时还要注意，提出比较苛刻的要求，应尽量针对对方掌握较少的信息与资料的某些方面，或是双方难以用客观标准检验、证明的某些方面；否则，对方很容易识破我方的战术，采取应对的措施。

（三）走马换将策略

走马换将策略是指在谈判桌上的一方遇到关键问题或与对方有无法解决的分歧时，借口自己不能决定或给出其他理由，转由他人再进行谈判。这里的“他人”或者是上级、领导，或者是同伴、合伙人、委托人、亲属、朋友。不断更换己方的谈判代表，有意延长谈判时间，为的是消耗对方的精力，促使其做出大的让步。

己方可以通过更换主谈人，侦察对方的虚实，耗费对方的精力，削弱对方的议价能力，为己方留有回旋余地，做到进退有序，从而掌握谈判的主动权。而对方疲于应对，会付出加倍的精力、体力和投资，时间一长，难免出现漏洞和差错。这正是运用走马换将策略一方所期望的。

在一个主谈人与对方谈了一段时间后，己方就找理由更换一个新的主谈人上场。新的主谈人上场后，可以抹杀其前任所做出的让步，要求重新开始谈判。谈了一段时间后，己方又找理由换第三个主谈人上场。这样，己方便可使对方处在不利的地位。因为对方要复述过去争论的话题，要了解新的对手，就会消耗许多精力，导致在正式的谈判中力量不足，从而丧失信心、降低要求。

另外，这种策略能够补救己方的失误。前面的主谈人可能会有一些遗漏和失误，或谈判效果不尽如人意，则可由更换的主谈人来补救，并且顺势抓住对方的漏洞发起进攻，最终获得更好的谈判效果。

（四）分化对手重点突破策略

在磋商阶段，谈判双方都逐渐地了解了彼此的交易条件和立场，这时，每个谈判人员都会自觉或不自觉地就双方讨价还价的问题进行反思。例如，A方某个谈判人员认为，B方对A方提出的条件极力反对，只不过是一种“讹诈”，因此应不予理睬，而要坚持原则；A方另一位谈判人员却认为，从B方的观点来看，其反对并非完全没有道理，甚至可以说是完全正确的，因此，A方应该修改原先提出的交易条件，做出适当的让步，以利于达成协议。这样一来，在A方内部就产生了意见分歧。如果A方的谈判小组组长不能有效地控制和约束这种分歧，而使之表面化、外在化，B方就可以积极地开展“统战”工作，分化A方。基本做法是：B方把A方谈判小组中持有利于B方意见的人员作为重点，以各种方式给予其各种支持和鼓励，与其结成一种暂时的无形同盟，比如说，对其态度特别友善，对其意见多持肯定态度，有些意见如不能接受，则以很温和、委婉的方式予以说明和拒绝；而对持不利于B方意见的A方谈判人员，则采取强硬态度。B方的这一策略如果运用得当，能使其本人毫无察觉。只要A方谈判小组中的某一个成员松了口，其内部必然乱了阵脚，争取A方让步也就大有希望了。此外，这种做法也容易导致A方谈判小组内部成员之间的相互猜疑，从而瓦解其战斗力。

（五）红白脸策略

红白脸策略又称软硬兼施策略、好坏人策略、鸽派鹰派策略。在谈判初始阶段，先由唱白脸的人出场，他傲慢无理、苛刻无比、态度强硬、立场坚定、毫不妥协，让对手产生极大的反感。当谈判进入僵持状态时，唱红脸的人出场，他表现出体谅对方的难处，以合情合理的态度，照顾对方的某些要求，放弃己方的某些苛刻条件和要求，做出一定的让步。实际上，他做出这些让步之后所剩下的那些条件和要求，恰恰是原来设计好的必须全力争取达到的目标。

需要指出的是，不管对方谈判人员如何表现，己方都要坚持自己的谈判风格，按既定方针办，在重要问题上绝不轻易让步。如果对方扮演的“好人”“坏人”未超出商业的道德标准，不以极其恶劣的手段来对待你，就不要采取过分直率的行动，可婉转指出对方报价的水分和要求的不合理之处，提出你的公平建议；如果对方确实在使用阴谋诡计，你可以考虑采取退出谈判、提出抗议、要求撤换谈判代表、公开指出对方诡计等形式。

（六）利用竞争坐收渔利策略

制造和利用竞争永远是谈判中逼迫对方让步的最有效的武器和策略。当谈判的一方存在竞争对手时，其谈判的实力就大为减弱。

买方把所有可能的卖方请来，同他们讨论成交的条件，利用卖方之间的竞争，各个击破，为自己创造有利的条件。该策略源自“鹬蚌相争，渔翁得利”，比喻双方争执，让第三者得利，即买方利用卖方之间的竞争使自己得利。该策略成功的基础是制造竞争，卖方的竞争越激烈，买方的利益就越大。

在谈判中，我们应该有意识地制造和利用竞争局面。有时，对方实际上并没有竞争对手，但我们可以巧妙地制造假象来迷惑对方，以求逼迫对方让步。

（七）虚拟假设策略

虚拟假设策略是指提出假设并分析利害，迫使对方选择让步。例如，警方与劫持者进行了谈判，警方运用虚拟假设向对方发出了“最后通牒”：“如果你现在放下武器，你将获得减刑；如果你一意孤行，按照我国的法律，你将被严判。你愿选择哪一个呢?”此时，劫持者只好选择投降。虚拟假设策略的另一作用是诱使对方进入圈套，以使自己如愿以偿。

（八）得寸进尺策略

得寸进尺策略是指一方在争取对方一定让步的基础上，再进一步，提出更多的要求，以争取己方利益。这一策略的核心是：一点一点地要求，积少成多，以达到自己的目的。

也有人称它为蚕食策略，意思是就像蚕吃桑叶一样步步为营。还有人把它形象地喻为“切香肠”：你想得到整根香肠，而你的对手抓得很牢，这时你一定不要去抢，而是恳求他给你切一片，这时他不会十分介意，第二天你再恳求他给你切一片，第三天、第四天……这样一片一片，整个香肠就是你的了。

同步案例

一位顾客去家电商场里买电扇，他对售货员说：“我了解你，我信任你，你出的价格我绝不还价。”（先以道德的压力使对方公平出价）“等一等，如果我要买台带遥控的电扇，会不会在价格上打点折扣?”（以一揽子交易压价）“还有一件事要向你提一下，我希望这次的交易是公平的——一次双方都获益的交易。如果是这样的话，半个月后，我的父母也要买一台这样的电扇，现在就可以定了。”（以远利压价）最后，他以理想的价格买到了电扇。

问题：这位顾客是怎样达到预期目标的?

案例解析：这位顾客每次赶在对方报价之前提出新的条件，不动声色地使售货员一再压价，最终得到了非常划算的价格。

但这种战术的运用也有一定的风险，如果一方压得太凶，或要求越来越高，采用的方式却不恰当，反而会激怒对方，使其固守原价，甚至加价，以进行报复，从而使谈判陷入僵局。因此，只有在具有一定条件的情况下，才能采用这一策略。这些条件是：

（1）出价较低的一方，有较为明显的议价倾向。

（2）经过科学的估算，确信对方出价的水分较大。

（3）熟悉市场行情，一般在对方产品市场疲软的情况下，回旋余地较大。

（九）先斩后奏策略

先斩后奏策略又称人质策略。这在商务谈判活动中可以解释为“先成交，后谈判”，即实力较弱的一方通过一些巧妙的办法使交易已经成为事实，然后在谈判中迫使对方让步。

先斩后奏策略的实质是让对方先付出代价，并以这些代价为“人质”，扭转自己实力弱的局面，让对方通过衡量已付出的代价和中止成交所受损失的程度，被动地接受既成交易的事实。先斩后奏策略的做法主要有：

（1）卖方先取得买方的预付金，然后寻找理由提价。

（2）买方先获得了卖方的预交商品，然后提出推迟付款或突然又以堂而皇之的理由要求降价等。

当然，以上做法如无正当理由，可视为缺乏商业道德，不宜采用，但必须懂得反应用策略，即当对方对我方使用该策略时，我方应怎么办。

如果对方使用先斩后奏策略，那么对付它的对策应该是：首先，尽量避免“人质”落入对方之手，让对方没有“先斩”的机会；其次，即使交易中必须先付定金或押金，也必须做好资信调查，并有在何种情况下可退款的保证；最后，采取“以其人之道还治其人之身”的做法，尽可能掌握对方的“人质”，一旦对方使用此计，则可针锋相对。

同步案例

小李打算买一套新房子，但是丈夫对此事一直不太赞成。小李好几次提议让丈夫陪她去选购房子，丈夫总是找各种理由推托。一天，小李给丈夫打电话说她已经买好新房了。丈夫以为听错了，对她说：“你是不是看中了一套房子？”小李说：“马上签合同了，现在咱爸妈已经知道咱们买房了，邻居和朋友也都知道咱们马上要乔迁新居了，咱家宝宝都已经选好了自己喜欢的房间了，新房的窗帘和部分家具也已经都订购了，你过来吧，咱俩签字就可以了！”丈夫虽然不太情愿，但考虑到事已至此，且新房确实也比较满意，又考虑到妻子的一番苦心，最后与小李一起去签了购房合同。

问题：小李是怎么成功地让丈夫同意她的购房决定的？

案例解析：小李采用了先斩后奏策略，告诉丈夫的是一个已经基本完成了的事实。此时，为了维护家庭的和睦，丈夫只得同意。

（十）声东击西策略

在军事战术上，声东击西是指当敌我双方对阵时，我方为更有效地打击敌人，造成一种从某一面进攻的假象，借以迷惑敌人，然后攻击其另一面。这种策略同样适用于谈判。

在谈判中，一方出于某种需要而有意识地将会谈的议题引到对对方并不重要的问题上，借以分散对方的注意力，达到己方的目的。

实际的谈判结果也证明，只有更好地隐藏真正的利益需要，才能更好地实现目标，尤其是在不能完全信任对方的情况下。

在了解、掌握这一策略的目的作用后，己方就可更加灵活、自如地运用它。如果己方要对某个重要问题让对方先让步的话，就可利用声东击西策略，故意把这一问题轻描淡写地一笔带过，反而强调不重要的部分，给对方造成错觉，这样，己方可能会更容易地达到目的。这一策略的本质其实就是先采取障眼法，作为缓兵之计，把主要问题先搁下来，以便抽出时间对有关问题做更深入的了解，探知和查明更多的信息和资料，或以此延缓对方所要采取的行动。

（十一）最后通牒策略

在谈判双方争执不下，对方不愿做出让步以接受己方的交易条件时，为了逼迫对方让步，己方可以向对方发出最后通牒。通常做法是：给谈判规定最后的期限，如果对方在这个期限内不接受己方的交易条件达成协议，则己方就宣布谈判破裂而退出谈判。

最后通牒在多数情况下是一个非常有效的策略。在谈判中，人们对时间是非常敏感的。特别是在谈判的最后关头，双方已经过长时间紧张激烈的讨价还价，在许多内容上已经达成一致或接近一致的意见，只是在最后的某一两个问题上相持不下，如果这时一方给谈判规定了最后期限，另一方就必须考虑自己是否准备放弃这次盈利的机会，牺牲前面已投入的巨大谈判成本，权衡做出让步的利益牺牲与放弃整个交易的利益牺牲孰轻孰重，预估坚持不做让步、打破对方的最后通牒而争取达成协议的可能性。

如果谈判的一方没有足够的勇气和谈判的经验，那么，其在最后通牒面前常常选择的道路是退却，做出让步以求成交。

六、阻止对方进攻的策略

（一）资源有限策略

1. 权力有限

权力有限策略是指谈判人员为了达到降低对方条件、迫使对方让步或修改承诺条文的目的，采取转移矛盾，假借其上司或委托人等第三者之名，故意将谈判工作搁浅，让对方心中无数地等待，再趁机反攻的一种策略。谈判人员的权力受到限制，也给谈判人员规定了一个由有限权力制约的最低限度的目标。例如，买方“成交价格每件超过 100 元，须请示上级”，可以对买方谈判人员起到保护作用。权力有限作为一种策略，有些是真正的权力有限，有些则不完全属实。有时谈判人员本来有做出让步的权力，反而宣称没有被授予做出这种让步的权力，这实际上是一种对抗对方的盾牌。在一般情况下，对方对这一盾牌难以辨别真伪，只好凭自己的底牌来决定是否改变要求，做出让步。

2. 资料有限

在谈判过程中，当对方要求就某一问题进一步解释，或要求己方让步时，己方可以用抱歉的口气告诉对方：“实在对不起，有关这方面的谈判资料我方手头暂时没有（或者没有备齐，或者这属于本公司的商业秘密或专利品资料，概不透露），因此暂时还不能做出答复。”对方在听过这番话后，自然会暂时放下该问题。这是利用资料有限阻止对方进攻的常用策略。

3. 其他方面的限制

自然环境、人力资源、生产技术要求、时间等方面的限制都可用来阻止对方的进攻。

但是经验表明，资源有限策略使用的频率与效率是成反比的。资源有限策略运用过多，会使对方怀疑己方无谈判诚意，或者请己方具备一定条件后再谈，反而使己方处于被动的境地。

（二）不开先例策略

不开先例是谈判一方拒绝另一方要求而采取的策略方式。换句话说，当A方向B方提出最优惠政策时，B方承担不起，这时B方就可以“不开先例”挡回A方的过分要求。例如：买方提出的要求使卖方为难，卖方可向买方解释，如果答应了买方的要求，对卖方来说就等于开了先例，以后对其他买方要采取同样的做法，这不仅对卖方来说无法负担，而且对以前的买方也不公平。一般情况下，提出要求的一方很难真正掌握回绝另一方的真实情报信息，也无法证实回绝另一方语言的真实性，因而只能见好就收，就此罢手。不开先例策略是对事不对人，将一切不利因素都归咎于客观原因。这一策略既不伤面子，又不伤感情，可以说是两全其美的好办法。当然，不开先例是一种策略，因此，提出不开先例的一方不一定是真的没开过先例，也不能保证以后不开先例，只说明对对方不开先例。

运用这一策略，要注意另一方是否能获得必要的情报和信息来确切证明不开先例的事实。如果对方有事实证明，你只是对他不开先例，那效果就会适得其反。

（三）以弱求怜策略

以弱求怜策略又称恻隐术，是一种装可怜相、为难相的做法，以求得对方的同情，争取合作。在一般情况下，人们总是同情弱者，不愿落井下石，将之置于死地。

热点关注：异业联盟谈判

以弱求怜策略常见的表现形式有：装出一副可怜巴巴的样子，说可怜话，进行乞求，如“这样决定下来，回去要被批评，无法交差”，“我已退到崖边了，再退就要掉下去了”，“求求你，高抬贵手”，“请你们不看僧面看佛面，无论如何帮我一把”。这一招很有感染力。谈判人员在使用这一策略请求合作时，一定要注意不要丧失人格和尊严，直诉困难也要不卑不亢。与此类似，有的谈判人员以坦白求得宽容。当在谈判中被对方逼得招架不住时，谈判人员干脆把己方对本次谈判的真实希望和要求和盘托出，以求得对方的理解和宽容，从而阻止对方的进攻。

崇德修身

弘扬诚信文化，健全诚信建设长效机制

——党的二十大报告关于提高全社会文明程度的重要精神

党的二十大报告中指出要“弘扬诚信文化，健全诚信建设长效机制”。这是提高全社会文明程度，实施公民道德建设工程的重要一环。人无信不立，国无信不兴。中国自古以来就强调“讲信修睦”，这不仅是中国由来已久的历史文化传统，更是中华民族世代相传的道德圭臬，是为人之本、处世之方、立国之基。“讲信修睦”出自《礼记·礼运》：“大道之行也，天下为公，选贤与能，讲信修睦。”它寓指讲究信用，睦邻修好。《礼记》中将“讲信修睦”视为大同世界的理想境界。在中国传统文化中，无论是人与人之间，还是国与国之间，要调整相互间的关系，达至亲密和睦这一境界的关键就在于以“信”为优良美德和思想传统。何谓“信”？据《说文解字注》，“信，诚也。人言则无不信者，故从人言”。“信”是一个会意字，其本义是以言语取信于人，正所谓“志以发言，言以出信，信以立志”。由“信”之本义引申，“信”意味着诚实无欺、恪守信用。中国传统文化中诸子百家多元并存，他们虽对个人的穷通荣辱、国家的治乱兴衰怀持着各异的思想与态度，但诚信却是他们共同推崇的道德准则。弘扬诚信文化，更要建设社会信用体系。在全面依法治国和全面提升社会主义核心价值观的过程中，诚信机制发挥的作用越来越突出、越来越重要。

问题：党的二十大报告中提到的弘扬诚信文化的重要性是什么？

提示：实现中华民族伟大复兴，是中华民族近代以来的伟大梦想。形成同心共圆中国梦的强大合力，诚信可谓是道德基石。党的二十大报告强调要弘扬诚信文化，正是以中国传统诚信文化为汩汩源泉。新时代每个公民都守持诚信，中国梦的实现就有了坚实的基础。与此同时，中国愿同世界各国讲信修睦、合作共赢，向着推动构建人类命运共同体目标稳步迈进。

知识测试

一、单项选择题

1. 谈判中，作为卖方，报价起点（　　）。

A. 要低　　B. 要高

C. 既要低又要接近理想报价　　D. 既要高又要接近理想报价

2. 谈判中最容易产生僵局的议题是（　　）。

A. 验收标准　　B. 违约责任　　C. 合同价格　　D. 履约地点

二、多项选择题

1. 谈判还价策略有（　　）。

A. 比照还价法　　B. 反攻还价法　　C. 求疵还价法　　D. 直接还价法

2. 从谈判的实践来看，（　　）让步模式比较理想。

A. 希望型　　B. 刺激型　　C. 妥协型　　D. 诱发型

三、判断题

1. 如果己方的谈判实力强于对方，或者说与对方相比，己方在谈判中处于相对有利的地位，那么采取先报价的策略是有利的。（　　）

2. 谈判僵局应随时处理，而不必选择所谓的最佳时机。（　　）

3. 让步的幅度太小，会让对方认为这不是最后的让步，仍步步紧逼。(　　)

四、简答题

1. 谈判的报价原则有哪些?

2. 商务谈判让步的模式有哪些?

五、论述题

迫使对方让步的策略有哪些?举例说明。

项目实训

实训背景：

根据本项目情境导入《建材公司与茶叶公司的投资谈判》所提供的资料，分角色扮演建材公司和茶叶公司的谈判代表，完成磋商阶段的谈判。双方要达到的目标是解决合作前的疑难问题，达到合作目的，并建立长期、良好、稳定的关系，完成谈判的报价、讨价还价、僵局处理和让步等任务。

实训目标：

能够通过角色扮演，合理运用报价、讨价还价、化解僵局和让步的各种策略，有效开展谈判活动，完成建材公司与茶叶公司的谈判。

实训内容：

[谈判前]

结合情境资料，发挥想象，创新设计有各种预案、合理可行的谈判策划案。

[谈判中]

1. 展现良好的谈判礼仪和沉着冷静的心理素质。

2. 把握谈判节奏，根据谈判合理设计谈判报价的上下限目标，完整地展示谈判的报价、讨价还价、僵局处理和让步环节，熟练运用促成签约的策略及技巧，促成谈判成交。

[谈判后]

1. 整理谈判记录。

2. 全面总结谈判结果，完成谈判总结。

实训步骤：

1. 将全班学生分成若干小组，学生可以自由组合，每组4～6人，两组结合为对手，分别扮演建材公司和茶叶公司谈判人员，每组确定一名组长担任部门负责人；

2. 结合任务，组长按照各成员特长进行适当角色分工，确定每位角色的定位及职责；

3. 教师根据实训情境设定谈判投资目标和回报目标数值范围，各组根据分工撰写翔实可行的谈判策划书；

4. 各组进行模拟谈判展示，模拟过程要完成报价、讨价还价、打破僵局和让步四个阶段的任务，谈判过程要体现谈判报价策略、还价策略、打破僵局策略和让步策略以及正确运用谈判礼仪；

5. 模拟结束，进行组内互评和组间互评，教师进行点评与总结；

6. 各组进行小结讨论，完成实训总结；

7. 教师在“学习通”平台上展示班级优秀实训成果及相关资料。

实训成果：

1.《×××谈判方案》

2.《×××谈判实训总结》

注意事项：

1. 商务谈判方案具体可行，体现完整性和预判性；
2. 谈判策略体现创新性和有效性；
3. 具备基本的商务谈判礼仪素养。

任务评价

评价方式	评价内容		分值	评价人	
				个人	教师
自我评价与教师评价（75%）	技能点	能撰写合理可行的谈判方案	25		
		能灵活运用报价策略	5		
		能灵活运用还价策略	5		
		能灵活运用僵局策略给己方带来优势局面，或者运用打破僵局策略化解对方造成的僵局	10		
		能灵活运用让步策略，实现双赢的局面	10		
		能完整有序地记录谈判过程，整理谈判记录，全面总结谈判结果	5		
	素质点	谈判策略和技巧的创新意识	5		
		求真务实、认真严谨的工作态度	5		
		良好的商务谈判礼仪素养和沉着冷静的心理素质	5		
	合计（$\sum$ 个人分值 * 20%＋ $\sum$ 教师分值 * 80%）		75		
组间互评（25%）	实训任务前期准备情况及任务整体完成质量		7		
	小组每个成员任务的参与度与投入度		6		
	小组成员之间的配合度及团队精神		6		
	实训情境仿真性		6		
	合计		25		
综合评价	自我评价（15%）＋教师评价（60%）＋小组互评（25%）		100		

项目五　商务谈判成交

学习目标

知识目标：了解成交机会的判定，掌握促使谈判签约成功的策略，理解谈判合同的制定、履行、变更、终止及纠纷的处理，熟悉谈判结束的各项总结工作。

技能目标：能够撰写谈判方案、合同文本，具备简单的合同审查能力；能够捕捉和把握谈判成交信号，合理运用谈判促成策略和技巧；具备谈判记录整理和结果总结的能力；具备基本的避免合同执行纠纷的能力。

素质目标：具备求真务实、态度严谨的职业素养，在谈判策略运用中具有创新意识和良好的礼仪素养。

思维导图

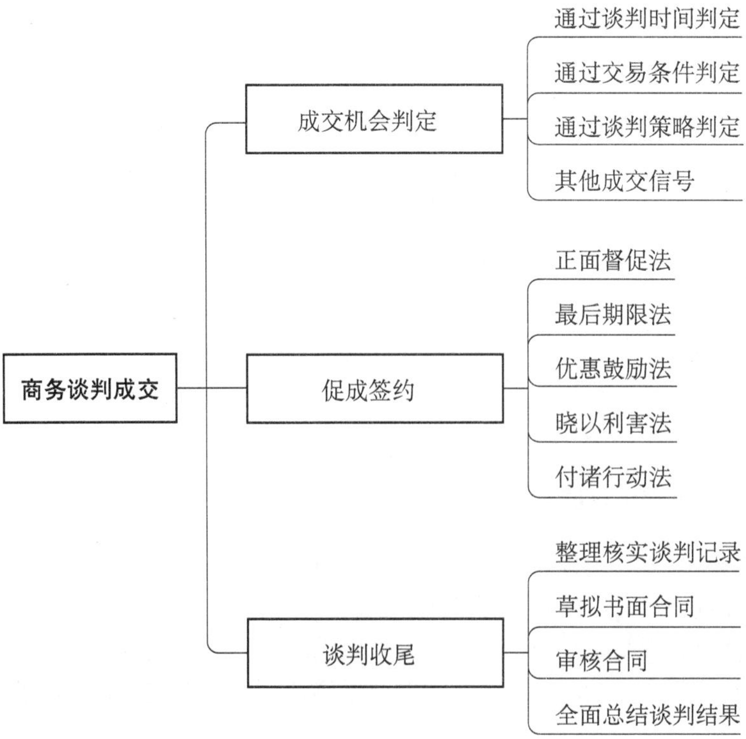

情境导入

网红牛奶品牌与本土超市的合作

康健乳品公司通过农场认养的方式生产安心牛奶，成功地推广了“康健”网红牛奶品牌。公司成立不久，以贴牌生产的方式与一家知名乳品企业合作。康健公司拥有自己的牌子、自己的奶源，自己包装材料，对方为它加工。康健公司的酸奶质量和口感都很不错，最开始在网络平台推广，销售较好。该乳品的包装无论是设计还是材料，在同类产品中都是比较好的。康健公司决定推广线下渠道，入驻各地的连锁超市。惠乐超市是一家地方性知名连锁超市，门店数量多，网点分布合理，是康健公司考虑的合作对象。双方已经表达了合作的意向，并在采购价格和采购量上基本达成了一致，由于传统超市乳品市场份额主要集中在几个知名大品牌，康健公司在线下品牌知名度不高，市场售价并不低，因此惠乐超市还存在一些顾虑。

请问：怎样才能促使两家企业快速达成合作？成交阶段的目标是什么呢？

启示：当谈判双方的期望值已相当接近时，谈判双方都会产生结束谈判的愿望。在成交阶段，谈判双方要善于捕捉成交信号，为了达成协议需要做出必要的妥协或让步。除了价格以外，谈判双方还要在结款、物流等方面展开讨论，争取整体的利益。

任务一　成交机会判定

在双方经历了实质性磋商，尝试了现有的可能适用的各种手段后，无论是否能够成交，通常可认为谈判进入结束阶段。商务谈判何时终结？这需要谈判人员在商务谈判中准确地把握结束机会，并熟练运用商务谈判的结束技巧和促进签约的策略，圆满完成任务。有经验的谈判人员总是善于在关键的、恰当的时刻，抓住对方隐含的签约意向或巧妙地表明自己的签约意向，趁热打铁，促成交易。

一般而言，商务谈判的结束时机可以从以下几方面判定。

微课：商务谈判成交

一、通过谈判时间判定

（一）双方约定的谈判时间

在谈判之初，双方一起确定整个谈判所需的时间，谈判进程完全按照约定的时间安排，当谈判已接近规定的时间时，自然进入谈判终结阶段。按约定时间终结谈判会使双方有紧迫感，促使双方提高工作效率。如果在约定的时间内不能达成协议，双方一般也应该遵守约定时间将谈判告一段落，或者另约时间继续谈判，或者宣布谈判破裂。

（二）单方限定的时间

由谈判一方限定时间，是指在谈判中占有优势的一方出于对自身利益的考虑，需要在一定时间内结束谈判。单方限定时间无疑是对被限定方施加某种压力，被限定方可以同意，也可以不同意，关键要看交易条件是否符合自己的谈判目标。

（三）形势突变的谈判时间

这是指本来双方已经约定好谈判时间，但是在谈判过程中形势发生了突然变化，如市场行情突变、外汇行情大起大落、公司内部发生重大事件等，谈判人员突然改变原有计划，如要求中止谈判、提前结束谈判等。这是由于谈判的外部环境不断发展变化造成的。

二、通过交易条件判定

（一）考察交易条件中的分歧点

出现以下两种情况中的任何一种，就可以判定谈判已经进入终结阶段：从数量上看，交易双方已达成一致的交易条件占据绝大多数；从质量上来看，交易条件中最关键、最重要的问题都已经达成一致。

（二）考察交易对手的交易条件是否进入己方成交范围

成交线是己方可以接受的最低交易条件，是达成协议的下限。如果对方认同的交易条件已经进入己方成交范围，谈判自然进入终结阶段。当然，己方还可能争取到更好的交易条件，但是已经看到了可以接受的成果。

三、通过谈判策略判定

这里的策略不是指一般的谈判策略，而是指某些特定的谈判策略。从其做法和影响来看，这些策略对谈判有最终的冲击力，是终结谈判的信号与标志。

（一）最后立场策略

最后立场策略即一种在谈判中以破裂达到施压于对方的目的，迫使对方让步的策略。谈判双方经过多次磋商之后仍无结果，一方阐明己方最后的立场，讲清楚让步的幅度，如果对方不接受，谈判即宣告破裂；如果对方接受该条件，则宣告成交。

（二）折中进退策略

该策略是指取中间条件作为双方共同进退或妥协的标准，以结束剩余谈判的策略。由于该策略主体特征是相互妥协且更多强调“对半”让步，因此只有在谈判的最后阶段才可以使用。在谈判的前期使用该策略，折中结果难以公正。在经过严谨的分阶段谈判，双方立场都有所改善，交易条件日趋公平合理时，对最后尚存的文字、数字条件分歧采用折中方式解决，其结果才更合理。

（三）一揽子交易策略

该策略是指双方将所有分歧条件组成一个方案向对方提出的做法。由于该方案包含谈判存在的所有分歧，因此称一揽子交易。谈判一方采用一揽子交易策略相当于告诉对方，这是最后的意见了，没什么可谈的了。

（四）冷冻策略

该策略是指暂时中止谈判。中止谈判从形式上讲就是停止谈判，是某种意义上的终结。引起中止的原因不同，冷冻的意义会有所差别。当双方因为谈判条件的差距太大一时难以克服，但双方又有成交愿望，或因为与交易相关的许可证、外汇、行政审批、政治或人事上发生重大事故，但双方又有交易诚意时，冷冻谈判就会出现。这时，谈判进入终局。不过，“冷冻”并不一定是冷落对手，而是谈判行为的冷却、停顿。

同步案例

小男孩买西瓜

老张家有一片农田，种的是西瓜。有一天，来了一位小男孩，约有10岁，他说要订购西瓜。老张看他年龄小，没当回事儿，就回绝了他。但小男孩却不走，无论老张做什么，去哪里，他都跟在老张身边，絮絮叨叨地讲个不停，一直谈了个把小时。老张听他絮叨完后，终于开口说：“说够了吧？那边那个大西瓜给你好了，20元钱。”“可是，我只有5元钱。”小男孩说。“5元钱？”老张听了便逗他，指着另一个还没长大的西瓜说：“那么，给你那边那个小点的瓜，好吧？”“好吧，我就要那个。”小男孩说：“请不要摘下来，我弟弟会来取，两个礼拜以后，他来取货。伯伯，我只负责采购，我弟弟负责运输和送货，我们各有各的责任。”最后，这个西瓜以五元钱成交。

问题：小男孩为什么能以5元钱买到西瓜？

案例解析：本案例中，小男孩虽然在开始遭到了明确无误的拒绝，但他并没有气馁或直接结束谈判，而是针对这种谈判条件差距较大的情况，设计了有创意的解决方案，并最终以5元钱成功地买到了西瓜。

四、其他成交信号

成交信号是指商务谈判的各方在谈判过程中所传达出来的各种希望成交的暗示。对大多数商务谈判人员而言，如何在第一时间识别对方发出的成交信号，在对方发出此类信号时能往成交的方向引导，并最终促成交易，是所有成功谈判的“必杀技”。而一些经验欠丰富的谈判人员，往往在对方“暗送秋波”——发出成交信号时，仍然“不解风情”，导致最终与成交擦肩而过、失之交臂。那么，如何成功识别对方的“秋波”呢？

（一）成交的语言信号

在谈判过程当中，谈判人员最容易通过语言方面的表现流露出成交的意向。经验丰富的谈判人员往往能够通过对对方的密切观察及时而准确地识别对方通过语言信息发出的成交信号，从而抓住成交的有利时机。

1. 某些细节性的询问表露出的成交信号

当对方产生了一定的成交意向之后，如果谈判人员细心观察、认真揣摩，往往可以从对方对一些具体信息的询问中发现成交信号。例如：对方向你询问一些比较细致的产品问题，向你打听交货时间，向你询问产品某些功能及使用方法，向你询问产品的附件与赠品，向你询问具体的产品维护和保养方法，向你询问其他老客户的反映，向你询问公司在客户服务方面的一些具体细节等。在具体的交流或谈判实践当中，对方具体采用的询问方式各不相同，但其询问的实质几乎都可以表明其已经具有一定的成交意向，这就要求谈判人员迅速对这些信号做出积极反应。

同步案例

客户：你们在服务条款中说可以做到三年之内免费上门服务和维修，那么我想知道，如果三年以后产品出现问题该怎么办？

销售人员：您提的这个问题很现实，我们公司也很重视这个问题。为了给客户提供更满意的服务，我们公司已经在各大城区都建立了便民维修点。如果在保修期之外出现问题，您只要拨打公司售后电话并说明您的具体地址，我们公司就会派离您最近的便民维修点的维修人员上门服务，服务过程中只收取基本的材料费用而不收取任何额外的服务费……

问题：本案例中，从哪里可以看出客户有成交意向？

案例解析：本案例中，客户询问的是售后服务的细节问题，说明客户已经有了成交意向，销售人员很快就做出反应，打消了客户的疑虑。

2. 某些反对意见表露出的成交信号

有时，对方会以反对意见的形式表达他们的成交意向，比如对产品的性能提出质疑，对产品的某些细微问题表达不满等。有时候，对方提出的某些反对意见可能真的是他们准备购买时在某些方面存在的疑虑。谈判人员需要准确识别成交信号和真实反对意见之间的区别。

同步案例

客户：这种材质真的耐用吗？你能保证产品的质量吗？

销售人员：我们当然可以保证产品的质量！我们公司的产品获得过多项国家专利和各种获奖证书，这一点您大可以放心。购买这种高品质的产品是您最明智的选择。如果您打算现在要货的话，我们马上就可以到仓库中提货。

客户：我还是有些不放心，我不能确定这种型号的产品是否真的如你所说的那么好……

销售人员：这样吧，我这里有该型号产品的销售记录，而且仓库也有具体的出货单，这些出货单就是产品质量的最好证明了……购买这个型号的顾客确实很多，而且一些老客户还主动为我们带来了很多新客户，如……这下您该放心了吧，您看您采用什么样的付款方式呢？

问题：本案例中，销售人员是靠什么判断能否成交的？

案例解析：本案例中，销售人员在及时应对反对意见、打消客户疑虑的同时，通过对客户进行试探性询问确定了客户的真实意图，来判定能否成交。

（二）成交的行为信号

有时，对方可能会在语言询问中采取声东击西的战术，比如对方明明希望产品的价格能够再降一些，可是却会对产品的质量或服务品质等提出反对意见。在这种情形下，谈判人员很难从对方的语言信息中有效识别成交信号，而可以通过对方的行为信息探寻成交的信号。

课堂讨论

以下现象能说明客户有成交的意愿吗？

（1）客户不断观察、抚摸样品。

（2）客户反复观看产品说明书。

（3）客户忽然表现出很轻松的样子。

（4）客户在你进行说服活动时，不断点头或很感兴趣地听。

（5）客户带领别人一起试用产品。

（6）客户在谈判过程中身体不断向前倾。

要求：教师不直接提供上述问题的答案，而是先引导学生结合本部分内容自己独立思考、自由发表见解，再组织课堂讨论，最后对学生提出的典型见解进行点评。

（三）成交的表情信号

对方的面部表情同样可以透露其内心的成交欲望。比如，当对方的眼神比较集中于你的说明或产品本身时，当对方的嘴角微翘、眼睛发亮，显出十分兴奋的表情时，或者当对方渐渐舒展眉头时，这些表情上的反应都可能是对方发出的成交信号。谈判人员需要随时关注这些信号，一旦对方通过自己的表情透露出成交信号，就要及时做出恰当的回应。

知识小贴士：看准客户各种成交信号

同步案例

在一次与客户进行谈判的过程中，刚开始销售人员发现客户一直紧锁眉头，还时不时地针对产品的质量和服务提出一些反对意见。销售人员对客户提出的问题都一一给予了耐心、细致的回答，同时针对市场上同类产品的一些不足强调了本公司产品的竞争优势，尤其是针对客户比较关心的服务品质方面着重强调了本公司相对完善的客户服务系统。在向客户一一说明这些情况的时候，销售人员发现客户对他的推荐不再是一副漠不关心的模样，客户的眼睛似乎在闪闪发亮。销售人员知道自己的介绍说到了客户的心坎儿上，于是便趁机询问客户需要订购多少产品，客户说出了他打算订购的产品数量，这场谈判很快就要成功了……

问题：本案例中，销售人员是怎么看出客户传达的成交信号的?

案例解析：本案例中，客户的表情从紧锁眉头到眼睛闪闪发亮。客户的表情变化向销售人员透露了其内心的变化，也传递了成交的信号。

（四）成交的进程信号

成交的进程信号有：

（1）对方转变洽谈环境，主动要求进入洽谈室或在谈判人员要求进入时，非常痛快地答应；谈判人员在合同上书写内容、做成交付款动作时，对方没有明显的拒绝和异议。

（2）对方向谈判人员介绍与自己同行的有关人员，特别是谈判的决策人员，如主动向谈判人员介绍“这是我们项目负责人”“这是我们经理×××”等。

根据终端环境的不同、谈判对象的不同、产品的不同、谈判人员介绍能力的不同、成交阶段的不同，对方表现出来的成交信号也千差万别，不一而足，无一定之规。优秀的谈判人员可以在实战中不断总结、不断揣摩、不断提升。总之，如何读懂商务谈判中对方的“秋波”，对大多数商务谈判人员来说，是“运用之妙，存乎一心”。

任务二 促成签约

一、正面督促法

正面督促法是指谈判人员用简单而明确的语言，向对方直截了当地提出成交建议，也称直接请求成交法。这是一种最常用也是最简单、最有效的方法。

例如：“您刚才提出的问题都得到解决了，是否现在可以谈购买数量的问题了?”

又如：“××经理，您是我们的老客户了，您知道我们公司的信用条件，您看这次能否在半个月后交货?”

正面督促法的优点是：可以有效地促成购买；可以借要求成交向对方直接提示并略施压力；可以节省洽谈时间，提高谈判效率。但它也存在一些局限性，如过早直接提出成交可能会破坏不错的谈判气氛，也可能会给对方增加心理压力，还可能使对方认为谈判人员有求于他，从而使谈判人员处于被动。

运用正面督促法，应把握成交时机。一般来说，以下三种情况下可以更多地运用该方法：

（1）与关系比较好的老顾客谈判时。

（2）在对方不提出异议，想购买又不便开口时。

（3）在对方已有成交意图，但犹豫不决时。

二、最后期限法

最后期限法即规定谈判截止日期，利用谈判期限的力量向对方施加无形压力，借以达到促成签约的目的。谈判中的买方和卖方都可以采用这一策略。

课堂互动

某公司计划扩建办公场所，需要采购一批办公材料，请用最后期限法模拟谈判。

谈判中，买方采取最后期限法参考实例如下：

(1)“我方×月×日以后就无力购买了。”

(2)“如果你不同意，下星期一我们就要找别的卖主商谈了。”

(3)“我方要在×月×日之前完成全部订货。”

(4)“这是我们的生产计划书，假如你们不能如期完成，我们只好另找其他的供应商了。”

谈判中，卖方采取最后期限法参考实例如下：

(1)“存货不多，欲购从速。”

(2)“如果你方不能在×月×日以前给我们订单，我们将无法在×月×日前交货。”

(3)“如果我方这星期收不到货款，这批货物就无法为你方保留了。”

(4)“从×月×日起，价格就要上涨了。”

(5)“优惠价格将于×月×日截止。”

要求：学生根据上述实例搜集资料，在不破坏谈判气氛的基础上，合理运用最后期限法进行模拟谈判，然后教师点评。

三、优惠鼓励法

优惠鼓励法是指向对方提供某种特殊的优待，促成双方尽快签订合同。例如，采用买几送一、折扣销售、附送零配件、提前送货、允许试用、免费安装、免费调试、免费培训、实行“三包”等手段。

同步案例

天津某工厂欲改造其生产线，需要采购设备、备件和技术。此时，甲供应商和乙供应商同时主动联系该厂，并邀请工厂派出代表前去谈判磋商。两家供应商与工厂的谈判均进展顺利，两边的报价差不多，而且二者都有自己独特的优势：甲供应商装运、保险较方便，乙供应商技术较先进，工厂不知该选哪家。面对僵局，甲供应商谈判代表灵机一动，采用了优惠鼓励法，提出工厂可免费试用设备一个月再付款的优惠条件，最后和工厂达成了协议。

在此次商务谈判中，甲供应商谈判代表抓住了装运、保险等程序比较方便的优势条件，用一个月的免费试用让工厂免去了对设备在试验阶段出现问题的担忧。

问题：采用优惠鼓励法的优势是什么？

案例分析：在谈判有竞争对手且双方实力势均力敌的情形下，优惠鼓励法非常实用。本案例中，甲供应商和乙供应商各有优劣势，当工厂不知该选择哪家供应商时，甲供应商谈判代表主动提出的优惠条件无疑给自己的胜利加了筹码，最终与工厂达成了协议。

四、晓以利害法

商务谈判中，绝大多数的威胁会对谈判双方造成压力。晓以利害这种方法一方面可以使威胁方更清楚自己威胁的利弊得失，另一方面可以增加对方的心理压力。

同步案例

德丰公司是一家经营工业品的公司，由于业务发展扩大，需要租赁办公楼。公司的行政总监李总监看中了省进出口集团公司综合性办公大楼的一套房子。以下是李总监和省进出口集团公司后勤处周处长商谈对话的节选。

周处长：我们这套房子上一家公司的租金就是 11 万元，所以你们来了租金不能低于这个数。

李总监：周处长，你可能还不太了解我们公司，我们公司是××集团下面的控股公司，是国内非常著名的企业集团。

周处长：对你们优惠一点可以，但 8 万元实在是太低了，总公司肯定不能接受。

李总监：我看见你们办公大楼内还有酒店，也属于你们后勤处管理吧？

周处长：对，正常对外营业。

李总监：我们经常有省内外的客户及总公司人员过来，每年的住宿费和招待费不下十几万元。如果我们以后所有的客户和总公司过来出差的人员都住在你们酒店，有相关的宴请招待也在你们酒店，对你们酒店的生意可是非常有帮助的哦。

周处长：这倒是，以后在我们酒店消费可以办理会员卡，享受优惠。那既然你们公司这么大，业务也很好，怎么才只出8万元呢？

李总监：我们集团是一家以财务管理见长的公司，每一项开支公司都有严格的预算，也正是因为如此严格而科学的管理，所以我们集团才发展得如此之快。另外，我看你们大楼的人气也不旺，如果我们进驻的话，我们集团间频繁的高层人员来往一定会提升你们办公大楼的人气和档次。

最后双方以8万元的年租金成交。

问题：本案例中，双方成交的原因是什么？

案例分析：本案例中，李总监积极挖掘对方的潜在需求，通过利弊分析来激发对方的成交动机，最终促使成交。

五、付诸行动法

付诸行动法是指谈判一方以一种主要问题已经基本谈妥的姿态采取行动，促进对方签订合约的方法。采取以下行为，将有助于促成谈判成交。

（1）适时展现对“结束谈判”的积极态度。例如，可以反复询问对方：“既然我们对所有的问题都已达成共识，何不现在就签署协议呢？”

（2）与对方商量协议、合同的具体内容。例如，探讨合同的遣词用字等，表示谈判双方已在主要议题和价格上达成共识。

（3）以行动表示达成协议。例如，买方（卖方）可以着手草拟协议，边写边向对方询问喜欢哪一种付款方式或愿意将货物送到哪个地方或仓库。或买方开始动笔填写订单，给卖方购货凭证，相互握手以示成交等。

（4）提供一项特别的优惠，诱使对方提早结束谈判。例如，卖方再给出一定比例的折扣，承担运费等。

这些行动有助于加强对方已经做出的承诺。

任务三 谈判收尾

一、整理核实谈判记录

（一）对交易条件的最后检索

在最后即将达成交易的会谈开始之前，谈判人员有必要对一些重要的问题进行一次检索：

（1）明确还有哪些问题没有解决。

（2）对自己期望成交的每项交易条件做最后的确认，同时明确自己对各种交易条件准备让步的限度。

（3）决定采取何种结束谈判的战术。

（二）确保交易条款的准确无误

1. 价格方面的问题

（1）价格是否已经确定？缔约者是否能收回人工和材料价格增长后的成本？

（2）价格是否包括各种税款或其他法定的费用？

（3）在履行合同期间，如果市场行情发生了变化，那么成交的产品价格是否也随之变化？

（4）在对外交易中是否考虑了汇率的变化？

（5）对于合同价格并不包括的项目是否已经明确？

2. 合同履行方面的问题

（1）对“履约”是否有明确的解释？它是否包含对方对产品的试用（测试）？

（2）合同的履行能否分阶段进行？是否已做了明确规定？

3. 规格方面的问题

（1）如果有国家标准或某些国际标准可供参考，那么是否已明确哪些问题运用哪些标准？而哪些标准又与合同的哪部分有关？

（2）对于在工厂或现场的材料与设备的测试以及它们的公差限度和测试方法，是否做了明确的规定？

4. 仓储及运输等方面的问题

（1）谁来负责交货到现场？谁来负责卸货和仓储？

（2）一些永久性或临时性的工作由谁来负责安排与处理？

5. 索赔处理方面的问题

（1）处理的范围如何？

（2）处理能否排除未来的法律诉讼？

（三）谈判记录

要完成价格谈判和合同的拟定，必须借助谈判记录。从始至终，谈判记录都是撰写合同文本的最重要的依据。在整个谈判过程中，应由专人进行谈判记录。谈判记录的主要内容分两部分：一是谈判过程中双方言辞中对己方有利的话语，如对方的承诺、对方的错误表达、对方言语中的漏洞等；二是双方就谈判议题达成的协议，要及时记录下来，以便更好地控制谈判流程。一般来说，谈判记录要注意以下几个方面：

（1）通读谈判记录或条款以表明双方在各点上均一致同意。当谈判涉及商业条款及规格时，通常使用这一方法。

（2）每日的谈判记录，由一方在当晚整理完成，并在第二天作为议事日程的第一个项目宣读，后由双方通过。

（3）如果只需两三天的谈判，则由一方整理谈判记录后，在谈判结束前宣读通过。

二、草拟书面合同

（一）合同的结构与内容

合同一般包括三个组成部分，即约首、正文和约尾三部分。

1. 约首

约首即合同的首部，包括合同的名称、编号、订约时间和地点、供需双方的名称等。在书写约首时应注意以下几点：

（1）供需双方的名称要写全称，不能只写简称。

（2）合同要有编号。

（3）签约时间要明确。

（4）签约地点要明确。

2. 正文

正文主要包括以下内容：

（1）产品名称、商标、型号、厂家、数量、金额、供货时间及数量条款的表述。

（2）质量要求、技术标准、供方对质量负责的条件和期限条款的表述。

（3）交（提）货地点、方式条款的表述。

（4）运输方式及到达站港和费用负担条款的表述。

（5）合理损耗及计算方法条款的表述。

（6）包装标准、包装物的供应与回收和费用负担条款的表述。

（7）验收标准、方法及提出异议期限条款的表述。这一条款极易出现纠纷，在撰写时应特别注意。

（8）随机备品、配件工具数量及供应办法条款的表述。

（9）结算方式及期限条款的表述。

（10）担保条款的表述。

（11）违约责任条款的表述。

知识小贴士：房屋租赁合同（范本）

（12）解决合同纠纷方式条款的表述。

（13）其他约定事项的表述。

3. 约尾

结尾主要载明双方进行沟通联系的一些信息资料，是双方当事人签字盖章的地方。

课堂互动

设计一份商铺租赁合同。

要求：学生按照上述合同格式，根据商铺租赁的特点，设计一份商铺租赁合同，教师最后结合正式的租赁合同对比讲解。

（二）草拟书面合同的基本要求

谈判双方的要约、承诺达成一致后，一般就应展开正式合同文本的撰写了（电子合同及其他不需要用正式合同形式的除外）。撰写合同必须遵循一系列原则：

1. 确定固定化内容

撰写合同应依据谈判的原始文件进行，是对谈判内容严格、准确的文字表达，因此应避虚就实。“避虚”就是在撰写中应尽量避免使用虚词、弹性语词，如“尽可能”“以最大努力”“争取”等。“就实”就是全面、严谨、准确地以文字表达谈判内容及其实质。

2. 明晰深化思想

撰写合同必须将口头讨论过的内容明晰化、具体化，使之可以切实操作、执行。其实质就是思考、推敲有关谈判内容和口头达成标的（目标）的影响因素、条件、可行性及未来可能产生的对其有利或不利的发展变化，将之诉诸文字表达，使合同无懈可击，以巩固谈判的成果，并保证合同本身不致成为违约的依据。

3. 完善具体细节

其有两层含义：一是指在口头谈判结束后，将一些谈判内容的细节问题借助合同撰写过程逐一解决，如各种费用、检验的细节、总价（值）的精确计算等；二是指合同文本自身的诸多细节问题，如撰写格式、所用文具等问题。正式合同一般以黑色签字笔、钢笔撰写为宜，最好用电脑打印，所用纸张也应比较高档、正规。正式合同不得涂改。

4. 具备法律效力

为使谈判成果形成一个具有法律效力的文件，撰写合同时必须注意：一是订立合同的当事人必须具有完全的民事行为能力和合法资格；二是合同必须是当事人真实意思的表示；三是合同必须合法；四是合同必须遵从社会公共利益和道德的要求；五是合同形式符合规定要求。

三、审核合同

正式合同文本撰写完毕以后，谈判双方就应正式签字了，但签字前先应该进行的是合同的审核。

（一）审核对象

1. 主体资格审核

合同须经双方有正当权限的代表依法签署才为有效。所谓有正当权限的代表通常是指能负责承担合同规定义务，享受合同规定权利的法人代表。应注意审核签署者的权限。通常，合同签署者必须是企业法定代表人或被授权的企业全权代表，授权证书应由企业法定代表人签发。若主谈者具有此两种身份中的任何一种，可直接签署合同；若不然，则应由企业法定代表人签署，或由主谈者在取得充分授权后签署。

2. 文本审核

对合同文本的审核是签署合同前的一个必要环节。一般来说，对合同文本的审核应从两个方面考虑：如果文本使用两种文字撰写，则要严格审核两种文字的一致性；如果使用同种文字，则要严格审核合同文本与协议条件的一致性。此外，还要核对各种批件（包括项目批文、用汇证明、订货卡等）是否完备、是否与合同内容一致，切忌只凭记忆阅读审核。

（二）审核内容

1. 合法性审核

合法性审核的内容包括：有无违反国家法律法规的强制性规定，是否存在损害社会公共利益或以欺诈、胁迫手段订立合同的情形，是否存在重大误解或显失公平等。

2. 有效性审核

有效性审核有两层含义：一是双方谈判者有无签署合同的全权，二是合同内容有无自相矛盾或前后相冲突之处。

知识小贴士：买卖合同中的常见陷阱与应对策略

3. 一致性审核

一致性审核即审核合同文本与谈判内容（可据谈判记录进行）的一致性。

4. 文字性审核

文字性审核即审核合同文字是否严谨、准确，是否表达了谈判内容。审核合同时，为保证合同审核的有效性，应由2～3人进行，以便互相检验，并且反复审核若干次，确保万无一失。签署前的审核应当双方同时进行。合同附件多为业务性的实施细则或技术细则，一般由企业业务部门负责人或技术部门负责人签署，不宜由企业负责人包揽。

同步案例

王某有一套96平方米的两居室需要装修，他和装修公司签订合同约定的装修价格是10万元。但到了中期验收交款时，王某发现装修公司没有统一配送环保材料，工艺水平也一般，项目没有增加，费用却比合同多出了1万元。施工方说是设计师当初把尺寸算错了，而合同上有“按实际发生计算”的条款，如果王某不给钱，工地就停工。此外，合同上还有这么一项条款：对施工项目提出更改或撤销，视为部分违约，须向装修公司支付增项金额20%的违约金。在签订合同时，王某也提出了质疑，但装修公司工作人员表示“这是例行公事，放心签吧”。因此，王某就没在意。而在实际装修过程中，王某感到原设计中有不合理之处，要求将衣柜从南墙移到北墙，书架从东边移到西边。本来是很简单的改动，但装修公司要收取近千元的增项费。

问题：审核合同时要注意什么？

案例解析：在装修签单初期，装修公司为了能够签单，往往通过隐瞒装修的工程项目来达到降低价格以吸引消费者的目的。而装修公司提供的合同，也对“按实际发生计算”的条款一笔带过。一旦装修工程开始，消费者就会不断遇到需要增项的问题。消费者在审核合同时，应该注意合同用语是否严谨，并且要求具体问题在合同中注明，以作为自己维权的依据。

四、全面总结谈判结果

知识小贴士：合同执行相关法律知识

谈判结束后，不管成功还是失败，谈判人员都要对过去的谈判工作进行全面的总结，对于谈判所涉及的资源进行及时、系统的整理和维护。这样，才能真正实现谈判的意义，即不但要获得眼前的利益，更要注重公司长远的发展。尤其对于国际性的商务谈判，这项工作非常重要。

（一）谈判总结的步骤

第一步，回顾谈判的情况，整理谈判记录和资料。谈判的总结工作应以事实为基础。要真正达到总结工作的目的，必须对谈判情况进行客观的回顾。例如，谈判记录、各种文件和资料应按时间顺序或问题加以全面、系统的整理、分类、归纳，以形成真实反映谈判情况、可供分析研究的完整资料。

第二步，分析和评定谈判情况，总结经验，找出问题。进行谈判总结工作时，最重要的一项内容就是根据谈判的具体情况，对总结内容的三个方面进行具体分析，即肯定经验和成绩，找出存在的问题，查找应有目标和实际情况之间的差距，并在此基础上做出客观评价。

第三步，提出改进措施和建议。为了解决存在的问题，力求在下次谈判中不再出现类似的错误，要进行措施的改进。改进措施和建议要有说服力和科学性，要明确、具体，避免抽象。

第四步，撰写总结报告。总结报告是谈判工作的书面体现和结果。它一般包括谈判的目标与目的、谈判的过程和概况、谈判的成果及问题、谈判的评价及各方面的工作建议等。必要时，可以把一些重要的数据、图表、资料、文件作为附件，以便为日后的谈判工作提供详尽的信息情报。

（二）谈判总结的内容

谈判是一项艰苦复杂的工作，它需要随时总结，经常请示汇报，即便出了问题、做错了决定、违反了纪律，也要如实汇报，以便在公司的帮助下妥善处理，避免给公司造成更大的利益损失。商务谈判的内容比较广泛，具体有以下几个方面：

1. 对己方谈判方面的总结

对于己方的谈判总结具体包括以下内容：

（1）谈判的准备情况，主要包括准备工作是否充分、搜集的资料是否齐全、选派的人员能否胜任等。

（2）谈判的总体情况，主要包括谈判的目标及实现情况、谈判成果的综合分析、谈判的效率等。

（3）谈判过程的具体情况，主要包括谈判的程序、各阶段所运用的技巧和策略、谈判的思维、语言的艺术、谈判人员的综合表现等情况。

2. 对己方公司方面的总结

对己方公司方面的总结是为了了解本公司各方面的工作对谈判的影响和作用，进而改善公司的经营管理，为日后的谈判创造更有利的条件。具体内容如下：

（1）公司对谈判人员确定的职责、给予的权力及管理情况的适当性。

（2）公司所要求的谈判目标、谈判原则和交易条件的合理性。

（3）公司提供或要求提供的标的物的品种、规格、质量、价格及服务等方面的可行性。

（4）是否能够加强与原有客户的信息沟通，在建立稳固的业务联系的基础上，开拓新市场，创造新客户，增进彼此间的了解，不断扩大商务往来。

3. 对客户方面的总结

对客户方面的总结十分重要，不可忽视。对客户谈判的情况进行研究，可以从中学习和借鉴谈判的经验和教训，有助于向客户提出善意、合理的意见和建议。将客户的各种意见和要求（如供应或购买意向，供应或购买能力，所能提供的标的物的品种、规格、质量、价格、服务或对方的其他具体要求等）加以归纳、整理，及时反馈，可以为提升本公司的经营管理质量提供宝贵经验。

另外，合同的签订并不意味着双方关系的完结，相反，它表明双方的关系进入了一个新的阶段。从近的方面来讲，合同把双方紧紧地结合在一起；从远的方面来看，本次交易为日后的合作奠定了基础。因此，为确保合同得到认真、彻底的履行，以及考虑到日后双方的业务往来，己方应该安排专人负责与对方保持联系，己方的谈判人员也可与对方的谈判人员保持经常的私人交往，以便双方的关系保持良好的状态。

崇德修身

维护多元稳定的国际经济格局和经贸关系

——党的二十大报告关于高质量发展的重要内容

党的二十大报告提出，推进高水平对外开放。依托我国超大规模市场优势，以国内大循环吸引全球资源要素，增强国内国际两个市场两种资源联动效应，提升贸易投资合作质量和水平。稳步扩大规则、规制、管理、标准等制度型开放。推动货物贸易优化升级，创新服务贸易发展机制，发展数字贸易，加快建设贸易强国。合理缩减外贸准入负面清单，依法保护外商投资权益，营造市场化、法治化、国际化一流营商环境。推动共建“一带一路”高质量发展。优化区域开放布局，巩固东部沿海地区开放先导地位，提高中西部和东北地区开放水平。加快建设西部陆海新通道。加快建设海南自由贸易港，实施自由贸易试验区提升战略，扩大面向全球的高标准自由贸易区网络。有序推进人民币国际化。深度参与全球产业分工和合作，维护多元稳定的国际经济格局和经贸关系。

构建新发展格局是开放的国内国际双循环，不是封闭的国内单循环。高水平对外开放是实现高质量发展的内在要求。

问题：我国在“加快构建新发展格局，着力推动高质量发展”中关于对外经贸发展持什么样的态度？

提示：党的二十大报告提出“维护多元稳定的国际经济格局和经贸关系”，意味着今后我国将更加注重将自身牢牢嵌入全球产业链和供应链，与之深度交融，防止“脱钩断链”；在与发达经济体保持经贸合作的同时，注重与发展中国家密切贸易投资往来，主动地扩大对外合作。

知识测试

一、单项选择题

1. 在商务合同上签字前，对合同文本与谈判内容的一致性进行审核，称为（　　）。

A. 合法性审核　　B. 有效性审核
C. 一致性审核　　D. 文字性审核

2. 基于一定的法律事实，合同所规定当事者双方的权利、义务及责任在客观上已不复存在的情况，称为（　　）。

A. 合同的变更　　B. 合同的解除
C. 合同的转让　　D. 合同的终止

二、多项选择题

1. 签订合同时，语意一致原则是指双方使用的语言与所表达的意愿应完全一致的原则，必须遵守（　　）规则。

A. 共识　　B. 均衡
C. 简明　　D. 用词一致

2. 在制定合同条文时，公正实用原则应表现为（　　）。

A. 效益性　　B. 合法性
C. 均衡性　　D. 现实性

三、判断题

1. 在谈判术语中，成交线是指不能接受的最低交易条件。（　　）

2. 合同的正文和合同的附件具有同等的法律效力。（　　）

3. 在合同正文的谈判中，一切条文的本质精神都应符合合同项下交易的行业和国际公认习惯或相关法律精神以及交易各方所在国的有关法律规定。（　　）

四、简答题

1. 促使谈判签约的方法有哪些？

2. 草拟书面合同的原则有哪些？

五、论述题

如何判定商务谈判的成交？

项目实训

实训背景：

根据本项目情境导入《网红牛奶品牌与本土超市的合作》所提供的资料，分角色扮演康健乳品公司和惠乐超市的谈判代表，完成成交阶段的谈判。要达到的目标是达成康健乳品入驻惠乐超市的协议，促成双方长期合作关系。谈判相关的议题包含合作意愿、价格、数量、优惠支持、交货期、结算方式、违约责任等。

实训目标：

能够通过角色扮演、情境设计，合理运用促成签约的各种策略，促成康健乳品公司与惠乐超市的成交，并有效完成谈判收尾工作。

实训内容：

[谈判前]

1. 结合情境资料，发挥想象，创新拟定合理可行的谈判方案。

2. 结合谈判双方可能的诉求目标，认真思考，拟定严谨合法的采购合同文本。

[谈判中]

1. 展现良好的谈判礼仪。

2. 把握谈判节奏，根据谈判时间、交易条件、对方的语言表情行为、谈判进程等信号发现谈判结束时机，熟练运用促成签约的策略及技巧，促成谈判成交。

3. 整理谈判记录，审查谈判合同，完成合同签约。

[谈判后]

全面总结谈判结果，认真执行谈判合同，避免合同纠纷。

实训步骤：

1. 将全班学生分成若干小组，学生可以自由组合，每组 4～6 人，两组结合为对手，分别扮演惠乐超市采购部谈判代表和康健乳品公司销售部谈判代表，每组确定一名组长担任负责人；

2. 结合任务，组长按照各成员特长进行适当角色分工，确定每位角色的定位及职责；

3. 教师根据实训情境设定前期谈判的价格和数量范围，小组针对后续谈判的条件、谈判对手的特征，制定每组的谈判成交促成方案；

4. 各组进行模拟谈判展示，模拟过程要完成合同条款谈判及合同签约两个阶段的任务，谈判过程要体现谈判时机合理捕捉、商务谈判促成策略以及正确运用谈判礼仪；

5. 模拟结束，进行组内互评和组间互评，教师进行点评与总结；

6. 各组进行小结讨论，完成实训总结；

7. 教师在“学习通”平台上展示班级优秀实训成果及相关资料。

实训成果：

1. 《×××谈判方案》

2. 《×××采购合同文本》

3. 《×××谈判实训总结》

注意事项：

1. 谈判方案具体可行，合同准备和谈判过程要体现法律专业性和务实性；
2. 谈判策略体现创新性和有效性；
3. 具备基本的商务谈判礼仪素养。

任务评价

<table>
<tr><th rowspan="2">评价方式</th><th rowspan="2" colspan="2">评价内容</th><th rowspan="2">分值</th><th colspan="2">评价人</th></tr>
<tr><th>个人</th><th>教师</th></tr>
<tr><td rowspan="10">自我评价
与教师评价
(75%)</td><td rowspan="6">技能点</td><td>能撰写合理可行的谈判方案</td><td>15</td><td></td><td></td></tr>
<tr><td>能拟定严谨、合法的合同文本并审查</td><td>10</td><td></td><td></td></tr>
<tr><td>能及时捕捉并把握谈判成交信号</td><td>5</td><td></td><td></td></tr>
<tr><td>能灵活使用谈判策略与技巧，及时促使成交</td><td>15</td><td></td><td></td></tr>
<tr><td>能完整有序地记录谈判过程，整理谈判记录，全面总结谈判结果</td><td>10</td><td></td><td></td></tr>
<tr><td>能通过相关违约责任及事先约定的方法避免纠纷、维护合法权益</td><td>5</td><td></td><td></td></tr>
<tr><td rowspan="3">素质点</td><td>谈判方案和策略的创新意识</td><td>5</td><td></td><td></td></tr>
<tr><td>求真务实、认真严谨的工作态度</td><td>5</td><td></td><td></td></tr>
<tr><td>良好的商务谈判礼仪素养</td><td>5</td><td></td><td></td></tr>
<tr><td colspan="2">合计($\sum$ 个人分值 * 20%+ $\sum$ 教师分值 * 80%)</td><td>75</td><td colspan="2"></td></tr>
<tr><td rowspan="5">组间互评
(25%)</td><td colspan="2">实训任务前期准备情况及任务整体完成质量</td><td>7</td><td colspan="2"></td></tr>
<tr><td colspan="2">小组每个成员任务的参与度与投入度</td><td>6</td><td colspan="2"></td></tr>
<tr><td colspan="2">小组成员之间的配合度及团队精神</td><td>6</td><td colspan="2"></td></tr>
<tr><td colspan="2">实训情境仿真性</td><td>6</td><td colspan="2"></td></tr>
<tr><td colspan="2">合计</td><td>25</td><td colspan="2"></td></tr>
<tr><td>综合评价</td><td colspan="2">自我评价（15%）+教师评价（60%）+小组互评（25%）</td><td>100</td><td colspan="2"></td></tr>
</table>

项目六　推销工作认知

学习目标

知识目标：掌握推销的概念、推销的特点、推销的内容。了解推销的功能与原则，理解推销方格理论及现代推销模式的内容，明确现代推销观念的实质是从顾客的需求得到满足的过程中获利。

技能目标：能模拟推销方格理论中不同的推销人员；能拟定真诚且符合推销模式的话术；能灵活选用推销模式；能完整有序地模拟推销过程、复盘不足之处及撰写提升解决方案。

素质目标：具备自我推销的理念和推销模式选用的创新意识；具备求真务实、态度严谨的职业素养和良好的礼仪素养。

思维导图

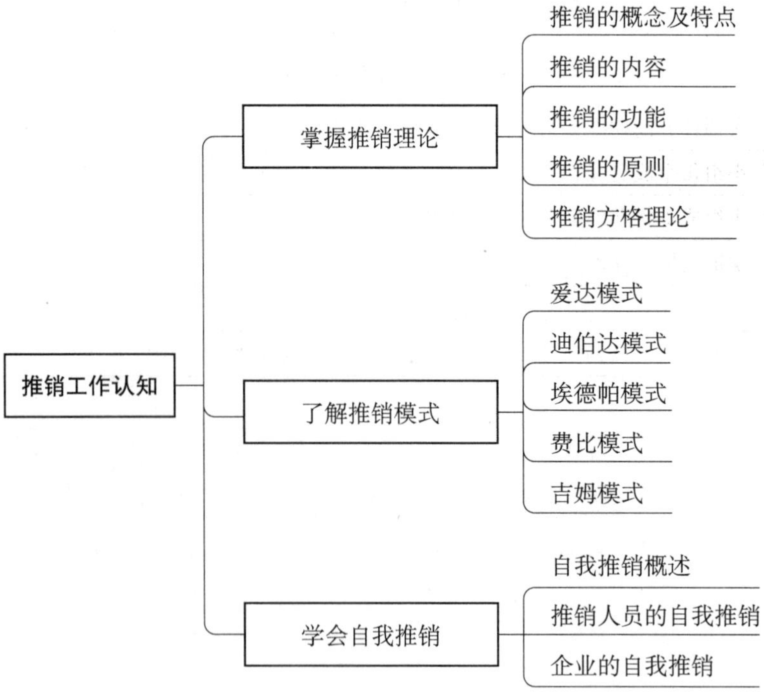

情境导入

搞不定的客户

我国的新能源汽车占整体汽车销售的50%以上，其发展呈现快速增长的态势。小王是应届毕业生，刚入职某新能源汽车销售团队。他从自身情况考虑出发，设计了一套固定的话术，每次都会先向客户介绍促销优惠政策，再介绍产品特点，总想让客户拿到最大的优惠。两个月过去了，小王一辆汽车也没有卖出去，他觉得很沮丧：明明自己是在为顾客着想，但为什么客户还是不买账？

请问：小王的问题在哪里？如何解决？

启示：推销和促销从概念上是有区别的。设身处地为客户着想是每一位推销人员都应具备的基本素质。引导客户，需要的不是煽动性的营销话术，而是设身处地为客户着想的良好用心，洞察客户的真实需求。推销人员向顾客推销的过程实际上是双向沟通的过程。在交往中，双方会对彼此产生一定的印象和看法。大量实践工作表明，要做好推销工作，必须了解买卖双方对推销活动的态度。

任务一　掌握推销理论

一、推销的概念及特点

（一）推销的含义

微课：推销的理论

推＋销＝推销，即在特定的场合或特定的环境下，推销人员借助主动性介绍、宣传、推荐，使消费者从被动倾听到主动倾听，从提出拒绝到愿意接受，最后做出购买决策的整个过程。

推销作为一种社会活动，是无处不在的。我们每一个人都亲身体验过与推销有关的活动。例如：母亲要求孩子少吃点零食，学生要求老师少留点作业，员工要求老板给自己增加工资，动物保护组织通过公益广告号召人类少食鱼翅以拯救濒临绝迹的鲨鱼，等等。从广义上讲，推销是指一个活动主体，试图以一定的方法和技巧，向特定对象进行的某种游说、劝说、推荐等行为，使之接受自己的意愿、观念、想法、要求等，最终双方达成共识的行为过程。但在商业活动中，更具代表性、更能体现现代推销本质的推销活动应该是类似于下面的情形。

（1）一个软件开发商在分析了某一顾客的需求后，向他推荐了一款新式的办公自动化系统。

（2）一家制药厂的新药推销人员向一位医生介绍某种新药的治疗效果及使用中应注意的问题。

（3）某飞机制造公司的经销商，向某航空公司陈述购买该公司飞机可能给该航空公司带来的利润增长分析结果。

上述几个例子中的推销是指商品交换范畴的推销，即商品推销，也就是狭义上的推销。狭义上的推销是指推销人员运用一定的方法和技巧，帮助客户购买某种商品，以使双方的需求得到满足的行为过程。由于牵涉经济利益关系，因此推销人员要充分运用各种推销技巧和方法，解决顾客的购买异议，最终使顾客接受该商品。

（二）推销概念辨识

1. 市场营销与推销

有人认为市场营销（Marketing）就是推销（Selling），把推销和市场营销混为一谈；也有人认为市场营销与推销完全不同且各自独立活动：这两种看法都是很片面的。应该说，市场营销是引导产品从生产者到达消费者所实施的一切企业活动，包括市场调研、选定目标市场、产品开发、定价、分销、促销、品牌建立、营销策划、销售管理、客户关系管理以及售后服务等一系列活动。市场营销的核心内容就是为满足目标市场顾客需要而综合运用营销策略组合，最终获得合理利润的经营活动。因此，市场营销的含义比推销更广泛、更丰富，层次更高，要求也更高。

早期的市场营销与推销几乎是同义语。事实上，推销只是市场营销人员的职能之一，且不一定是最重要的职能。这是因为，如果企业的市场营销人员做好市场营销研究，了解购买者的需求，按照购买者的需求来设计和生产适销对路的产品，同时合理定价，做好分销、促销等市场营销工作，那么这些产品就可以轻而易举地推销出去。但事实上，推销必不可少。

市场营销与推销存在原则上的区别：市场营销重视买方需求，认真考虑如何更好地满足顾客的需要，根据顾客的需要设计产品吸引顾客，根据顾客的需要定价迎合顾客，根据顾客的需要确定分销渠道方便顾客，根据顾客的需要传播产品信息。而传统的推销主要是指面对面或者一对一的直接的人员推销，重视的是卖方的需求，以销售现有的产品、实现企业盈利为主要目标，缺乏对顾客需求的关注。换种说法就是：市场营销的出发点是市场（需求），传统推销的出发点是企业（产品）。

2. 促销与推销

产品、价格、渠道、促销四大因素构成了市场营销组合，也就是俗称的 4P，而其中的促销又分为四种方式，包括人员推销、广告、营业推广、公共关系。本书中所说的“推销”，即人员推销，实际上是促销组合的一部分，也是市场营销的一种功能。

促销（Promotion）又称销售促进，是指企业通过人员和非人员的方式把产品的相关信息传递给顾客，以激起顾客的购买欲望，影响和促成顾客购买行为的经营活动。推销属于人员促销，而广告、营业推广、公共关系并不属于这一范畴。推销的主要工具和方法在于“推”，这与其他促销形式形成了方式上的差别。虽然目前已经出现了利用电话、会议、网络媒介的推销行为，但推销人员的主观特征还没有发生实质性的改变。

促销和推销都是信息的传播和市场沟通活动。在市场经济中，生产者、经营者与消费者之间存在信息上的分离，消费者对企业的产品信息缺乏了解，缺少购买激情和冲动，这时候就需要企业对产品信息进行专门设计，再通过媒体形式传达给消费者，激发消费者的购买欲望，促使消费者购买。

促销组合是企业开展促销活动最常见的方式。企业通过人员推销、广告、营业推广、公共关系这四种方式的有机结合，顺利地实现促销目标。

促销组合的优势和劣势如表 6－1 所示。

表 6－1　促销组合的优势和劣势

促销组合	优势	劣势
人员推销（Personal Selling）	直接和目标对象沟通信息，建立感情，及时反馈，当面促成交易	需要人员多，费用大，接触面窄
广告（Advertising）	传播广泛，生动，节省资源	针对性不足，难以促成交易
营业推广（Sales Promotion）	短期内刺激购买欲望，促成购买，形式多样	接触面窄，效果短暂，不利于品牌建立
公共关系（Public Relation）	影响面广，信任度高，有利于提升知名度和美誉度	耗资巨大，效果难以控制

3. 传销与推销

传销（Multi-level Marketing）又称多层式推销，是一种通过人传人的方式来达成销售的市场策略。传销组织通过多层次、独立的传销来销售商品或提供劳务，传销人员除了销售货物以赚取利润外，还可以介绍、训练他人成为新的传销员，并建立新的销售网络来销售公司货物，在公司获取更多利润的同时，传销人员也在自己的销售网络中获取相应的差额。传销培训教材极富煽动性和欺骗性，而且具有很多心理学因素，极易诱人上当。

传销具有两个明显特征：（1）传销的商品价格严重背离商品本身的实际价值，有的传销商品根本没有任何使用价值，服务项目纯属虚构；（2）传销人员所获得的收益并非来源于销售商品或服务等所得的合理利润，而是他人加入时所缴纳的费用。

推销与传销有实质上的不同，具体体现在以下四个方面：

（1）商品不同。传销的商品价格严重背离商品本身的价值。而推销的起点是商品的终端销售，是营销的一种策略，企业以销售商品为企业运营的基础。

（2）加入方式不同。当有人加入传销组织时，上线要收取下线的商品押金作为“入门费”，一般以购物或资金的形式。而推销则不需要如此，企业中的推销人员无须缴付任何高额入门费，也不会被强制认购货品。

（3）销售管理不同。传销中，上线通过欺骗下线来获取自己的利益，采用“复式计酬”方式，即销售报酬并非仅仅来自商品利润本身，而是按发展传销人员的“人头”计算提成。而正当的推销的报酬仅仅来自商品利润本身。

（4）目的不同。传销人员的主要目的不仅仅是推销商品以取得报酬，还要建立、发展传销人员网络，并根据这个网络的销售业绩获取经济收入。而推销最终面对的是终端客户，主要目的是进行商品交易。

（三）推销的特点

推销是一门艺术，是推销人员与消费者面对面的双向沟通活动，是促销的一种有效形式。它具有以下特点：

1. 特定性

推销是企业在特定的市场环境中为特定的商品寻找买主的商业活动，必须首先确定需要特定商品的潜在客户，然后有针对性地向顾客推荐，因此，推销总是有特定对象的。任何一位推销人员每一次的推销活动都须具有这种特定性。

2. 双向性

推销不仅是商品转移的过程，还是信息双向沟通的过程。推销人员一方面向顾客推荐商品、提供售后服务；另一方面必须留意观察顾客的反馈，探求顾客的真实需求，并及时反馈给企业，为企业领导的正确经营决策提供依据。

3. 互利性

推销是一种互惠互利的双赢活动，必须同时满足推销主体与推销对象双方的不同要求。成功的推销需要买卖双方都有积极性，其结果是符合双方的利益，不仅推销的一方卖出商品，实现盈利，而且推销对象也感到需求得到了满足，商品给自己带来了多方面的利益。只有对双方有利，才能实现双赢。

4. 灵活性

由于影响市场环境和推销对象需求的不确定因素很多，每一次推销活动也都各有不同，因此推销人员只有灵活掌握推销原理和技巧，恰当地调整推销策略和方法，才能有效地说服顾客，促使其购买。

5. 说服性

推销的中心是人而不是物。说服是推销的主要手段，也是推销的核心。为了获得顾客的信任，让顾客接受被推荐的商品，采取购买行动并重复购买，推销人员必须就商品的功能和优点，耐心详细地向顾客做宣传、介绍，从而促使顾客接受推销人员的观点、商品或服务。

6. 服务性

在推销的过程中，顾客购买的不仅仅是商品本身，更是一个完整的服务体验过程。因此越是服务周到，顾客越愿意接受推荐，采取购买行动的可能性就越大。正如世界知名推销员乔·吉拉德曾说过的，推销本身就是一种服务。

二、推销的内容

（一）推销自己

在向客户推销自己公司的产品时，推销人员首先要把自己推销给客户。只有把自己有效地推销给客户，才能让客户愉快地接受你，你才有机会来推销自己公司的产品。推销人员在推销自己时应注意以下问题：

1. 要以对方为导向

在推销自己的时候，推销人员注重的应该是对方的需要和感受，并根据他们的需要和感受说服对方，被对方接受。

2. 要有自己的特色

推销自己必须先从引起别人的注意开始，如果别人不在意你的存在，那就谈不上推销自己。那么，推销人员应如何引起别人的注意呢？关键是要有自己的特色，即自己有哪些与众不同之处。

3. 要善于面对面

通过面谈，推销人员可以取得推销自己、说服对方、达成协议、交流信息、消除误会等功效。面对面推销自己时，推销人员应注意和遵循下面的法则：依据面谈的对象、内容做好准备工作；语言表达自如，大胆说话，克服心理障碍；掌握适当的时机，包括摸清情况、观察表情、揣摩心理、随机应变等。

4. 要有灵活的指向

人各有所好，假如推销人员针对对方的需要和感受仍说服不了对方，未能被对方接受，那么推销人员应该重新考虑自己的选择。

5. 要注意控制情绪

人的情绪有振奋、平静和低潮三种表现。在推销自己的过程中，善于控制自己的情绪，是推销人员自我形象的重要表现方面。推销人员若情绪无常，则很容易给人留下不好的印象。为了控制自己亢奋的情绪，有心理学家提出了三条有趣的忠告：低声、慢语、挺胸。

（二）推销产品的价值

产品是指能提供给市场、用于满足人们某种欲望和需求的任何事物，包括实物、服务、场所、组织、思想、主意等。现代市场营销理论认为，产品整体概念包含核心产品、有形产品和附加产品三个层次。核心产品，是指顾客购买某种产品时所追求的利益，是顾客真正要买的东西，因而在产品整体概念中也是最基本、最主要的部分。有形产品，是核心产品借以实现的形式，即向市场提供的实体和服务的形象。如果有形产品是实体物品，则它在市场上通常表现为产品质量水平、外观特色、式样、品牌名称和包装等。产品的基本效用只有通过某些具体的形式才能得以实现。附加产品，是指顾客购买有形产品时所获得的全部附加服务和利益，包括提供信贷、免费送货、安装、售后服务等。因此，推销人员不能仅仅向顾客推销产品，而应借助所推销的产品，想方设法唤起并刺激顾客，使其为满足自己现在或将来的需求而产生购买欲望，产品推销本身则处于次要地位。

（三）顾客需求的满足

在全球经济一体化的今天，若想产品有销路，最主要的是它必须满足人们主要的或基本的需求。一般来说，人都有相同的基本需求和愿望，如致富的愿望、让他人羡慕的愿望、取得成功的愿望等。大部分人都会为了使自己的生活变得更有意义、更丰富多彩而努力奋斗。这些基本需求影响着人们的言行，也影响着人们的购买行为。任何一种产品，只要它能满足人们的某些需求，就会受到欢迎。推销人员应该把产品的使用价值与顾客的基本需求有机结合起来。推销的成功与否取决于产品能否让顾客的需求得到满足。

三、推销的功能

在现代社会中，推销至少有以下几种重要功能。

（一）销售商品

销售商品是推销的基本功能。推销是商品由推销人员向推销对象运动的过程。在这个过程中，推销人员通过寻找顾客、接近顾客、推销洽谈，进而达成交易，其实质就是实现了商品所有权的转移，完成了商品销售。只有把商品销售出去，才能达到预期的推销目的，才能为企业创造利润。

（二）传递商品信息

在市场经济下，商品琳琅满目，各种商品各具特色，顾客如何根据自己的需要找准所需商品，企业如何完成销售，都离不开传递商品信息这一过程，因为推销人员不仅要满足顾客对商品的需要，也要满足顾客对商品信息的需要，及时地向顾客传递真实、有效的信息。推销人员向顾客传递的主要商品信息如表 6－2 所示。

表 6－2　推销人员向顾客传递的主要商品信息

商品信息	释义
商品的一般信息	它是指有关商品的功效、性能、品牌、商标、生产厂家等有关信息，告知顾客某种商品的存在。
商品的差别优势	它是指商品在同类中所处的地位及特殊功能。推销人员要针对不同目标顾客的需要，突出宣传所推销商品的某些特征，以便在顾客心目中树立商品的形象。
商品的发展信息	它是指有关企业产品的发展动态，如新材料的运用、新产品的开发以及老产品改进等信息，以此引导顾客接受新产品。
商品的经营信息	它是指有关商品的销售价格、经营方式、服务措施、销售地点等信息，以此方便顾客购买。

（三）提供服务

推销不仅是把商品销售给顾客，而且是通过提供各种服务，帮助顾客解决各种困难和问题，满足顾客多层次、多方面的需求。具体来说，推销服务包括售前服务、售中服务和售后服务。企业提供的服务越周到，就越能赢得客户的信任与好感。优质的售后服务体现了企业善始善终的经营思想。

售前服务要求推销人员具备专业的素养，在销售前为顾客提供信息咨询或培训服务；

售中服务要求推销人员具有热情的态度，在销售过程中为顾客提供热情接待、介绍商品、包装商品、送货上门、代办运输等服务；售后服务要求推销人员为顾客提供售后安装、“三包”维修、处理顾客异议等服务。

（四）反馈市场信息

推销是供求信息的双向沟通过程。推销人员是企业联系市场的纽带，是企业获取情报的重要渠道。推销人员通过与推销对象以及市场的直接接触，能够及时、准确地搜集客户和市场信息，为企业的决策提供支持。

推销人员向企业反馈的市场信息主要有：

（1）顾客信息。例如，顾客对推销品及其生产企业的反馈，顾客的需求、购买习惯、购买方式及经济状况等。

（2）市场需求信息。例如，推销品的市场需求状况及发展趋势，推销品在市场中的优劣态势等。

（3）竞争者信息。例如，竞争者商品的更新状况、销售价格、质量、品种规格以及竞争者促销手段的变化等。

四、推销的原则

推销的实质是要刺激并满足顾客的需求。因此在推销过程中，推销人员只要掌握了正确的推销原则，就可以有章可循，从而减少推销失误，提高推销成效。

（一）顾客导向

顾客的需求和欲望是市场营销的出发点，也是推销的出发点。因此，推销人员必须认真了解顾客的需要，把推销品作为满足顾客需要的方案向顾客推荐，让顾客明白它确实能满足其需要。但是还有一部分顾客并未意识到需求，这就需要推销人员借助推销手段、方法，千方百计地唤起并刺激顾客。当刺激迎合了顾客的需求，推销品就更容易被顾客接受。

（二）互利互惠

互利互惠原则是指在推销过程中，推销人员要以交易能够为双方都带来较大的利益为原则，不能做出以损害一方利益为前提来满足另一方利益的行为。推销活动中，在顾客买到称心如意的商品、得到某种价值和利益的同时，推销人员完成了销售任务，获得了佣金和提成等经济利益。双方只有实现了共赢，才能够建立长期且良好的合作关系，才能够取得良好的口碑。“一锤子”买卖、欺行霸市和宰客行为都是行不通的。这样的推销是一把双刃剑，在偷偷“砍伤”顾客利益的同时，恰恰也使商品推销人员的长期利益受到了损害。

需要说明的是，互惠互利原则并不是对顾客的让利或赠奖利诱。实际上，顾客追求的利益是多方面的，既有物质的，也有精神的，推销人员必须使利益与顾客的需求相适应。推销人员在努力实现互利互惠原则时，必须善于认识顾客的核心利益并与顾客加强沟通。

（三）以诚为本

诚信的基本含义是诚实，不疑不欺，在人际交往中言而有信、言行一致、表里如一，在推销过程中以诚待人，真诚地面对顾客，如实地向顾客介绍商品，不提供伪劣产品，不做虚假宣传，不以次充好，不从事欺骗性活动，不做虚假承诺，用真诚之心面对自己所从事的工作，用诚恳之心面对自己的销售对象，一切推销工作以诚为本。

课堂互动

某大学对若干名大学生做了以“推销”为主题的一项调查。关于“推销活动与推销人员”的某些观点如下：

(1) 推销是一种工作，不是一种职业。

(2) 为了推销成功，推销人员必须学会说谎与欺骗。

(3) 推销活动只对推销人员有利。

(4) 推销人员只为赚钱，而不顾其他。

(5) 一名优秀的推销人员，必定是一位精于计算的人。

假如你是推销人员，正与一名完全同意上述言论的大学生谈话，试着说服这位大学生。

要求：教师先引导学生结合本部分内容进行独立思考、自由发表见解，再组织分角色进行情境模拟，最后教师进行点评和总结。

五、推销方格理论

推销方格（Sales Grid）是指在推销过程中，推销人员与顾客有各种各样的心理，从而形成了推销人员和顾客各自的心理状态。不同的推销心态往往会带来不同的推销效果。

推销方格理论分为推销人员方格和顾客方格两个部分：推销人员方格研究推销活动中推销人员的心理活动状态，顾客方格则研究顾客在推销活动中的心理活动状态。

（一）推销人员方格理论

推销人员在进行推销时必须关注和权衡两个重要方面：一是完成销售任务，把产品卖出去；二是与顾客建立良好的人际关系，以便日后开展业务。在具体的推销活动中，推销人员追求的两种目标的心理态度就构成了推销人员方格（见图 6-1）。

推销人员方格中的横坐标表示推销人员对推销任务的关心程度，纵坐标表示推销人员对顾客的关心程度。两个坐标值都是从 1 逐渐等值增大到 9，坐标值越大，表示推销人员对其关注的程度越高。理论上来说，推销人员的心态有 81 种之多，如果这样划分，推销人员两种相邻心态之间的差别非常小，很难把握。针对这一情况，美国管理学家罗伯特·布莱克和简·莫顿把推销人员分成五种类型。

1. 事不关己型，坐标为 (1,1)

这类推销人员既不关心客户的需求是否能够得到满足，也不关心自己的推销任务，对

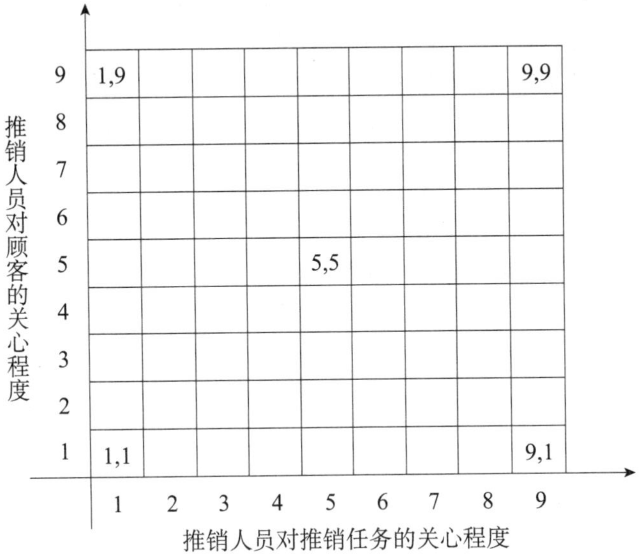

图 6-1　推销人员方格

本职工作缺乏热情和责任心。

产生原因：一是企业雇用的推销人员不合格，缺乏专业素养；二是推销人员缺乏爱岗敬业精神，不思进取，缺乏成功欲望；三是企业疏于管理，未能建立有效的激励措施和奖惩制度。

处理策略：首先，选择合适的推销人员。其次，加强入职培训，为推销人员树立正确的推销观念、积极向上的人生观。最后，健全规章制度，制定合理的薪酬激励机制，奖勤罚懒，能者多得。

2. 顾客导向型，坐标为（1,9）

这类推销人员非常重视与顾客的关系，很少关心推销任务。其典型特征就是为了树立良好的个人形象，而对顾客过于迁就，从而忽视了企业的销售目标；在推销与顾客之间，将顾客放在首要地位，把建立和保持与顾客的关系作为工作目标。这类推销人员可能会成为理想的人际关系专家，但不容易成为合格的推销人员。

产生原因：一是这类推销人员片面夸大了人际关系在推销过程中的重要性，二是这类推销人员对以顾客为中心的现代推销观念的理解有问题，三是企业管理制度存在缺陷。

处理策略：担负职责，认真完成本职工作，既要真诚对待顾客，又要维护企业利益，公私分明，不能因人情而侵犯企业利益。

3. 强力推销型，坐标为（9,1）

与顾客导向型推销人员恰恰相反，这类推销人员具有强烈的成就感和事业心。为了提高业绩，这类推销人员不惜采用多种手段，全然不顾顾客的真实意愿和需求，迫使其购买，以达到推销的目的。有这种心态的推销人员的强行推销不但损害了顾客的利益，而且损害了企业的市场形象和产品信誉，最终会损害企业的长远利益。事实上，在竞争日益激烈的买方市场条件下，强力推销型推销人员是没有多大市场的。

产生原因：推销人员把工作重心完全偏向于促成交易，把能否完成销售任务视为检验推销人员工作是否合格的唯一标准。他们对推销工作的互利性缺乏认识，虽然短时间内业绩较高，但投诉率也会很高。

处理策略：推销人员必须遵守现代推销理念的基本要求，真诚地对待顾客，挖掘、引导、刺激顾客的需求，针对其需求采用因势利导的推销手段，从而实现合作共赢。

4. 推销技巧型，坐标为（5,5）

这类推销人员既关心推销成果，也关心与顾客之间的关系。他们热爱推销工作，十分重视研究顾客的心理和购买动机，善于运用推销技巧。若在推销中与顾客意见不一致，他们一般都能采取折中的办法，使双方相互妥协，避免矛盾冲突。他们可以凭经验和推销技巧诱使顾客购买一些实际上并不需要的东西，因此，他们可能会有极佳的推销业绩。但这类推销人员仍然不是理想的推销人员。他们放在首位的是顾客的购买心理，而不是顾客的利益需求。

5. 解决问题型，坐标为（9,9）

这类推销人员既高度关注自己的推销效果，又高度关注顾客的真正需求和利益。这是一种较理想的推销人员，他们具有强烈的事业心和高度的责任感，真诚关心和服务于顾客，工作上积极主动。他们把推销活动视为满足双方需求的过程，将大量精力用于研究推销技巧，关心推销效果，又最大限度地解决顾客困难，注意开发顾客潜在需求和满足顾客需要，将推销任务与顾客需求两者紧密结合，使商品交换关系与人际关系有机地融为一体。他们能够针对顾客的问题提出解决办法，并在此基础上顺利提高自己的推销业绩。满足顾客的真正需要是他们工作的重心，辉煌的推销业绩是他们奋斗的目标。

（二）顾客方格理论

推销活动不仅受推销人员态度的影响，而且受顾客态度的影响。推销人员必须对顾客的态度进行分析，因人而异地展开推销。在购买活动中，顾客至少有两个目的：一是希望通过与推销人员磋商，讨价还价，力争花较少的钱购买到最合适的商品；二是与推销人员建立良好的人际关系，为今后的合作打好基础。前者注重“商品利益”，后者注重“和谐关系”。不同的顾客对这两方面的重视程度有所差异：有些顾客关注产品本身，有些顾客更关注推销人员的态度和服务。这些差异程度通过坐标表现出来，就形成了顾客方格（见图 6－2）。

我们用横坐标表示顾客对购买任务的关心程度，用纵坐标表示顾客对推销人员的关心程度，两者都从低到高划分成 9 个等级。在 81 种顾客心态类型中，也存在 5 种典型的类型。

1. 漠不关心型，坐标为（1,1）

持有这种心态的顾客既不关心推销人员，也不关心购买行为本身。原因之一是其没有购买决策权，或者将决策权交给了别人，自己尽量不做出购买决定，回避推销人员。向这类顾客推销商品是非常困难的，推销成功率很低。

2. 软心肠型，坐标为（1,9）

软心肠型又称情感型，持有这种心态的顾客对上门的推销人员极为同情和关心，反而

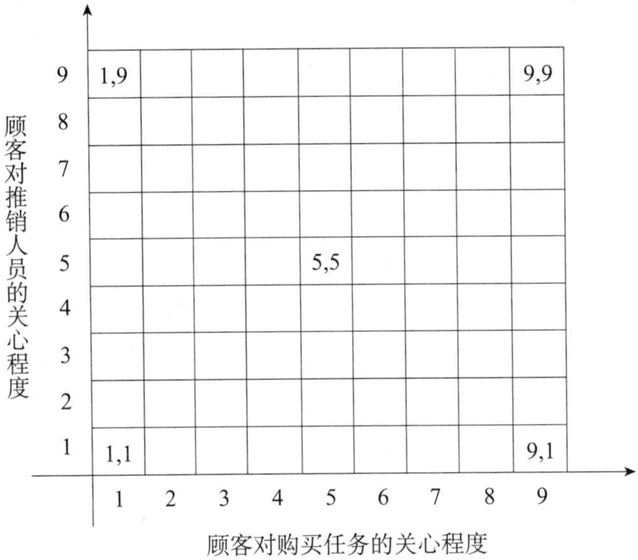

图 6-2　顾客方格

对于自身的购买行为却不太关心。因此，他们也许只是因为推销人员热情周到，或因为推销人员辛苦工作而受到感动，从而做出购买决策。许多老年人和性格柔弱、羞怯的顾客都属于此类顾客。但要注意，对于软心肠型顾客，推销人员切不可把顾客对其的同情和关心当成一种进行推销可利用的条件，而将顾客不需要、不适合顾客或质量有问题的产品推销给顾客；否则，一旦顾客认识到自己的决策是错误的，就会对推销人员产生不信任和抵制心理，从而不利于建立长期合作。

3. 防卫型，坐标为（9,1）

持有这种心态的顾客只关心如何以更佳的条件购买商品，对推销人员非但不关心，反而极为反感，甚至敌视。这类顾客可能受传统观念的影响，认为无商不奸，或者有过上当受骗的经历，因此，出于防卫，认为所有的推销人员都不是好人。他们在购买过程中小心谨慎、斤斤计较，总希望获得更多的利益。这类顾客只是对推销人员或推销工作有偏见，而不是不愿意接受推销品。因此，推销人员必须先推销自己，取得顾客的理解和信任，从而打消顾客的顾虑和偏见，而不要急于推销产品。对待这类顾客，推销人员切不可强行推销，否则会导致顾客的反感和不快，最好采取迂回的策略，先与顾客交朋友，不谈推销，熟悉了之后再推销。

4. 干练型，坐标为（5,5）

持有这种心态的顾客既关心自己的购买行为，也关心推销人员的推销工作，购买时保持冷静的态度、清醒的头脑。这类顾客有商品知识和购买经验，在与推销人员打交道时显得非常聪明，既乐意听取推销人员的意见，又倾向于自主地做出购买决策。但干练型顾客在接受推销时容易显示自己的知识、经验、智慧、公正、宽容等优势。对待这种顾客，推销人员最好的办法就是尽量地满足其消费心理，用大量的事实和证据说话，让顾客自己做出购买决策。

5. 寻求答案型，坐标为（9,9）

持有这种心态的顾客既高度关心自己的购买行为，又高度关心推销人员的推销工作。他们被认为是最成熟的顾客。他们在考虑购买商品之前，会了解自身的需要，通过倾听推销人员的推销介绍，分析问题所在，购买合适的商品来满足自身的需求，解决存在的问题，他们的购买行为是明智的。这类顾客大多属于事业有成之士，有远见，思维敏锐：有的是人生阅历非常丰富，做事有风度和气度；有的是“久病成医”，积累了购买经验。

对待这类顾客，推销人员应该积极参谋，主动为顾客提供有效的服务，及时向顾客提供真实、有效的信息，诚心诚意站在顾客的角度思考问题。不管推销人员的推销技术如何高超，向这种顾客推销其认为不需要的产品，也是很困难的。

（三）推销人员方格和顾客方格的关系

推销的成功与失败，不仅取决于推销人员的工作态度、推销技术，而且受到顾客态度的影响。罗伯特·布莱克和简·莫顿总结出推销人员方格与顾客方格的关系，反映了推销人员态度和顾客态度之间的内在联系。

根据推销方格理论，五种类型的推销人员和五种类型的顾客可进行不同的组合（见表6-3)：有的顺利达成交易，有的不能成交，有的即使成交也不是二者简单搭配的结果。为此，我们可以用“＋”“－”“0”表示推销人员与顾客的关系。其中，“＋”表示推销成功，“－”表示推销失败，“0”表示推销成败的概率相等。

表 6-3　推销人员方格与顾客方格搭配

推销人员方格	顾客方格				
	1,1	1,9	5,5	9,1	9,9
9,9	＋	＋	＋	＋	＋
9,1	0	＋	＋	0	0
5,5	0	＋	＋	－	0
1,9	－	＋	0	－	0
1,1	－	－	－	－	－

正常状态下，推销人员的推销心态越是趋向于解决问题型［表6-3中（9,9）型］，其推销能力越强，就越有可能获得理想的推销效果。从国外有关机构对推销人员推销心态和推销绩效之间关系的比较研究中我们发现：在推销业绩方面，按推销人员方格中的分类，解决问题型（9,9）比推销技巧型（5,5）高3倍，比强力推销型（9,1）高15倍，比顾客导向型（1,9）高9倍，比事不关己型（1,1）高75倍以上。由此可见，不同类型的推销人员对推销工作的贡献差异很明显。因此，要想成为成功的推销人员，健康的心态是不可或缺的。推销人员应树立正确的推销观念，端正态度，加强培训和锻炼，调整和改善心态，努力向解决问题型的推销人员靠拢。

从现代推销学的角度来看，具有解决问题型（9,9）推销心态的推销人员比较成熟和理想，但并不是说只有这种心态的推销人员才能取得推销佳绩。推销活动成功与否，除了推销人员自身努力，还需要看顾客是否配合。如果推销专家遇到一位漠不关心型（1,1）顾客，即使他有再高明的推销技巧，也很难成功。如果一位顾客导向型（1,9）推销人员遇到一位软心肠型（1,9）顾客，双方都很关心对方，即便不用什么推销技巧，推销人员也依旧能够取得推销的成功。

因此，正确把握推销心态与购买心态之间的关系是非常重要的。只要二者能够互相配合、和谐统一，推销就会成功。

任务二　了解推销模式

推销模式是指根据推销活动的特点，针对顾客购买活动各阶段的心理演变选择应采取的策略，进而归纳出的一套程序化的标准推销模式。推销模式有很多种，比较常见的主要有以下几种。

微课：推销模式

一、爱达模式

（一）爱达模式的含义

爱达模式（见图 6－3）被认为是国际上较为成功的推销模式。爱达模式将顾客购买的心理过程分为四个阶段，即注意（Attention）、兴趣（Interest）、欲望（Desire）、行动（Action）。AIDA 即这四个阶段的首字母组合。

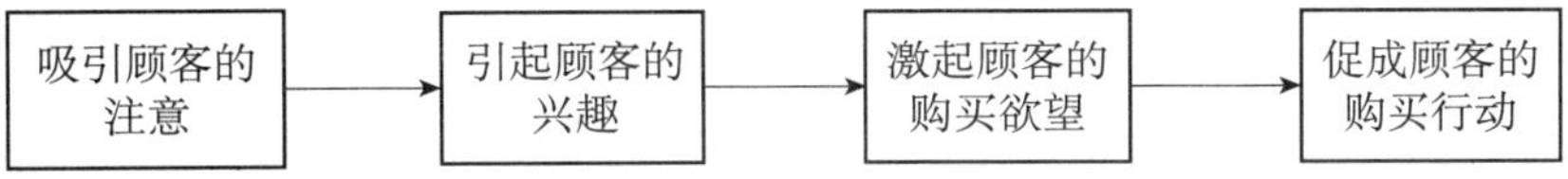

图 6－3　爱达模式

（二）爱达模式的具体做法

1. 吸引顾客的注意

人们的购买行为通常都是从注意开始的。因此，推销人员应想方设法刺激顾客的听觉、视觉、嗅觉等感官，吸引顾客对推销品的注意，并使其关注自己所说的每一句话和每一个动作细节。吸引顾客注意的方法有很多，如形象吸引法、语言吸引法、利益提示吸引法等。推销人员要因人、因地而采取不同的方法。

（1）形象吸引法。当一名推销人员首次出现在顾客面前时，顾客可能凭着瞬间的判断而在潜意识里持欣赏、信任或者厌恶态度，这就是重要的第一印象。第一印象来自推销人员的服饰、举止、表情等所带给顾客的视觉上的刺激。能否在短时间内给顾客留下良好的第一印象，对于推销人员来说是非常重要的。因此，推销人员应该重视自己的仪表形象。

（2）语言吸引法。拉近与顾客距离最好的办法，莫过于找到顾客所感兴趣的话题，使双方处在良好的氛围之中，这样可以消除顾客的防范心理。

（3）利益提示吸引法。推销人员开门见山地将产品给顾客带来的利益告诉顾客，利用顾客关注自身利益的心理，来吸引顾客的注意。

除了以上几种吸引顾客注意的方法以外，还有很多方法可以集中顾客的注意力，推销人员应根据时间、地点、销售对象的不同而采取灵活多样的方法。

2. 引起顾客的兴趣

兴趣与注意有着密切关系。兴趣是在注意的基础上发展起来的，是一个人对某一事物抱有的积极态度。对推销而言，兴趣就是顾客对推销产品或购买抱有的积极态度。在推销活动中，顾客对产品产生的好奇、期待、偏爱和喜好等情绪，均可称为兴趣。兴趣的进一步发展结果是欲望，如有可能，推销人员应让顾客体验产品，亲自检验产品的质量。让顾客亲身体验比其他任何一种方法都更具有说服力。具体包括以下几点：

（1）向顾客示范所推销的产品。这样做可以消除顾客的疑虑，促使他们产生购买欲望。如推销人员推销绿色无味环保油漆，可带领顾客去粉刷好的样板间参观，让其感受一下用此类油漆装修的房间的空气质量。

（2）了解顾客的基本情况。推销人员对顾客越了解，就越能了解顾客的真实需求，与之交换意见和看法，更有希望达成交易。

（3）演示示范动作。通过示范，顾客能够了解产品的具体功能。推销人员最好在示范时增添一些戏剧性的场景，这样更能引起顾客的兴趣。

（4）让顾客参与其中。

（5）随身携带宣传册，对主要内容进行解释。

3. 激起顾客的购买欲望

激起顾客的购买欲望是指推销人员通过推销活动，在唤起顾客对产品的兴趣后使顾客产生拥有推销品的强烈愿望，从而导致顾客产生购买欲望，以及不购买产品对自身来说是一种损失的心理感受。

在推销过程中，激起顾客的购买欲望可以通过三个步骤来完成：首先，提出购买建议；其次，观察顾客的肢体语言，识别、辨别顾客异议的根源和种类；最后，有针对性地化解顾客异议，多方诱导、强化顾客的购买意愿。激起顾客购买欲望的方法有：推销效用法、愿景描绘法、联系提示法、多方证实法。

4. 促成顾客的购买行动

促成顾客的购买行动是指推销人员要不失时机地强化顾客的购买意识，培养顾客的购买意向，促使顾客最终产生购买行为。这一阶段是爱达模式的最后一个阶段，也是全部推销过程和所有推销努力的目标。推销人员在这一阶段必须抓住机会，坚定顾客购买的信心，促成顾客尽快做出购买决策。

在此阶段，推销人员应注意以下问题：一要准确观察成交信号，二要合理把握成交时机，三要尽量打消顾客疑虑，四要及时促成交易。如果暂时没有成交，推销人员也要分析顾客不能做出购买决策的原因，并针对这些原因做好说服工作，重申顾客购买产品将会得到的利益。

同步案例

提起直播带货，很多人脑海里蹦出的名字肯定有董姓主播。他不仅卖货，还教英语。更让人难以拒绝的是他的文案，很平常的东西被他一说，立马有了独特的价值，让人忍不住买买买。

表6-4是董姓主播在推销“有机野生蓝莓汁”时的文案与文案背后的推销解析。

表6-4　董姓主播在推销“有机野生蓝莓汁”时的文案与文案背后的推销解析

董姓主播“有机野生蓝莓汁”直播话术文案	解析
我前几天躲在家里不方便出门的时候一晚上就看完了，看完后觉得不够，睡起来再看第二遍，我热血澎湃，我现在就想去一次大兴安岭，我想去看一看那里的山林，我想感受那里的清泉，我甚至想去看一看苔藓长什么样子，我想摸一次驯鹿的角，我想跟那里的人有一次亲切的交谈…… 我想带你去品尝大兴安岭深处、清晨沾满晨露、表皮一层白霜的野生的蓝莓。	1. 引起注意，激发购买兴趣 运用排比手法，描绘了大兴安岭蓝莓的生长环境，激发购买兴趣。 产品细节描写，身临其境的真实感。
我想把一些好的东西都给你，譬如朝露，譬如晚霞，譬如大江大河，譬如6月21日达到北极圈的太阳。北极达到极昼，太阳终日不落，如我对你的爱一样坦坦荡荡。 所以我还做了非常详细的各种农残和药残的检测，所以大家可以放心地购买。	2. 打消顾虑，激起购买欲望 运用排比＋事实证明的方法，消除消费者对产品有农残和药残的疑虑，激起消费者购买欲望。
那天第一批我们自己吃的样品到了。我喝完一瓶，然后坐在中关村的出租屋里。屋里燥热，楼下吵闹，北四环的车流从来没有因为我的忧伤或者兴奋而停止过，楼下还时常在夜里打电话争吵。但那一刻我坐在中关村租住的小房间里，我的灵魂已飘向远方。 是的，遥远的北方，大兴安岭的原始森林里，沾着露水，月光下，人们起舞饮酒，畅谈驯鹿脖子上的铃铛，偶尔作响，萨满穿着精致的衣服，充满力量地起舞。那里的孩子自由而健康，右下角想要的自己去拍。	3. 设置场景，引导下单 场景化的描述，给粉丝营销一种喝了以后可以亲近大自然的美好感受，让用户产生共情，引导下单，促成交易。

问题：董姓主播采用了什么样的推销步骤？

案例解析：具体参考表6-4中的“解析”。

（三）爱达模式的适用情况

爱达模式从消费者心理活动的角度具体研究推销的不同阶段，不仅适用于店堂推销、柜台推销、会展推销，也适用于易携带的生活用品和办公用品的推销，还适用于新推销人员以及对陌生顾客的推销。

二、迪伯达模式

（一）迪伯达模式的含义

迪伯达模式（见图6-4）是海因兹·戈德曼根据自己的推销经验总结出来的推销模

式。“迪伯达”是六个英文单词（Definition，Identification，Proof，Acceptance，Desire，Action）的首字母组合——DIPADA 的音译。这六个英文单词分别代表迪伯达模式的六个推销步骤。与传统的爱达模式相比，迪伯达模式被认为是一种创造性的推销模式。该模式的要诀在于：先谈顾客的问题，后谈推销的产品，推销人员在推销过程中必须先准确地发现顾客的需要，然后把它们与自己的推销品联系起来。

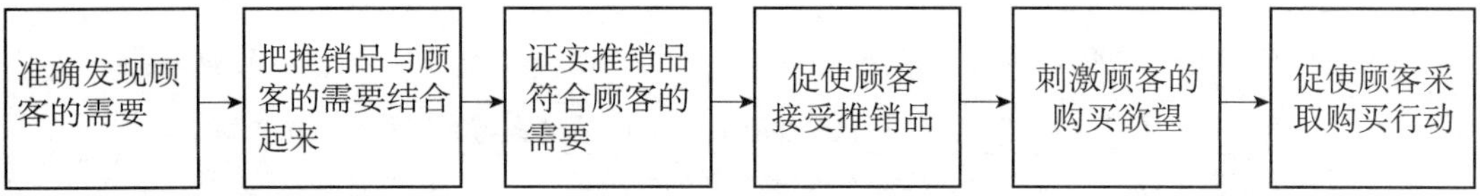

图 6-4　迪伯达模式

迪伯达模式比较适用于老顾客即熟悉顾客的推销、无形产品及开展无形交易的推销（如保险、技术服务、咨询服务、信息情报、劳务市场等）、客户属于有组织购买及单位购买者的推销。

（二）迪伯达模式的具体做法

1. 准确发现顾客的需要

真正的推销是将满足顾客的需要作为推销活动的出发点。但顾客的需要有的是明显的、可言说的，有的则是隐蔽的、不可言明的。因此，推销人员必须认真推敲、揣摩、分析，从而准确地发现顾客的需要。这是有效说服顾客的基础和保证，是使推销走向成功的根本所在。

2. 把推销品与顾客的需要结合起来

当推销人员简单、准确地总结出顾客的需要之后，便进入第二个阶段：把推销品与顾客的需要结合起来。这是一个由探讨需要向开展实质性推销转移的过程。推销人员在推销活动中，要主动提示产品的利益，使产品的内在功效外显，让顾客感觉到产品是符合自己需要的，是令人满意的。

3. 证实推销品符合顾客的需要

推销人员在向顾客介绍、展示、说明自己的推销品时，要证明推销品刚好符合顾客的需要，能满足顾客的购买愿望，并采用各种方法对推销内容进行证实，以增加顾客的信任感，减少顾客的担忧。

证实，意味着推销人员必须向顾客提供有说服力的证据，借以证明自己的推销言之有理、言之有据。证据主要包括：人证——如专家、领导、明星等权威人士或社会知名人士的论证；物证——如权威机构的检测报告、获奖证书、报纸杂志的报道等；例证——曾经购买推销品取得效益的单位或个人的典型案例等。

4. 促使顾客接受推销品

推销人员通过各种证据虽然证实了推销品符合顾客的需要，但这并不意味着顾客已经接受了推销品。推销人员仍须利用诱导、总结、提问、示范、试用等方法与技巧，促使顾客接受推销品。

5. 刺激顾客的购买欲望

推销过程中，仅仅将顾客的需要和推销品联系起来是远远不够的。当顾客接受推销品之后，推销人员应及时激起顾客的购买欲望，利用各种诱因和刺激使顾客对推销品产生强烈的需求，为顾客采取购买行动打下基础。

6. 促使顾客采取购买行动

促使顾客采取购买行动是迪伯达模式的最后一个步骤，通常是指在顾客有了购买意向时，推销人员要善于捕捉成交信号，敢于表达成交诉求，灵活运用各种成交技巧，促使顾客现场购买。

（三）迪伯达模式的适用情况

与传统的爱达模式相比，迪伯达模式的特点是紧紧抓住了顾客的需要这个关键性因素，使推销工作更能有的放矢。因此，这一模式也被人们认为是一种创造性的推销，是以需求为核心的现代推销学在实践中的应用。迪伯达模式主要适用于向批发商、厂商、零售商或熟悉的客户推销各种工业品、无形产品等。如果在拜访客户时，对方主动询问某一产品，想要了解相关情况，推销人员也可以使用迪伯达模式展开推销。

三、埃德帕模式

（一）埃德帕模式的含义

埃德帕模式（见图 6－5）是迪伯达模式的简化形式，它适用于有着明确的购买愿望和购买目标的顾客。“埃德帕”是五个英文字母——IDEPA ——的音译。这五个英文字母分别为五个英文单词的首字母。I 为 Identification 的缩写，意为把推销品与顾客的需要结合起来；D 为 Demonstration 的缩写，意为向顾客示范合适的产品；E 为 Elimination 的缩写，意为淘汰不合适的产品；P 为 Proof 的缩写，意为证实顾客选择的正确性；A 为 Acceptance 的缩写，意为顾客接受推销品并做出购买决定。

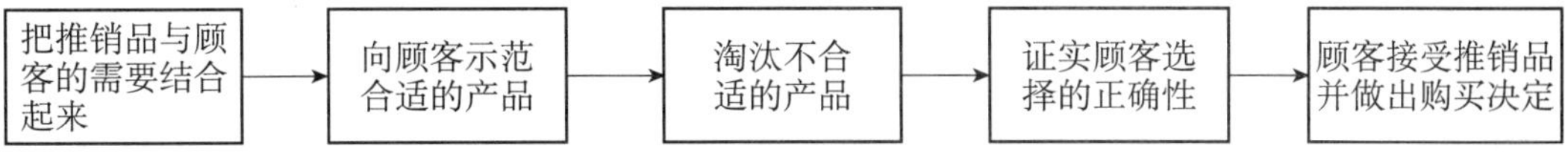

图 6－5　埃德帕模式

（二）埃德帕模式的具体做法

1. 把推销品与顾客的需要结合起来

主动上门购买的顾客都是带有明确的需求而来的，因此推销人员在热情接待顾客的同时，应了解顾客的实际需要，尽量提供可供顾客选择的推销品，注意揣摩顾客的心理，把推销品与顾客的需要结合起来。

2. 向顾客示范合适的产品

在确认顾客的需要后，推销人员一般都应根据其具体需要，进行产品的介绍、说明和示范。如果顾客的要求单一，只要某种型号的产品就能满足其需要的话，推销人员有的放矢地进行有针对性的介绍即可；如果顾客是拿着进货清单，那么推销人员对清单上所列的产品都应加以示范；如果顾客的需要不确定，推销人员应以顾客参谋的身份，提出供顾客参考的意见，并尽可能地扩大交易量。推销人员越早示范产品，成功的可能性就越大。

3. 淘汰不合适的产品

不合适的产品就是不能满足顾客需要的产品。推销人员应在众多产品中，把不合适的产品，即与顾客需要标准距离较大的产品剔除，使顾客尽量买到称心如意的产品。

4. 证实顾客选择的正确性

上门顾客一般都有自己的主见，经过推销人员的介绍和筛选，顾客会有一个大概的购货选择。如果是中间商，他们会对产品的盈利性十分关心；如果是一般顾客，他们会对产品的质量、款式、功能比较关心，此时采用实例进行证实就显得非常重要。这里的证实与迪伯达模式中的证实大致一样，不同点在于迪伯达模式中的证实是对推销人员自己的介绍说明进行证实，而这里主要是要证实顾客的选择是正确的。

5. 顾客接受推销品并做出购买决定

推销人员应针对顾客的具体特点和需要进行促销工作，并提供优惠的条件，以促使顾客购买推销品。因此，这个阶段包含所有为促进交易而展开的推销活动，诸如折扣的提供、合同的签订、交货期的确定、运输的安排和其他售后服务的提供等。

（三）埃德帕模式的适用情况

埃德帕模式适用于对有着明显购买愿望和购买目标的顾客展开的推销，尤其适用于向零售商推销。零售商接待的顾客大多数是自己主动到商店来购买的顾客。一般来说，这些顾客或多或少都知道自己需要购买哪些产品。

四、费比模式

（一）费比模式的含义

费比模式（见图 6－6）是由郭昆漠总结并推荐的一种推销模式。FABE 是 Feature、Advantage、Benefit、Evidence 四个英文单词的首字母组合，中文音译为“费比”，又称 FABE 法则。它是推销人员向顾客分析产品优点和利益的好方法。

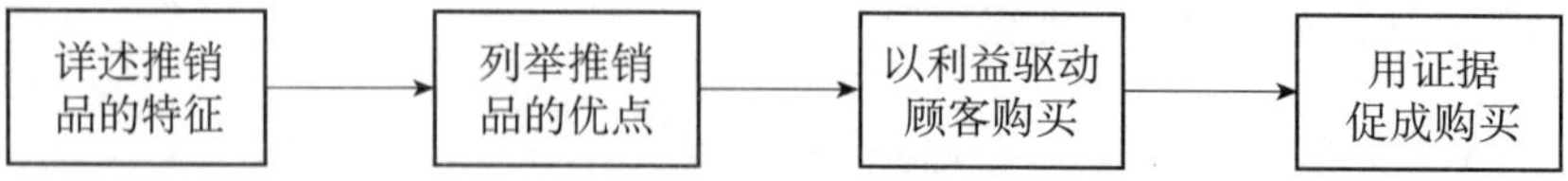

图 6－6 费比模式

（二）费比模式的具体做法

1. 详述推销品的特征

该模式要求推销人员以准确的语言向顾客介绍产品特征，包括产品的性能、构造、作用、使用的简易及方便程度、耐久性、经济性、外观优点及价格等。如果上述内容多而难记，推销人员可借助宣传资料和卡片，并在向顾客介绍时将其交给顾客。

2. 列举推销品的优点

这一步骤要求推销人员根据推销品的实际优点，充分说明其在质量、功能、性价比和服务等方面的超群和领先之处，用针对性、目的性很强的解说展示产品的优势。特别要注意的是，所分析的优点要与前面介绍的特征相结合，不要脱离特征来谈优点。

3. 以利益驱动顾客购买

推销人员应在了解顾客需求的基础上，尽量多地列举产品能给顾客带来的利益，获得“顾客认知价值”的最大化。从产品的外在利益到内在利益，从实体利益到附加利益，从给顾客带来的经济利益到社会利益、情感利益，都应一一列举出来。对顾客特别关注的方面，推销人员要多讲解、多举例，以充分激发顾客的购买欲望。

4. 用证据促成购买

推销人员应以真实的数字、案例、实物等作为证据促成顾客购买。让证据说话是说服力强、效果好、事半功倍的做法，有助于消除顾客的疑虑，让顾客信任推销人员并做出购买决策。

知识小贴士：FABE 法则应用

五、吉姆模式

（一）吉姆模式的含义

吉姆模式（见图 6－7）旨在帮助推销人员培养自信心、提高说服力。“吉姆”是三个英文字母——GEM——的音译。这三个英文字母分别是三个英文单词的首字母。吉姆模式的关键是“相信”，即推销人员一定要相信自己的推销品（Goods），相信自己所代表的企业（Enterprise），相信自己（Man）。

图 6－7　吉姆模式

（二）吉姆模式的具体做法

1. 相信推销品

推销人员应对推销品有全面、深刻的了解，同时要把推销品与竞品相比较，看到推销品的长处，对其充满信心，因为推销人员对产品的信心会感染顾客。

2. 相信企业

推销人员要相信自己的企业和产品。企业和产品的信誉是推销的基础，而信誉是推销人员与企业其他员工共同创造的。企业和产品的良好信誉，能增强推销人员的自信心和激发顾客的购买动机。

3. 相信自己

推销人员要有自信，并正确认识推销职业的重要性和自己的工作的意义，以及未来的发展前景，从而充满信心。这是推销成功的基础。

总之，推销人员在推销过程中只有深入研究顾客对推销的心理认识过程，同时十分注重自己的态度与表现，才能成功地进行推销。

课堂讨论

(1) 顾客购买的心理活动可分为哪几个阶段？各包括哪些内容？

(2) 顾客的思维和情感过程对购买有什么样的影响？

(3) 几种推销模式中你最认同哪一种？为什么？

(4) 联系实际谈谈如何才能成为一名解决问题型推销人员。

要求：教师不直接提供上述问题的答案，而是先引导学生结合本部分内容进行独立思考、自由发表见解，再组织课堂讨论，最后对学生提出的典型见解进行点评。

任务三 学会自我推销

一、自我推销概述

每个人都在不断地推销自己。无论你是谁，每当你遇见某人、向别人解释、与人通电话或是提出自己的观点时，你就是在推销你所拥有的最宝贵的财富——自己。要想赢得社会的肯定，就离不开自我推销，人人都是自己的推销员。

（一）自我推销的含义

自我推销就是个体将自己独特的人格、形象、观念、知识与才能推销给“顾客”的过程，也是通过自身的努力获得他人的肯定、尊重、信任和接受的过程。不论你是谁、有多么博学，如果不会推销自己，你就很难成功。你必须学会推销自己的服务、推销自己的知识、推销自己的人格魅力。总之，人要学会推销自己。

（二）自我推销的重要性

世界上到处都存在才华横溢、学富五车、能力超群的“失败者”。是命运的不公还是自身的不足？千里马常有，而伯乐不常有。有才能的人更要做自己的伯乐，学会推销自己。

1. 自我推销有利于个人职业发展

在竞争日益激烈的现代社会，越来越多的人顶着沉重的工作压力。有才华的人如果不能在人才济济的职场中脱颖而出，不能在客户面前谈吐自如，不能在社会交往中吸引别人的眼球，就会使自己的才能被埋没。只有懂得推销自己的人，才能在工作和生活中如鱼得水。

2. 自我推销是建立人际交往的首要步骤

在传统的观念里，人们只注重知识的培养，却不懂得表现自我。人际关系的深入发展，既受个人品质方面吸引力的影响，又受个人特征的影响。善于推销自己的人会适当地展现自己的人格魅力，能引起更多人的注意，从而建立广阔的人际关系。

3. 自我推销可以得到更多的机会

人生处处皆推销。求职面试需要自我推销，竞聘加薪需要自我推销，销售商品需要自我推销……只有擅长自我推销的人，才能获得成长、成功和更多的人生机会，并实现自己想要达到的目标。

（三）了解自己

一个人要敢于并善于正确评价自己，给自己一个公正客观的评价，冷静地分析自己的优缺点，以便更好地推销自己。

1. 兴趣

自己有什么兴趣爱好？喜欢音乐吗？喜欢体育活动吗？参加过哪些社团活动？有证明吗？

2. 能力

自己擅长做什么？最近做过哪些能施展才能的工作？取得了什么成就？获得了什么证书？

3. 受教育程度

拥有怎样的学历？参加过哪些职业培训？有没有获得相关的证书？

4. 经验

到目前为止做过什么工作？写下自己在每项工作中的职责和义务以及取得的成绩。

5. 性格特点

列出自己的性格特点，包括好的和不好的。如果做过性格测试，最好将测试结果与将应聘的职业和岗位要求对照一下。

二、推销人员的自我推销

同步案例

2023 年 7 月，社交平台上一个“傻小子”导游因为游客的一条表扬视频火了。仅仅 5 天的时间，他的粉丝直接从 600 多涨到了 300 多万，火遍全网。

事情是这样的，7 月初，一位博主的抖音视频登上了热榜第一。视频里，他用游客视角，称赞了接待他们一家结束完美新疆之行的导游小祁。这位导游小哥的各种行为，打破了我们对导游的刻板印象。

当别的导游带游客消费时，他却拼命劝游客不要买价格不够实惠的纪念品。当你以为他会带你去贵的饭店吃回扣时，他偏偏带你到本地小店吃100多元一大盘的大盘鸡。当别的导游可能因为游客的要求而不耐烦时，他却做得像保姆那般细致周到。一路上，他给游客照顾孩子、准备安全座椅、搬行李、买雪糕买干果买水果，不仅将15天的线路安排得井井有条，一点儿冤枉路都没走，还能避开人群，找到人少安静的地方帮他们拍照，甚至还能细心地给游客订了能看到天山风景的机票座位……总之你能想到以及想不到的细节工作，他都承包了。

7月1日当天，在抖音咨询新疆旅游的评论有近百万条，想报名参团的游客有一万多人。小祁和所在公司的团期已经被游客预订一空，一直排到了10月。

问题：请分析小祁成功的原因。

案例解析：真诚果然是永远的必杀技。一个人如果连自己都不认识，又如何让别人去接受你？别人如果不能接受你，又如何能接受你的产品？因此，推销人员首先要正确认识自己、推销自己。一旦顾客接受了你，产品只不过是伴随你进入他们生活的一件附加品而已，推销自然也会变得简单起来。

某位人际关系学家说过："我们大多数的时候是重复在做同一件事，就是推销自己让别人或社会接受，从这个意义上来说，人生就是一场推销。"在推销过程中，推销人员不仅要注重自身形象，给顾客留下良好的第一印象，还要注意谈话技巧，成功推销商品。

（一）推销自己的形象

没有卖不出去的商品，只有卖不出去商品的推销人员。推销人员要把商品卖给顾客，除了要掌握必要的推销技巧，熟知市场知识、产品知识、消费者知识外，更要做到成功推销自己——让顾客在购买商品前首先接纳自己。

心理学家研究发现，人们的看法常受首因效应、晕轮效应、定型效应的影响。良好的第一印象会使对方心怀好感且久久难忘；反之，坏的印象则很难改变。

（二）推销自己的人品

推销人员的人品也直接决定了顾客的看法，会使顾客产生不同的心理反应，从而潜在地影响交易的成败。好的人品必须合乎社会的道德规范和价值观念。推销人员向客户推销自己的人品，就要表现出良好的品德：热情、自信、主动、诚信、爱心、勇气、责任、忠诚、坚持、同情心、谦虚、尊老爱幼等。其中，诚信是赢得客户好感的最好办法。所有的客户都希望自己的购买决策是正确的，希望从交易中得到好处，害怕蒙受损失。如果客户察觉到推销人员有不诚信的行为，就会产生戒心，出于对自己利益的保护，可能会终止交易。

热点关注：必备心理学基础知识——世界十大著名心理学效应

三、企业的自我推销

在当今这个充满竞争的社会里，企业的自我推销尤其重要。企业形象是企业自我推销的重要内容。企业形象的建立重点在于企业文化的建设与传播。只有建设好企业形象，才能在消费者心中树立口碑并产生良好的印象。企业形象是指社会公众与企业内部公众对企业的整体印象和评价。企业形象是由丰富的内容和多样的形式构成的完整印象，它可以分解为企业的精神风貌、企业的视觉形象、企业的质量文化和企业的服务文化。

（一）企业的精神风貌

企业的文化就是企业的灵魂，而企业的形象也是企业自我推销的基础。任何一个企业，在推销过程中，都必须不断积累人气，满足消费者的心理需求和物质需求。因此，企业必须为自己营造一个良好的发展环境，这样不仅可以在员工中构成一股强大的凝聚力，还能提高员工的主动性，员工的素养和职业道德也能得到相应的提高。企业文化作为一种企业风貌随时随地影响着员工，使得员工与其他社区群体在交流的时候能够更好地交流，并给对方留下好的印象。

（二）企业的视觉形象

企业的视觉形象是最直观、最直接的外在表现形式之一，是影响消费者购买欲望的关键因素。企业的视觉形象主要表现在包装、商标和广告上。各种用于宣传的标语、文字、影像、图片材料，以及员工衣服、生产环境等，都是企业视觉形象的表现形式。消费者对这些外在表现形式的感受力正是他们的消费欲望，也是他们认识企业和产品的最直接、最重要的途径之一。因此，企业视觉形象会直接影响消费者的消费能力。

（三）企业的质量文化

对产品是否信任是影响消费者购买欲望的直接因素。因此，企业要从产品的质量出发，加强质量管理。企业只有具备良好的生产条件和严格的质量管理，才能保证产品的质量。企业要建立完善的质量保证管理体系和违规行为惩罚体系，健全企业的质量文化。而这种质量文化的建立正好能促进企业产品质量的提升，这也会成为消费者在购买一些产品时的评判标准，从而全面有效地刺激消费者消费，提高营销效率。

（四）企业的服务文化

科技的发展让产品之间的质量差异变得越来越小，而服务质量则成为企业质量竞争的关键，当人们发现质量的竞争已经减弱时，就会慢慢地对服务方面提出不同的要求。完善的营销服务和售后服务都能吸引消费者前来购物，这会在很大程度上影响消费者的购买欲望。

崇德修身

中行北京分行积极开展跨境人民币宣传推广

在2023年中国国际服务贸易交易会上，中国银行北京市分行精心安排多种形式宣传推介企业跨境人民币结算产品，为推动人民币国际化发声。

跨境人民币结算经过十余年发展，人民币的支付、投融资、储备和计价等国际货币功能全面增强，人民币国际化进入有序发展新阶段。作为全球化程度最高的中资银行之一，中国银行境外分支机构已覆盖 64 个国家和地区，集团 2022 年跨境人民币结算量超过 30 万亿元，跨境人民币清算量超过 740 万亿元。

2023 年，中国银行作为银行业独家全球合作伙伴连续第三年深度参与支持服贸会。中国银行将人民币国际化解读和跨境人民币结算产品推介与参展布展、跨境撮合对接、现场会议活动及成果发布等环节有机结合，向企业和社会公众全面展示跨境人民币系列服务方案和服务成果，使“跨境人民币，结算更便利”口号更加深入人心。

中国已将超过一半的跨境结算以人民币转移，并将美元交易量降至创纪录水平。

问题：为什么越来越多的国家愿意用人民币进行国际结算？

提示：中国向世界展示了政治清明、经济发展、文化繁荣、社会稳定、人民团结、山河秀美的东方大国形象，坚持和平发展、促进共同发展、维护国际公平正义、为人类作出贡献的负责任大国形象，对外更加开放、更加具有亲和力、充满希望、充满活力的社会主义大国形象。这种良好的形象赢得了贸易伙伴们的信任。

知识测试

一、单项选择题

1. 推销是企业在特定的市场环境中为特定的商品寻找买主的商业活动，必须先确定谁是需要特定商品的潜在顾客，然后有针对性地向顾客推荐，体现的是推销的（　　）特点。

A. 双向性　　B. 互利性　　C. 特定性　　D. 灵活性

2. 下列不属于吉姆模式具体做法的是（　　）。

A. 相信推销品　　B. 相信企业　　C. 相信自己　　D. 相信客户

二、多项选择题

1. 下列属于推销功能的有（　　）。

A. 销售商品　　B. 传递商品信息　　C. 提供服务　　D. 反馈市场信息

2. 自我推销就是个体将自己独特的（　　）推销给“顾客”的过程。

A. 人格　　B. 形象　　C. 观念　　D. 知识与才能

三、判断题

1. 事不关己型推销人员既不关心客户的需求是否能够得到满足，也不关心自己的推销任务。（　　）

2. 无论用什么样的推销模式，推销人员的个人形象都是至关重要的。（　　）

3. 推销与营销相同。（　　）

四、简答题

1. 推销的特点有哪些？

2. 迪伯达模式适用的情况有哪些？在现实生活中有哪些运用？

3. 推销自己形象的要素有哪些？

五、论述题

结合实际，分析五种推销模式中任何一种的使用过程。

项目实训

实训背景：

根据本项目情境导入《搞不定的客户》所提供的资料，以小组为单位，每组设计一个不同身份背景的虚拟客户并提供客户资料（多维背景，资料详细）。两个小组合作，根据客户资料结合推销模式设计推销话术，分角色扮演进行模拟推销。

实训目标：

根据情境设计，通过角色扮演，合理运用推销人员方格理论与顾客方格理论，在不同的推销模式下，完成推销工作。

实训内容：

1. 结合情境资料，设计符合逻辑的人物特点以及背景资料，抓住客户的痛点；
2. 对客户资料进行分析，洞察人物真实需求；
3. 熟练运用推销模式，在真诚的前提下设计打动人心的话术；
4. 展现良好的职业素养和推销礼仪；
5. 把握推销节奏，根据推销流程、交易条件、对方的语言表情行为等信号发现成交意愿，达成交易；
6. 全面总结复盘，提升专业素养。

实训步骤：

1. 将全班学生分成若干小组，学生可以自由组合，每组 2～4 人，每组选出一名负责人作为组长；
2. 根据任务，每组结合实际需求或周边人的需求，设计一位客户，提供详细资料，该客户的需求设计要符合逻辑，如年龄、性别、家庭成员、对新能源汽车的需求等；
3. 提交客户资料给教师，教师进行把关筛选，通过后小组进行两两合作，交换客户资料；
4. 各组根据客户特点和需求，结合推销模式，设计合情合理的话术；
5. 各组进行模拟推销展示，推销过程要从接待开始，直至成交，要正确运用话术和推销礼仪；
6. 模拟结束，进行组内互评和组间互评，教师进行点评与总结；
7. 各组进行小结讨论，完成实训总结；
8. 教师在“学习通”平台上展示班级优秀实训成果及相关资料。

实训成果：

1.《×××客户背景设计》

2.《×××客户推销模式及推销话术设计》

3.《×××客户推销实训总结》

注意事项：

1. 客户背景设计要符合真实情况，具体可行；
2. 推销模式选择及推销话术设计要体现专业性和务实性；
3. 具备基本的推销人员的礼仪和专业素养。

任务评价

<table>
<tr><th rowspan="2">评价方式</th><th colspan="2" rowspan="2">评价内容</th><th rowspan="2">分值</th><th colspan="2">评价人</th></tr>
<tr><th>个人</th><th>教师</th></tr>
<tr><td rowspan="9">自我评价
与教师评价
（75%）</td><td rowspan="5">技能点</td><td>能撰写合理的客户背景（多维、真实、符合逻辑）</td><td>10</td><td></td><td></td></tr>
<tr><td>能模拟推销人员方格理论中不同类型的推销人员</td><td>10</td><td></td><td></td></tr>
<tr><td>能拟定真诚且符合推销模式的话术</td><td>10</td><td></td><td></td></tr>
<tr><td>能灵活选用推销模式</td><td>15</td><td></td><td></td></tr>
<tr><td>能完整有序地模拟推销过程，复盘不足之处及撰写提升解决方案</td><td>15</td><td></td><td></td></tr>
<tr><td rowspan="3">素质点</td><td>客户设定的逻辑性和推销策略的创新意识</td><td>5</td><td></td><td></td></tr>
<tr><td>求真务实、认真严谨的工作态度</td><td>5</td><td></td><td></td></tr>
<tr><td>良好的礼仪素养</td><td>5</td><td></td><td></td></tr>
<tr><td colspan="2">合计（$\sum$ 个人分值 * 20%＋ $\sum$ 教师分值 * 80%）</td><td>75</td><td colspan="2"></td></tr>
<tr><td rowspan="5">组间互评
（25%）</td><td colspan="2">实训任务前期准备情况及任务整体完成质量</td><td>7</td><td colspan="2"></td></tr>
<tr><td colspan="2">小组每个成员任务的参与度与投入度</td><td>6</td><td colspan="2"></td></tr>
<tr><td colspan="2">小组成员之间的配合度及团队精神</td><td>6</td><td colspan="2"></td></tr>
<tr><td colspan="2">实训情境仿真性</td><td>6</td><td colspan="2"></td></tr>
<tr><td colspan="2">合计</td><td>25</td><td colspan="2"></td></tr>
<tr><td>综合评价</td><td colspan="2">自我评价（15%）＋教师评价（60%）＋小组互评（25%）</td><td>100</td><td colspan="2"></td></tr>
</table>

项目七　推销准备

学习目标

知识目标：掌握推销环境的内容，理解推销计划的内容，遵循推销职责，了解着装原则。

技能目标：能够熟练进行推销前的准备工作，根据推销环境进行资料的收集、整理和分析；能够完善分析结果并撰写详尽的推销环境分析报告。

素质目标：热爱推销工作，具有分析推销环境的灵活思维和客观意识；具备求真务实、认真严谨的工作态度和良好的服务意识、礼仪素养。

思维导图

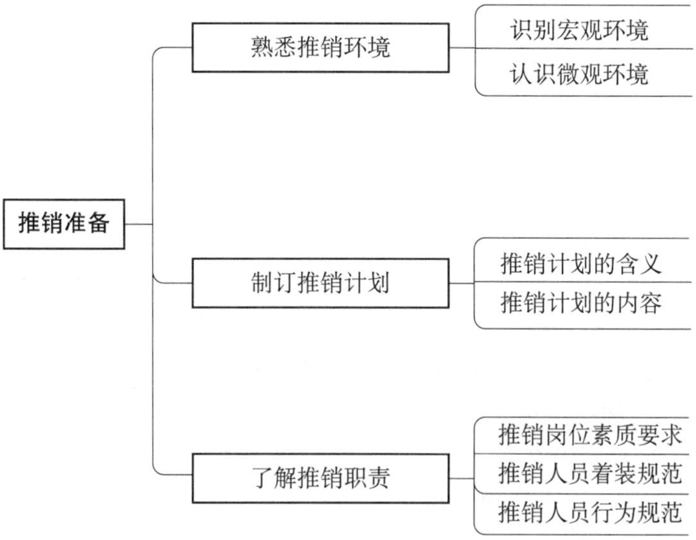

情境导入

许昌假发进入非洲市场

假发，在非洲是一种时尚。

黑人天生的头发又卷又蓬，而且还容易打结，不好打理。这导致许多黑人女性有两种发型：一种是常见的“爆炸头”，叫 kinky hair；另一种是极其细密的小辫子，叫 braids。

这两种发型打理起来都耗时费力，于是，方便又多变的假发套就成了一种潮流。根据调查，生活质量较高的黑人女性，平均每人会有6～7顶假发。甚至在黑人的社交圈中，假发已经成为一种隐形财富的证明。

河南许昌的假发以其优秀的质量征服了世界，如今在世界假发市场上拥有绝对的话语权。随着我国“一带一路”倡议的提出以及政策的推进，现在许昌的假发制品行业已经形成了产业带，出口的假发数量占到世界假发市场的70%，遍布120多个国家和地区，有30多万的从业人员，发展出3 000多个产品种类。在跨境电商平台上，平均每2秒钟就有一顶许昌发制品交易成功。全球每10顶假发中，有6顶来自许昌。许昌一家名为瑞贝卡的公司在进行环境调研后，在尼日利亚、加纳和柬埔寨设立了工厂，实现了全球化生产，已成为欧洲和非洲假发市场的主流品牌之一。

请问： 许昌假发在非洲市场乃至全球假发市场成功的原因是什么？

启示： 推销活动必须重视对推销环境的分析和研究，并根据推销环境的变化调整产品设计，制定有效的推销策略，扬长避短，适应变化，抓住机会，从而实现推销目标。

任务一 熟悉推销环境

微课： 推销准备

曾经有人问过700名最佳推销人员：“你同客户见面时，特别注意的是什么？”79%的人说：“先搜集好情报和有关知识。”这充分说明了准备工作的重要性。可以这样说，推销成功的概率与准备的程度成正比。一般来说，推销准备工作主要包括以下几个方面：了解推销环境、准备推销产品、熟悉公司情况、分析客户状况、制订推销计划。

环境是指以人类生存和活动为中心的周围及其相关的事物境况，包括自然环境和社会环境。推销环境也称商品销售环境，是指与企业推销活动相关的所有外部力量和相关因素的集合。任何推销活动都处于一定的推销环境之中。为了提高推销工作的成功率，避免或减少推销风险，推销人员不仅要了解推销环境，而且要分析和研究推销环境，使推销活动适应推销环境，从而使得推销成功。

影响企业推销活动的环境因素有两种：一种是宏观环境，另一种是微观环境。宏观环境是通过直接环境的相关因素作用于企业的社会力量，对企业产生影响，也称间接环境。微观环境是直接影响与制约企业推销活动的环境因素，也称直接环境或作业环境。

推销环境中的各个因素都会影响消费者的购买行为，进而影响企业的推销活动。

一、识别宏观环境

企业宏观推销环境是指那些直接或间接作用于企业微观推销环境，并由此产生的市场机会或足以影响社会的力量，它主要包括人口环境、经济环境、社会文化环境、科学技术环境、自然环境、政治法律环境六大因素。这六大因素体现为比较庞大的社会力量，是企业难以控制的因素，其变化速度远远快于微观环境的变化速度。

（一）人口环境

人，即产品的生产者、劳务的提供者，也是产品和劳务的消费者。现代市场营销学认为，市场是有购买意愿和购买能力的人群的集合，这种集合越大，市场的规模就越大。人口环境要素包括人口总量、人口结构、人口迁移、人口增长等细分要素。一方面，世界人口数量的增长意味着社会对产品和劳务的需求量有不断增加的趋势；另一方面，人口结构等细分要素的变化会对市场格局产生深刻影响，并直接影响企业的推销策略和推销活动的内容和形式。此外，随着人们需求的个性化特征的日益明显，由此派生出来的细分市场呈现多元化、可变性的特点，这在一定程度上使推销人员面临更大的困难和挑战。

推销人员必须重视对人口环境的研究，密切注视人口特性及其发展动向，针对不同的人口环境，及时果断地调整推销策略。

课堂讨论☞

印度目前有14亿多人口，在印度，采取什么样的推销形式更贴合实际需求，更加有效率？在一线城市人口密集的地方，和在人口密度相对较低的城镇地区进行电视机的推销，方法有什么不同？

要求：教师不直接提供上述问题的答案，而是先引导学生结合本部分内容进行独立思考、自由发表见解，再组织课堂讨论，最后对学生提出的典型见解进行点评。

（二）经济环境

经济环境是指企业推销人员在推销过程中所面临的社会整体经济状况。社会经济发展状况及其运行态势会直接或间接地对企业的推销活动产生影响。具体说来，影响推销的经济环境因素包括以下三个方面。一是消费者收入水平的变化。消费者的收入水平直接决定了消费者的购买能力和消费结构。二是居民储蓄和信贷状况的变化。消费者储蓄和信贷状况是影响消费者现时购买力和潜在购买力的重要因素之一。三是消费者支出模式和消费结构的变化。

除了这些直接影响企业推销活动的经济环境因素外，还有一些经济环境因素也会或多或少地对企业的营销产生影响，如该地区的经济发展水平、经济体制、地区与行业发展状况和城市化程度。

课堂讨论☞

非洲市场的假发需求和欧美市场的假发需求一样吗？区别在哪里？

要求：教师不直接提供上述问题的答案，而是先引导学生结合本部分内容进行独立思考、自由发表见解，再组织课堂讨论，最后对学生提出的典型见解进行点评。

（三）社会文化环境

社会文化是人类在长期的社会生产和生活中形成的，包括独特的生活方式、行为规范、价值观念、对事物的态度和看法、审美观以及世代相传下来的风俗习惯、语言文字等。每个人都生活在一定的社会文化环境中。在不同的社会文化环境下，消费者的需求和行为会有很大的差异。推销人员应做到入“境”随俗，采取不同的推销策略。不同国家、不同地区有不同的自然条件、生产力水平、价值观念和文化习俗，推销人员在一个地方洽谈生意时，必须事先了解该地区的风俗习惯、商业习惯和历史文化传统，避免造成双方误会，影响成交。

课堂互动

查找某国外地区的婚礼习俗，与国内某地区的婚礼习俗进行对比，并分析不同习俗背景对推销活动的影响。

要求：学生分组查询国外婚俗习惯及国内婚俗习惯，结合本部分内容进行独立思考、自由发表见解，通过辩论的形式分析不同国家或地区婚俗情形下推销活动的异同，教师对学生提出的典型见解进行点评，给出总结性观点。

（四）科学技术环境

科学技术是第一生产力，它对推销活动的影响主要体现在以下两个方面。第一，新技术革命有利于改善企业的经营管理模式，提高推销效益。目前，信息技术促成互联网的形成，并加速了全球市场一体化的进程，使得企业的推销领域无限扩大，继而使推销方式也发生了很大的变化。第二，新技术革命会影响零售商业结构和人们的购买习惯、购买行为。随着科学技术的发展，新型商业机构不断涌现，如网上订购、电话订购、自动售货机、特级市场、现代化的购物中心。这些新型零售机构的兴起与发展，大大方便了客户的购买。同时，新技术革命对消费者的购买习惯和购买行为也产生了积极的影响。随着手机、网络的普及，大量新型购物方式出现了。科学技术的发展，一方面为客户提供了大量不同类型、不同档次的商品；另一方面刺激了客户个性化消费的欲望，使他们不再满足于消费大众化商品，而是渴求消费能体现自身个性的商品。推销人员应了解这些变化，并采取相应的对策。

课堂讨论

疫情推动了科技的发展。在疫情期间，推销人员是如何拜访客户的？和传统的方式相比，疫情期间的拜访方式的优缺点体现在哪里？

要求：教师不直接提供上述问题的答案，而是先引导学生结合本部分内容进行独立思考、自由发表见解，再组织课堂讨论，最后对学生提出的典型见解进行点评。

（五）自然环境

自然环境的内容包括两部分。一是自然地理状况，如阳光、雨水、地形、地貌、气候、温度等。这些因素决定了处于不同地理位置、不同经纬度地区的居民会有不同的商品需求，因此，推销商品必须因地制宜。二是自然资源状况，如国土资源、水资源、矿产资源、植物资源、动物资源等。自然资源受自然地理条件的限制，在不同国家和地区存在明显的资源差异。某些自然资源短缺或即将短缺，既可能给一些产业或行业带来机会，也可能造成威胁，势必影响某种或某类商品的销售，如一些资源的代用品、节能设备将具有良好的销售前景。

推销人员要尽量避免自然地理环境带来的威胁，最大限度地利用环境变化可能带来的机会，不断地分析和认识自然地理环境变化的趋势，根据不同的环境情况销售商品。

课堂讨论

疫情对企业的推销有何影响?

要求：教师不直接提供上述问题的答案，而是先引导学生结合本部分内容进行独立思考、自由发表见解，再组织课堂讨论，最后对学生提出的典型见解进行点评。

（六）政治法律环境

政治法律环境是指对企业经营活动具有现存和潜在的作用与影响的政治力量，也包括对企业经营活动加以限制和要求的法律和法规等。政治法律环境对推销活动的影响主要体现在以下几个方面。第一，政治局势的变化。政局稳定，推销活动就能正常开展。在国际市场商品销售中，一个国家政治局势的变化，会刺激或抑制某种商品的推销。第二，政治、经济体制的变化。在不同的政治、经济体制下，商品流通的调节方式、管理方法、决策体系各不相同，这必然会影响推销活动。随着我国由计划经济体制向市场经济体制的转变，推销工作也必须转变观念，以市场需求为出发点，一切为客户着想、为客户服务，只有这样才能获得长期的推销效益。第三，各种法律、法规、方针、政策的连续性和稳定性。市场经济是法治经济。各种法律及法规的制定、颁布和实施，特别是有关经济方面的立法，规范和制约着企业的活动，推销商品必须依法行事。政府的方针、政策是随着政治经济形势的变化而变化的，具有较强的时效性，对商品推销活动产生各种直接或间接的影响，尤其是财政、金融、税收、价格、等各项政策，对商品推销具有更加显著的直接作用。

课堂讨论

战争对哪些行业具有重要影响?

要求：教师不直接提供上述问题的答案，而是先引导学生结合本部分内容进行独立思考并发言，再对学生提出的典型见解进行点评。

二、认识微观环境

企业微观推销环境是指对企业的产品及其目标市场构成影响的各种力量，包括企业内部条件、供应商、购买者、竞争者和社会公众，是企业可以通过自身的行为去影响或部分控制的直接环境。因此，在制订销售计划时，企业的能动性对直接环境具有较大的影响。

（一）企业内部条件

企业进行推销决策，制订推销计划，开展推销活动，无一不以企业的内部环境条件为基础，无一不与企业内部各方面的工作保持着直接的联系。企业的内部环境条件，涉及人员条件、技术条件、生产条件、资源条件、管理条件、企业文化等。这些内部环境条件共同决定了企业的综合素质，形成了企业的发展能力。由此可以看到，推销工作主要是企业市场营销部门的职责，但推销工作的成败从根本上取决于企业的综合素质和整体工作状况。

热点关注：华为供应链

（二）供应商

供应商是影响企业微观推销环境的重要因素之一。供应商是指向企业及其竞争者提供生产产品所需资源的企业或个人。供应商所提供的资源主要包括原材料、设备、能源、劳务、资金等。供应商对企业推销活动的影响主要表现在以下几方面：

1. 供货的稳定性与及时性

原材料、零部件、能源及设备等货源的保证，是企业营销活动顺利进行的前提。供应量不足或短缺，都会导致企业无法按期完成交货任务。而这在某种程度上也会间接影响推销活动的顺利进行。

2. 供货的价格变动

毫无疑问，供货的价格直接影响企业的成本。如果供应商提高原材料价格，生产企业亦将被迫提高其产品价格，由此可能影响推销人员的销售量和企业的利润。

3. 供货的质量水平

供应货物的质量直接影响企业产品的质量。企业产品的质量状况会直接影响推销人员推销产品时表现出来的态度。推销人员对自己所推销的产品是否具有足够的信心和热情，将直接影响客户对产品的态度。试想一下：如果推销人员自己都对所推销的产品没有太大的信心，又怎么能够说服客户信任他的产品？客户又怎么会愿意掏钱购买这样的产品呢？

（三）购买者

购买者是指对企业有重要影响的微观环境因素。企业的产品和推销活动能否被客户认同和接受，是关系到企业生死存亡的大事。由于客户的不同态度意味着企业市场的得失，因此分析并掌握客户需求变化的趋势是企业的重要工作。对购买者的分析可以从质和量两个方面进行：市场规模是量的指标，客户需求是质的指标。

1. 市场规模

客户对产品的总需求决定着行业的市场规模，进而影响行业内所有企业的发展边界。市场规模由于受到各种因素的影响，会不断发生变化，企业要随时掌握这种变化趋势。

2. 客户需求

根据美国心理学家马斯洛的需求层次理论，人的需求分为五个层次：生理需求、安全需求、爱与归属需求、尊重需求、自我实现需求。当生理需求被满足后，消费者一般会产生安全需求，当安全需求被满足后，会进一步向满足爱与归属需求发展。以此类推，消费者需求层次由低级向高级不断上升。消费者需求除了层次性以外，还具有差异性，会因时、因地、因人的不同而不同。

（四）竞争者

在日益激烈的市场竞争环境中，推销人员必须十分注意竞争者。首先，推销人员必须深入了解现有的竞争者：竞争者的数量有多少？竞争者分布在什么地方？其市场定位如何？其年销售额和市场占有率如何？其优势和劣势是什么？其次，推销人员必须找到谁是主要的竞争者及其对本企业构成的威胁主要是什么。最后，推销人员必须随时分析竞争者的动向，把握市场竞争的态势。依据对这些方面的了解，推销人员就可以制定出有针对性的推销策略。

需要注意的是，竞争者并不是单纯指那些销售同样产品的企业，也包括那些能满足客户同样需求的替代产品生产商。如果两种相互可以替代的产品，其功能实现可以给消费者带来大致相当的满足感，但价格却相差悬殊，则会给推销人员的推销活动带来较大的难度。因此，推销人员必须熟悉这些企业产品的优缺点，以便找出自己企业的产品的竞争优势加以发扬，找出产品的竞争弱势加以补强。

课堂讨论

继阿里巴巴于2009年推出“双11”活动的概念后，京东于2010年提出了“6·18”活动的概念，这一行为说明了什么？请在进行头脑风暴后，详细展开谈谈你的看法。

要求：教师不直接提供上述问题的答案，而是先引导学生结合本部分内容进行独立思考并发言，再对学生提出的典型见解进行点评。

（五）社会公众

这里所说的社会公众，指的是所有实际或潜在地关注企业的生产经营活动，并对其实现目标的能力具有一定影响的组织或个人。由于企业的生产经营活动影响着公众的利益，因此政府机构、金融组织、媒介组织、群众团体、地方居民乃至国际上的各种公众必然会关注、监督、影响和制约企业的生产经营活动。这些制约力量的存在，决定了企业必须遵纪守法，善于预见并采取有效措施满足公众的合理要求，处理好与公众的关系，以便在公众中树立起良好的企业形象。这是企业适应和改善微观环境的一项重要的工作。

同步案例

20世纪60年代以前，日本制造在美国就是“质量差、劣质产品”的代名词，在汽车行业，通用和福特几乎独霸美国汽车市场。美式汽车以大马力著称，也是身份的象征。后来，石油危机以及交通堵塞、停车困难等问题，引发了人们对价格低、节能车型的需求。而美国汽车企业继续生产高耗能、体积宽的车型，显然已经不满足消费者的需求。同时，美国人的消费观念和方式也逐渐改变，摆脱了把汽车作为身份象征的消费观念，而逐渐把汽车作为一种单纯的交通工具。这就给了丰田生产的小型车更多的市场机会。相对于同样定位小型车的德国大众来讲，丰田以国民化汽车为目标，吸收其长处而克服其缺点，性能比大众汽车强，车内装饰也比大众汽车高出一截，连美国人个子高、手臂长、需要大驾驶室等因素都考虑进去了。自此，丰田汽车在美国站稳了脚跟。

问题：该案例说明环境对推销工作有哪些影响？

案例解析：这则案例充分说明环境因素对推销工作的影响非常大。因此，只有认真研究商品的推销环境，善于识别环境变化带来的机会和威胁，及时调整推销商品的类型、方式，才能使商品推销工作适应各种环境的变化，掌握主动权，提高推销效益。

任务二 制订推销计划

一、推销计划的含义

制订推销计划对推销工作具有重要意义，它不仅是企业考核推销人员工作业绩的依据，也是推销人员取得良好推销业绩的前提和基础。就像一个企业必须有新产品开发计划、生产计划、采购计划、资金使用计划一样，每个推销人员在推销前必须制订自己的推销计划。很多人认为，推销是艺术，用不着计划。其实，这是对推销的极大的误解。推销前就详细地做好计划，对推销成功起着重要的作用。漫无目的的推销活动极少能取得成功。成功的推销人员不会坐在那里盼望有人进来或打电话来要买什么东西。他们不会坐等好事临门，而是主动地创造条件让推销活动发生。他们之所以成功是因为他们把发掘客户、介绍产品以及成交的策略都计划在先并贯彻始终。简而言之，他们的成功是计划出来的。

二、推销计划的内容

推销计划是实现推销目标的具体实施方案。推销计划制订得合理与否，关系到企业推销业务的活动进程和实际效果。因此，推销人员应该懂得如何制订推销计划。一般来说，一份完整的推销计划包括以下内容：

（一）推销目标

推销洽谈是一个复杂的过程，这一过程的最终目标是推销成功并达成交易。但这一目标的实现往往是经过若干次推销访问才达成的。每一次推销访问也都应有明确的目标。每一次访问的目标应是递进的，逐步接近推销成功。因此，推销人员必须了解客户购买决策的过程，清楚客户在不同购买阶段需要解决的主要问题，确定每一次访问应采取的对策和行动方案。

（二）客户拜访路线

推销人员可将拜访的客户进行适当的分类，如重点拜访的客户和一般拜访的客户，拜访某一地区的客户和拜访某一行业的客户。推销人员还可按客户对产品的反应态度将客户分为反应热烈的客户、反应温和的客户、无反应的客户和反应冷淡的客户。在此基础上，推销人员可根据短期推销目标，采取重点拜访的方式，专门与反应热烈的客户进行商谈。如果考虑长远的推销目标，推销人员可采用平均拜访的方式，建立和发展与所有潜在客户的关系。考虑到与某个行业或地区保持比较良好的关系，推销人员就可以进行有针对性的拜访和推销。然后，推销人员结合以上目标，再根据客户的地址和方位设计出最有效的推销行动日程表及客户拜访路线，争取以最少的时间、最高的效率完成推销目标。

（三）推销洽谈要点

推销洽谈要点是指针对洽谈对象的具体情况和推销品的特殊性而提出的，在推销洽谈中需要重点介绍说明的，用来刺激客户产生购买欲望的产品特征、交易条件、服务保证等内容。确定推销洽谈的要点是为了说服客户、引导客户、刺激客户完成购买。规划推销洽谈要点的主要目的是说服客户。因此，推销人员应该站在客户的角度去解释推销洽谈要点，只有把产品的特征和客户的需求结合起来，才能刺激客户的购买欲望。

（四）推销策略和技巧

在推销洽谈过程中，客户可能会提出各种问题，推销人员应事先估计洽谈中客户可能会提出哪些问题，以及应如何应对和解决。为此，推销人员需要解决的问题包括：应该用什么样的方法接近客户？怎样在最短的时间内吸引客户的注意？如何展示或说明产品？如何激发客户的购买欲望？如何获得客户对产品和推销人员的信任？如何解决客户异议？如何促使客户最终做出购买决定？等等。针对特定的潜在客户和推销面谈目标制定推销面谈策略和技巧，有助于推销人员克服推销面谈中的困难。

（五）推销访问日程安排

根据洽谈双方的时间安排，拟定好访谈日程，掌握好谈判进度，也是取得推销成功的必要条件之一。

推销日程安排具体可包含以下内容：

（1）访问者。

（2）访谈内容。

（3）访谈策略和方法。

（4）访谈地点和场所。

（5）访谈时间。

此外，推销访问时所需用具的准备也是推销访问计划的一部分，如公文包、推销记录本、价格目录、产品图册、订单以及必备的视听设备和小礼品等。

制订推销计划可以节省时间和有效利用有限的时间。推销计划可以分为年计划、月计划和日计划。一般来说，公司管理部门要求推销人员汇报年计划或月计划，并对计划的制订提出指导思想和修改意见，而日计划则由推销人员自己制订。日计划是制订月计划、年计划的基础，因此日计划的制订至关重要。有效的推销日计划包括拜访客户前和拜访客户后两方面的内容（见表7-1）。

表7-1　推销日计划的制订

拜访客户前	客户的基本情况	(1) 客户的姓名和职务
		(2) 客户的性格、爱好和固有观念
		(3) 客户家庭情况（成员、工作单位、生日）
		(4) 客户的权限
	客户购买行为特征	(1) 客户对推销人员的态度
		(2) 客户过程中会遇到哪些阻力
		(3) 客户会有哪些反对意见
		(4) 客户主要的购买动机
		(5) 客户的购买政策
	我能为客户做什么	(1) 产品
		(2) 其他服务
		(3) 洽谈要点
	我如何进行推销	(1) 如何吸引客户注意力
		(2) 如何引起客户的购买兴趣
		(3) 如何刺激客户的购买欲望
		(4) 如何实现购买行动
		(5) 客户的哪些特殊之处可能影响（有利于或不利于）我的推销
	我此次拜访所要达到的目的是什么	(1) 了解客户需求
		(2) 影响客户的购买行为
		(3) 向客户介绍有关情况
		(4) 促使客户做出购买决定
拜访客户后	我取得了哪些成绩	(1) 洽谈结果
		(2) 有益启示
	下一步如何行动	(1) 再次拜访的时间、方式、途径
		(2) 再次拜访的洽谈内容

同步案例

王伟今年刚刚 26 岁，从事推销工作已 3 年，每年能挣 80 万元。他在所在公司成为最佳推销员的原因之一，就是在于他在介绍推销项目之前，就计划好了要说的每一句话，以及将采取的每一个步骤。王伟说服客户李明投资房地产就是一个生动的例子，说明了事先有计划的推销有着何等的威力。有一天，李明来找王伟，那时李明还从没想过要投资房地产，可是在几小时之后，经过王伟系统且深入人心的推销，李明购买了一套 240 万元的商品房。

问题：推销计划对推销工作有什么作用？

案例解析：这则案例说明，推销前详细地做好推销计划，对推销成功起着重要的作用。成功的推销人员之所以成功，是因为他们把发掘主顾、介绍产品以及成交的策略都计划在先并贯彻始终。

任务三 了解推销职责

一、推销岗位素质要求

人的素质是在社会实践中逐渐提升和成熟起来的。某些素质的先天不足，可通过学习和实践得到不同程度的补偿。推销人员不是先天就具备优秀的推销素质，而是依靠自身的不断努力去提高、去完善。

（一）推销人员的职责

在传统观念中，推销人员的职责就是销售产品，尽可能多地将产品推销给客户，完成销售任务，实现利润。在实际工作中，企业对推销人员职责的认知也是如此，因此在考核推销人员时，往往片面地以销售额和利润为指标，而忽略了推销人员为企业所做的其他贡献。多数销售人员没有认识到自己的真正职责，而仅仅以推销产品为工作目标。事实上，推销人员还承担着多方面的职责。

1. 搜集资料、传递信息

推销人员应及时而准确地向客户传递有关企业、产品的信息。推销人员在实际推销过程中必须先搜集有关的信息资料，包括本企业产品销售情况、竞争对手和市场现状及发展趋势等；必须了解和掌握与销售工作密切相关的信息和资料，如企业的基本销售目标、经营方式、信贷条件和交货期限等；必须掌握有关产品的全部知识等，以便在适当的时间和地点向客户推销产品时，能向客户说明购买和使用本企业产品所能得到的利益及产品的售后服务情况，并做好示范，引导其购买。与此同时，推销人员还应随时搜集市场信息资料，如市场的需求状况及其发展变化趋势、目标客户的具体情况、客户对企业产品的评价和意见、竞争对手的产品与本企业的产品的区别、竞争对手的市场营销战略和战术等。推销人员要及时而准确地搜集这些信息并反馈给企业的决策者，为决策者提供决策的依据。

2. 销售产品、开拓市场

推销产品是推销人员的主要职责，也是推销工作的核心。这项职责要求推销人员通过与客户的直接接触引起客户的注意和兴趣，刺激客户的购买欲望；利用提供产品鉴定证明、示范使用产品、请客户亲自试用产品等方法，取得客户的信任；善于正确处理反对意见；运用推销艺术，分析并消除客户的疑虑，最终达成交易。

寻找目标市场与开拓新的市场既是推销人员的主要工作，也是推销人员的职责。推销人员不仅要了解和熟悉现有客户的需求动态，还要寻求新的目标市场，发展潜在客户，从事市场开拓工作。为此，推销人员必须具有相当的开拓能力，善于发现机会，挖掘潜在客户，并通过真诚的工作将产品推荐给客户。

3. 跟踪客户、提供服务

推销产品的过程也是为客户提供服务的过程。服务包括售前服务、售中服务和售后服务。做好服务工作是增加产品价值、提高产品竞争力的重要手段。推销人员除了推销产品外，还应该为客户提供如业务咨询、技术支持、融资安排、准时交货等服务。

知识小贴士：如何做好客户跟踪？

推销人员将产品推销出去，并不是推销工作的结束。客户购买产品并使用后，会对产品有一定的评价，这些评价会直接影响企业及产品的声誉，关系到企业的未来及产品的市场生命。在产品推销出去以后，推销人员还必须与客户保持经常的联系并继续为其服务，进行定期回访，进行节日问候等；定期了解客户对产品的意见和建议，并采取改进措施，充分履行安装、维修、退货等服务方面的保证。推销成功后，能否保持和重视与客户的联系，是推销活动能否持续发展的关键。为此，推销人员应做好以下几个方面的工作：一是确定主要客户的名单，建立客户档案，对重点客户进行分析和管理；二是继续与客户保持联系，同客户定期接触，了解他们对产品的满意度；三是保存销售记录，作为市场信息，为决策者进行营销决策提供依据。

4. 双向沟通、树立形象

推销产品是推销人员的首要任务，但并不是唯一的任务，因为推销任务是长期的，信息沟通的目的就是促进长期销售。推销活动实际上就是推销人员与客户双方的双向信息沟通过程，沟通交往的意识实质上也可以说是推销人员的一种现代信息意识。企业为了吸引更多的客户，让更多的客户接受自己的产品，就需要构建一个信息交流网络。一方面，推销人员在推销过程中搜集社会各界和广大用户的意见、评价和建议，做到“外情内达”；另一方面，作为企业的代言人，推销人员需要运用各种传播媒介和传播手段向外界准确而及时地传递有关产品的信息，做到“内情外达”。这要求推销人员掌握信息传播的基本规律和方式，具备熟练的传播沟通技巧。

（二）推销人员的职业素质

推销人员的素质是指推销人员为胜任推销工作而应具备的综合能力，包括思想素质、文化素质、心理素质和身体素质。优秀的推销人员究竟是一些什么样的人呢？是什么原因导致在环境、产品等外部条件差不多的情况下，推销人员的业绩存在差异呢？实践证明，在环境、产品等外部条件区别不大的情况下，推销业绩的显著差距主要是由推销人员自身素质的差异造成的。杰出的推销人员自有其杰出之处。有了优秀的素质，才可能有优秀的推销业绩。

1. 思想素质

（1）热爱推销工作，有强烈的推销意识。推销意识是一种时刻具备的强烈的达成交易的潜在心理。推销人员只有热爱本职工作，才会有内驱力，才会感觉到工作的意义，才会用饱满的热情感染客户。一般来说，成绩差的推销人员大都不爱自己的职业，或不爱自己的企业，或不爱自己所推销的产品，成绩差是因为缺乏内在动力；成绩好的推销人员都有一个共同的特点，即爱企业、爱工作、爱所推销的产品。《哈佛商业评论》杂志将最优秀推销人员的素质精炼成两条：其一，能够设身处地地感受到客户的感受；其二，具备自发地促成交易的强烈愿望与信心。

（2）高度的工作责任感。推销工作是一项崇高的职业。推销人员是企业利润的实现者，是客户的良师益友，是企业的形象代表。推销人员只有具有高度的责任感，才能想方设法为客户排忧解难，千方百计完成销售任务，才能在推销活动中处处维护企业的形象，与客户保持融洽、良好的关系，不会因个人利益而损害客户利益。只有具备高度的责任感，推销人员才能正确处理企业与客户的关系。在当今市场条件下，商品供应充足，卖者之间竞争激烈。推销人员要想赢得客户，不仅要向客户提供令其满意的产品，而且必须切实树立为客户服务的思想，在行动上设身处地地为客户着想。因此，推销人员只有具备强烈的责任心，才能做好推销工作。

同步案例

公开数据显示，2023 年“五一”假期首日，淄博旅游订单量比去年增长超 40 倍。整个“五一”假期，淄博各大旅游景点吸引了来自全国各地的游客超 12 万人次，创下近 10 年来的最高客流量纪录，其中，八大局便民市场、牧羊村烧烤等网红打卡地持续火爆。

问题： 淄博烧烤火出圈的原因是什么？

案例解析： 除了物美价廉、真材实料、政通人和之外，居民的真诚、城市的真诚和维护城市形象的高度的责任感让淄博烧烤火出了圈。

（3）良好的道德品质。推销活动是一项塑造形象、建立声誉的崇高事业。它要求从业人员具有优秀的道德品质，以及诚实严谨、恪尽职守的态度和廉洁奉公、公道正派的作风。良好的道德素养是现代企业推销人员必备的基本条件。推销人员良好的道德品质主要体现在两个方面：一是对企业的忠诚，二是对客户的诚实。诚实对于企业的销售来说无疑是非常关键的。诚实应当包括真实地反映情况、不歪曲事实、能够及时地察觉问题的真相等。这些都是诚实的范畴，许多企业都将“诚实”作为衡量优秀推销人员的首要因素。

（4）百折不挠的进取精神。推销活动以人为工作对象，而人的心理和需求又是复杂多变的，这就使得推销工作具有很大的难度。相对于企业的其他工作来说，推销是一种相对比较自主和自由的职业，推销人员可以自主选择推销对象，自由地开展推销活动，因而受到的约束较少，全靠自觉。因此，推销工作要求推销人员具备百折不挠的进取精神和坚韧不拔的毅力。

2. 文化素质

推销工作是一项极富挑战性的工作。推销人员除了要具备过硬的思想素质外，还要具有较宽广的知识结构和文化素质。推销人员需要接触众多的客户，而客户的心态和想法各不相同。在推销活动中，推销人员必须在较短的时间内迅速做出判断和分析，确定推销的方式和技巧。推销人员具备的文化知识越丰富，推销成功的可能性就越大。推销人员的文化素质主要表现在对以下几方面的知识的掌握上：

（1）企业方面的知识。掌握企业知识，一方面是为了满足客户对这方面的要求，另一方面是为了使推销活动体现企业的方针政策、达成企业的整体目标。企业知识主要包括企业的历史、企业的方针政策、企业的规章制度、企业的生产规模和生产能力、企业在同行中的地位、企业的销售策略、企业的服务项目、企业的结构方式等。

（2）产品方面的知识。推销人员不是技术专家，也不是产品开发设计人员，不可能透彻了解有关产品的全部知识。推销人员掌握产品知识的最低标准是客户想了解什么、想知道多少。客户在采取购买行动之前，总是要设法了解产品的特征，以减少购买的风险。通常，越是技术上比较复杂、价值或价格高的产品，客户要了解的产品知识就越多。推销人员掌握产品知识，是为了更好地了解客户，更好地向客户介绍产品，从而增强自己的推销信心和客户的购买信心。

（3）市场方面的知识。市场是企业和推销人员的舞台。了解市场运行的基本原理和市场营销活动的方法，是推销获得成功的重要条件。推销人员掌握的市场知识应当是非常广泛的。推销人员虽不必对这些学科知识有很深的掌握，但对一些基本的常识还是要有所了解。这些学科知识包括市场营销学、市场调查与预测、经济学、金融学、经济法、企业管理、广告学等。推销人员尤其要懂得市场知识，掌握市场调查与预测、商务谈判和推销技巧。

（4）客户方面的知识。推销人员需要掌握的客户方面的知识主要是购买心理和购买行为方面的知识。因此，推销人员应有效掌握心理学、公共关系学、人际关系学和社会学等方面的知识，以便能科学地分析客户的购买心理和行为，并选择恰当的推销策略和技巧。

（5）竞争方面的知识。要成功地进行推销活动，推销人员还必须了解同行业竞争对手和竞争产品的情况，“知彼知己，百战不殆”。推销人员需要了解的竞争方面的信息包括：整个行业的产品供求状况，企业所处的竞争地位，竞争企业的市场策略、目标市场、生产规模，竞争产品的特色、价格、服务、付款方式等。对竞争对手的情况掌握得越清楚，推销人员在推销活动中就越主动和自信，推销成功的可能性就越大。

3. 心理素质

良好的心理素质是对推销人员的第一要求。推销是容易遭遇挫折的职业，推销人员经常会遭受冷落、拒绝、嘲讽、挖苦、打击与失败。每一次挫折都可能导致情绪的低落、自我形象的萎缩或意志的消沉，最终影响业务的拓展。在市场竞争激烈的环境中，推销人员若没有良好的心理素质，无论其他各方面的条件多么好，都难以完成销售任务。因此，推销人员必须加强心理训练，培养正确的推销态度和心理素质。良好的心理素质是指有很强的抵抗挫折的能力，遇到困难与失败时，能保持情绪稳定，以高昂的精神状态去面对环境的压力。

知识小贴士：优秀推销员应具备的心理素质

4. 身体素质

推销工作既是一项复杂的脑力劳动，又是一项艰苦的体力劳动。推销工作的性质决定了推销人员必须经常外出推销，并携带样品、产品说明书等资料；有时还要日夜兼程，工作时间长，劳动强度大；一些工业品的推销，还需要推销人员进行安装、操作、维修等体力劳动；与形形色色的客户打交道，更是费神费力的过程，需要充沛的精力做保证。因此，推销人员仅具备过硬的思想素质和文化素质，没有健康的体魄和旺盛的精力，也是难以胜任推销工作的。知识再渊博，还是要身体力行。强健的身体是推销事业成功的基础和重要保证。

二、推销人员着装规范

在人际交往的初级阶段，推销人员的外在形象在开口说话之前，就已经被存进客户的脑海中了。推销人员是否受到谈话对象的重视、尊敬和好感，其外表起着非常重要的作用。正所谓："佛靠金装，人靠衣装。"推销人员可以先从着装打扮和调整外表着手。

同步案例

小黄去一家外企参加最后一轮销售代表的面试。为确保万无一失，这次她做了精心的打扮：一身前卫的衣服、时尚的耳环、造型独特的戒指、亮闪闪的项链、新潮的耳坠。身上每一处都是焦点，简直无与伦比、鹤立鸡群。况且她的对手只是一个相貌平平的女孩，学历也并不比她高，所以小黄觉得胜券在握。但结果却出乎她的意料：她没有被这家外企认可。主考官抱歉地对她说："你确实很漂亮，你的服装配饰无不令我赏心悦目。可我觉得你并不适合销售代表这份工作。实在抱歉。"

问题：小黄为什么会求职失败？

案例解析：着装适宜是职场往来中的基本规范。盲目地追求新潮摩登，把那些不合时宜的服装穿在身上，效果只会适得其反。

（一）着装原则

1. 整洁原则

保持服装的清洁、整齐，这是服装美的第一要求。任何情况下，每个人的服饰都应该是干干净净、整整齐齐的。沾满污渍、气味难闻、少扣绽线等都是不美观的。

2. 应己原则

推销人员应根据自己的性别、气质、年龄、肤色、体型、爱好及行业特点等因素来合理着装，扬长避短，恰到好处地展示自己的形象。盲目追求新潮摩登，把那些不适合自己的衣服穿在身上，最后只能是东施效颦、贻笑大方。

3. TPO 原则

TPO 原则是指根据时间（Time）、地点（Place）、场合（Occasion）来选择相应的着装。具体来讲，推销人员的着装标准没有固定的模式，应根据预期的场合、推销商品的类型，以及即将拜访的客户的社会地位、经济状况和文化程度来决定着装。

4. 三色原则

推销人员在着装时要有意识地将服装的颜色控制在三种颜色以内，否则会让人眼花缭乱。

（二）男士着装礼仪

1. 西装的着装规范

西装是全世界最流行的男性服装之一，是正式场合着装的首选。鉴于西装在对外活动中往往充当正装，其面料的选择应力求高档。黑色、藏蓝色西装是推销人员的首选，灰色、棕色也可以。正规的场合，通常以着单色西装为宜。

推销人员要想使自己所穿着的西装真正称心如意，就必须在西装的款式、穿法、搭配等方面严守规范。

（1）拆除商标。购买回来的西装一定要记得拆除袖口上的商标。

（2）保持西装外形的平整、洁净。西装要定期干洗，穿着前熨烫平整。西服只有穿起来显得平整挺括、线条笔直，它的美感才能充分地展示出来。皱皱巴巴的“抹布西服”，只会让观者皱眉。

（3）注意内衣搭配。西装的标准穿法是里面直接穿着衬衫，而衬衫之内不穿棉纺或毛织的背心、内衣。不穿衬衫，而让 T 恤直接与西装配套的做法，是西装穿着的大忌。

（4）慎穿毛衫。在西装上衣之内，原则上不允许穿毛衫。如果在冬季实在寒冷难耐，也只宜穿一件薄型 V 领的单色羊毛衫或羊绒衫。色彩、图案十分繁杂的羊毛衫或羊绒衫、扣式的开领羊毛衫或羊绒衫穿在西装里面，会大煞风景。

（5）不卷挽西装衣袖和裤管。在正式场合，推销人员应该时刻注意细节方面的问题，如不能卷起西裤的裤管或者挽起西装上衣的衣袖，应悉心维护自己的整体形象，以免给人以粗俗的感觉。

（6）正确系好西装的纽扣。纽扣是区分西装款式、版型的重要标志。能否正确地系好西装纽扣，直接反映出推销人员对西装着装礼仪的把握程度。

（7）用好西装的口袋。西装的口袋，装饰作用多于实用价值。因此，不能让口袋显得鼓鼓囊囊，使西装整体外观走样。

（8）掌握“四不要”。衣袖不要过长（最好在手臂向前伸直时，衬衫袖子露出 2～4 厘米）；衣领不要过高（一般以衬衫后领口露出西装后领口 1～2 厘米为宜）；雨天不要穿西装；不要长时间只穿一套西装。

2. 衬衫的穿着礼仪

（1）面料。和西装一起穿的衬衫，应是长袖的以纯棉、毛织品为主的正装衬衫。

（2）颜色。正装衬衫必须是单色，白色是最好的选择。另外，蓝色、灰色、黑色也可以考虑。正装衬衫大体上以没有任何图案为佳。较细的竖条衬衫在普通商务活动中也可以穿着，但不要和竖条纹的西装搭配。印花、格子以及带人物、动物等图案的衬衫，都不是正装衬衫。

3. 鞋袜的搭配

（1）鞋。选择和西装配套的鞋，只能选择深色的单色皮鞋。黑色皮鞋和西装最般配。磨砂皮鞋、翻毛皮鞋不适合与西装搭配。在正式场合穿的皮鞋，应当没有任何图案、装饰。

（2）袜。和西装、皮鞋搭配的袜子，最好是纯棉、纯毛的深色或单色的袜子，其中以黑色较为正规。

4. 领带的款式

（1）斜纹：让人显得果断权威、稳重理性，适合谈判、主持会议、演讲等场合。

（2）圆点、方格：让人显得中规中矩，适合初次见面和见长辈、上司等场合。

（3）不规则图案：让人显得活泼，有个性、创意和朝气，较随意，适合酒会、宴会和约会等场合。

（三）女士着装礼仪

1. 西装套裙的穿着礼仪

西装套裙可以分为两种基本的类型：一种是用女士西装上衣和非配套裙子自由搭配组合而成的随意型；另一种是女士西装上衣和裙子成套设计、制作而成的成套型或标准型。

（1）面料。一套在正式场合穿的西装套裙，应该由高档面料缝制而成，上衣和裙子要采用同一质地、同一色彩的素色面料。

（2）色彩。西装套裙以冷色调为主，应当清新、雅致而庄重，以体现女性推销人员的典雅、端庄和稳重。藏青、炭黑、茶褐、土黄、紫红等稍冷的色彩都可以。

（3）套裙的长短。一般认为，裙短不雅，裙长无神。最理想的裙长是裙子的下摆恰好在小腿肚最丰满的地方。

（4）鞋袜的选择。用来和西装套裙配套的鞋子，应该是皮鞋，以黑色为宜，和西装套裙色彩一致的皮鞋也可以选择。穿西装套裙的时候，女性推销人员应有意识地注意一下鞋、袜、裙之间的颜色是否协调，鞋、裙的颜色彩必须略深于或接近袜子的颜色。

2. 女士着装禁忌

成功的职业女性应该懂得如何适宜地装扮自己。但在日常生活中，职业女性的着装经常会出现以下问题：

（1）过分时髦。现代女性热爱流行的时装是很正常的现象，但有些女性盲目地追求时髦。职业女性对于流行的事物必须有正确的判断力。

（2）过分暴露。夏天的时候，有些职业女性不够注重自己的身份，穿起颇为性感的服装。这样的着装可能会将个人才能和智慧埋没，甚至会被视为轻浮。职业女性即使在炎热的夏季也应该注意自己仪表的整洁、大方。

（3）过分潇洒。最典型的样子就是一件随随便便的 T 恤或罩衫，配上一条泛白的"破"牛仔裤，丝毫不顾及职业形象。

（4）过分可爱。可爱俏丽的服装并不适合在推销工作中穿着。这样的着装会给人以不稳重的感觉，令客户的信赖感大打折扣。

三、推销人员行为规范

（一）坐姿

美的坐姿是一种文明的行为，它既体现了形态美，又体现了行为美。中国人一向讲究坐姿，老一辈人经常教育年轻人"坐有坐相"。可见，人们对坐姿是有要求的。

（1）入座时，应轻、缓、稳，动作协调柔和，神态从容自如。

（2）从椅子左侧入座，走到椅前转身，右脚后退半步，然后轻稳坐下。

（3）女士入座时，要用手把裙子向前拢一下，臀部落坐在椅子 2/3 的位置。

（4）坐下后，上身要保持直立状，既不前倾，也不后仰；胸微挺，不要耷拉肩膀、含胸驼背，否则会给人以萎靡不振的印象。

（5）头正目平，嘴微闭；两腿自然弯曲，小腿与地面基本垂直，两脚平落在地面上。

（6）女士的膝盖靠拢、双脚并拢，绝对不可分开；男士则两腿略分开，看起来既不拘束又显得稳重。

（7）肩部放松，双臂自然下垂。

（8）注意两手的位置。男士双手轻放在两腿上，女士可以双手交握轻放在腿上，并面带微笑，眼神温和地注视着前方，这样会给人举止大方、文明的感觉。

（9）起立时，右脚先向后收起半步，然后起立，缓慢离开。

（二）站姿

站立的效果：女士要站得优雅，男士要站得稳重。

（1）挺胸收腹抬头。挺胸能使人显得英姿勃发、充满力量。收腹既可使人的胸部挺起，也可以使臀部上抬，这种直立姿态显得很稳定、很平衡。挺胸的方法是双肩略向后用力，平时多做上肢运动，增强胸肌、背肌、腹肌的力量。抬头时，头正颈直，腰部用力，背脊挺直，不要弯腰或垂头，不要显出萎靡不振或松松垮垮的样子。

（2）下颌微收，双眼平视，视线与眼睛同高，眼睛看前方一米左右。向上或向下看，都会显得不沉着。嘴唇应微闭，面带微笑。

（3）站立时，应注意身体的轻松自然，手臂自然下垂，肩膀既不要向前扭，也不要向后扭，更不能抬肩，要保持平衡。

（4）注意双手的位置。没有文件时，左手应轻轻叠放在右手手背上，双手轻靠在腹部，或者轻放于身体两侧，但记得不要拉衣角，互握时手不要摇动，那样十分不雅。

（5）注意两脚的位置。男士为求稳重，双脚可略微分开，与肩同宽，脚尖可以朝前并拢，双膝自然垂直，重心在两脚中间，肌肉略有收缩感，身体的重量均衡地落于双脚，给人一种自在自如的感觉。女士的双脚最好并拢，也可以站成丁字步，即两脚尖稍稍展开，右脚在前，将右脚跟靠于左脚内侧，腿绷直并拢。

（三）走姿

走姿正确，很自然地就会流露出自信、积极向上的精神面貌，同时给人以专业的信赖感。保持优雅的走姿有如下四句口诀：“以胸领动肩轴摆，提髋提膝小迈步，跟落掌接趾推送，双眼平视背放松。”

（1）双腿并拢，直而不僵，身体挺直，身体重心落于脚掌前部，下颌微向内收。双脚应笔直地走，脚尖朝前，切莫呈内八字或外八字。着地时，膝盖应伸直，后脚跟先着地。

（2）双手自然垂于身体两侧，双臂随着脚步自然地前后轻轻摆动，切勿同手同脚。

（3）抬头挺胸，收腹直腰，腰部应用力，收小腹，臀部收紧，背脊挺直，切忌垂头丧气。

（4）肩平不摇，步幅适中均匀，两脚落地一线，脚印正对前方。

（5）注意步度和步位。步度是跨步时两脚之间的距离。标准步度是本人的一脚之长。步位是指两脚下地落到地面时的位置。男士行走时的步位要求是：两脚跟交替前进在一线上，两脚尖稍外展。女士行走时的步位要求是：两脚交替前进，踩在一条直线上。

（6）端正、稳健、轻盈、有节奏感、充满活力，鞋跟不要发出太大声响。

（7）双眼平视前方，切勿左顾右盼，经过反射玻璃或镜子前，更不可停下来梳头、补妆或整理衣冠。

（8）尽量靠右行走。携带吊挂式皮包时，应挂在右肩上；携带手提式皮包或袋子时，应提在右手；携带手拿式皮包或牛皮纸袋时，应拿在右身侧或偏右侧。

（9）行进时，迎面遇见熟人，点头微笑招呼即可；若要停下步伐与之交谈，注意不要影响他人行进。

崇德修身

干部化身推销员，助农销售解民忧

疫情期间，县长群体成为网红，他们纷纷走进直播间为自己所在地区的农特产品代言。县长们的“直播间”并不局限于室内，有的在鸡棚里、鱼塘边，有的在果园和蔬菜基地，不少人“战绩”不俗。

作为纱线大省，山东为了缓解纺纱企业出口压力，积极寻求出路，一场名为“厅长带纱”的网络直播在山东省工业和信息化厅的会议室里举行。晋宁是云南鲜切花生产大县，短短2个月间，当地近6万名花农损失严重，滞销鲜花占70%以上。为帮助花农打开销路、挽回损失，昆明市晋宁区区长亲自走进线上直播间，向网友推介晋宁鲜花。这场直播吸引了100多万名网友参与，卖出35.6万枝鲜花，解决了当地花农的一时之困。类似的直播在全国陆续开展，不少电商平台也积极牵手当地干部，开启直播推销模式。

问题：“县长推销员”的出现有什么意义？

提示：“县长推销员”直播带货，“播”的是自身担当，“带”的是政府公信，直播的不仅是货，更是政府为农民排忧解难的决心，是乡村振兴的希望。这种推销方式以全新的消费体验激活消费市场，目的是帮助本地产品找销路。对此，企业、商家和农户更应秉承诚信之德，发扬工匠精神，切实在产品质量上下足功夫，以品牌的力量，推动流量转化，不辜负消费者的信任和支持。

知识测试

一、单项选择题

1. 影响企业推销活动的环境因素有两种：一种是宏观环境，另一种是（　　）。

A. 人口环境　　B. 法律环境

C. 自然环境　　D. 微观环境

2. 推销人员应及时而准确地向客户传递有关企业、产品的信息，这种职责体现为（　　）。

A. 搜集资料、传递信息　　B. 销售产品、开拓市场

C. 跟踪客户、提供服务　　D. 双向沟通、树立形象

二、多项选择题

1. 微观环境包含（　　）。

A. 企业内部条件　　B. 供应商

C. 购买者　　D. 竞争者

2. 男士的着装礼仪主要包括（　　）。

A. 西装的着装规范　　B. 衬衫的穿着礼仪

C. 鞋袜的搭配　　D. 领带的款式

三、判断题

1. 自然环境包含阳光、雨水、地形、地貌、气候、温度。（　　）

2. 企业微观推销环境是指对企业的产品及其目标市场构成影响的各种力量。（　　）

3. 推销洽谈是一个复杂的过程，这一过程的最终目标是推销成功、达成交易，一般两次访问就可以完成。（　　）

4. 首次见面，推销人员不要总是想着怎样卖东西，而是要想着怎样给客户留下好印象。（　　）

四、简答题

1. 推销的宏观环境包含哪些因素？

2. 一份完整的推销计划一般包括哪些内容？

3. 推销人员的职责是什么？

五、论述题

“推销准备是至关重要的，推销准备的好坏直接关系到推销活动的成败。”谈谈你对这句话的理解。

项目实训

实训背景：

根据本项目情境导入《许昌假发进入非洲市场》所提供的资料，挑选假发需求量最大的非洲国家，对比美国的假发市场，进行推销环境分析并提交分析报告。推销环境分析应包括详尽的宏观环境和微观环境分析。

实训目标：

通过环境要素分析和资料收集，完成假发需求量最大的非洲国家以及美国的假发推销环境分析报告。

实训内容：

1. 结合情境资料，搜索资料，找到具有代表性的假发需求量最大的非洲国家；

2. 结合实际情况，进行资料搜集，完成严谨的推销环境分析；

3. 撰写推销环境分析报告。

实训步骤：

1. 将全班学生分成若干小组，学生可以自由组合，每组 4～6 人，每组确定一名组长担任负责人；

2. 结合任务，组长理顺推销环境要素，按照各成员特长进行任务分工，分别搜集假发需求量最大的非洲国家以及该国和美国的推销环境要素；

3. 在组长带领下，进行资料汇总，然后展开推销环境分析；

4. 各组进行推销环境分析展示；

5. 展示结束，进行组内互评和组间互评，教师进行点评与总结；

6. 各组进行小结讨论，完成实训报告；

7. 教师在“学习通”平台上展示班级优秀实训成果及相关资料。

实训成果：

1. 《非洲×××国家和美国推销环境分析》PPT

2. 《非洲×××国家和美国推销环境分析报告》

注意事项：

1. 资料搜集汇总要符合程序，推销环境分析要具备务实性；

2. 分析内容和结果体现创新性和有效性；

3. 具备基本的演讲礼仪素养。

任务评价

<table>
<tr><th rowspan="2">评价方式</th><th rowspan="2" colspan="2">评价内容</th><th rowspan="2">分值</th><th colspan="2">评价人</th></tr>
<tr><th>个人</th><th>教师</th></tr>
<tr><td rowspan="9">自我评价
与教师评价
(75%)</td><td rowspan="5">技能点</td><td>能按要求搜集资料</td><td>10</td><td></td><td></td></tr>
<tr><td>能对搜集的资料进行整理</td><td>10</td><td></td><td></td></tr>
<tr><td>能对整理完毕的资料进行分析</td><td>15</td><td></td><td></td></tr>
<tr><td>能完善推销环境分析，制作精美的演讲稿进行展示</td><td>20</td><td></td><td></td></tr>
<tr><td>能取长补短，完善分析结果，撰写环境分析报告</td><td>5</td><td></td><td></td></tr>
<tr><td rowspan="3">素质点</td><td>客观、全面分析推销环境的意识</td><td>5</td><td></td><td></td></tr>
<tr><td>求真务实、认真严谨的工作态度</td><td>5</td><td></td><td></td></tr>
<tr><td>良好的演讲礼仪素养</td><td>5</td><td></td><td></td></tr>
<tr><td colspan="2">合计($\sum$个人分值 * 20%+$\sum$教师分值 * 80%)</td><td>75</td><td colspan="2"></td></tr>
<tr><td rowspan="5">组间互评
(25%)</td><td colspan="2">实训任务前期准备情况及任务整体完成质量</td><td>7</td><td colspan="2"></td></tr>
<tr><td colspan="2">小组每个成员任务的参与度与投入度</td><td>6</td><td colspan="2"></td></tr>
<tr><td colspan="2">小组成员之间的配合度及团队精神</td><td>6</td><td colspan="2"></td></tr>
<tr><td colspan="2">实训情境仿真性</td><td>6</td><td colspan="2"></td></tr>
<tr><td colspan="2">合计</td><td>25</td><td colspan="2"></td></tr>
<tr><td>综合评价</td><td colspan="2">自我评价（15%）+教师评价（60%）+小组互评（25%）</td><td>100</td><td colspan="2"></td></tr>
</table>

项目八 寻找客户

学习目标

知识目标：了解寻找客户的基本原则和一般程序；掌握寻找客户的方法与技巧；熟悉客户资格审查的内容与方法。

技能目标：能够灵活运用寻找客户的各种技巧，高效寻找客户；能够科学调查分析不同的客户类型，审查客户资格；能够详细建立客户档案，分类管理准客户。

素质目标：树立“处处留心皆客户”的信心，培养不怕挫折、积极进取的工作态度；深化“客户至上”的推销理念，培养吃苦耐劳精神和团队合作意识；培养诚信意识和法治精神。

思维导图

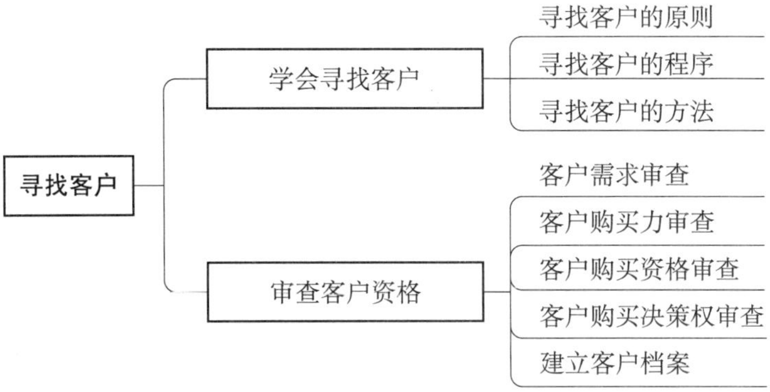

情境导入

西瓜的推销之路

小张来自中部某县，大学毕业后坚定地选择返乡创业，致力为家乡的父老乡亲开辟一条可持续的致富之路。小张的家乡盛产西瓜。每年6、7、8月是西瓜收获的季节，很多农户都会开自家农用三轮车到附近市里售卖，为了省钱夜宿街头，不仅辛苦，价钱也卖不上去。小张回村后，准备凭借在大学里学习的营销知识，全力推销家乡的西瓜。但是，万事开头难，面对广阔的市场，小张开始了辛苦的寻找客户之路。

提问：假如你是小张，你会如何开展寻找客户的工作？

启示： 成功的推销总是从寻找客户开始的，开发准客户、大量收集客户资料是开展推销活动的前提与基础。在尚未找到目标客户之前就开始进行狂轰滥炸式的推销，其成功率会很小。因此，积极寻找客户、积累客户资料是推销产品的首要步骤。

任务一　学会寻找客户

在竞争激烈的现代市场环境中，谁拥有的客户越多，谁的推销规模和业绩就越大。因此推销人员的主要任务之一就是采取合理有效的方法与途径来寻找与识别客户。寻找客户是指推销人员主动找出潜在客户即准客户的过程。准客户是指对推销人员的推销品确实存在需求并具有购买能力的个人或组织。有可能成为准客户的个人或组织称为“线索”或“引子”。寻找客户是推销程序的第一个步骤。由于推销是向特定的客户推销，因此推销人员必须先确定自己的潜在客户，然后开展实际推销工作。

寻找客户有两层含义：一是根据推销品的特点，提出有可能成为潜在客户的基本条件，这个基本条件框定了推销品的客户群体范围、类型及推销的重点区域；二是根据潜在客户的基本条件，通过各种线索和渠道，寻找符合这些基本条件的合格客户。寻找客户对提高销售额具有极其重要的作用，且必须遵循一定的原则。

一、寻找客户的原则

寻找客户看似简单，其实并非易事，它是一项纷繁复杂的工作。要找到众多的符合条件的准客户，推销人员必须遵循一定的规律，把握科学的准则，以使寻找客户的工作更加科学和高效。

（一）确定客户范围

在寻找客户前，首先要确定客户的范围，使寻找客户的范围相对集中，提高寻找效率，避免盲目性。准客户的范围包括两个方面：一是地理范围，即确定推销品的销售区域；二是交易对象的范围，即确定准客户群体的范围。

同步案例

2017 年 8 月，健身 App Keep 用户数破 1 亿。那么，Keep 在创业初期是如何获取自己的第一批种子用户的呢？方法就是“首席内测官”＋“埋雷计划”。

［**首席内测官**］在上线前，Keep 做的第一件事就是通过微博、微信或者通过 QQ、贴吧，招到了很多喜欢健身，又愿意去尝试新事物的用户。Keep 把这部分用户叫做“首

席内测官”。Keep 原本计划找到 200 人来测试产品，结果招到了 4 000 人。这部分人的包容性特别强，因为他们知道自己是内测官，会容忍 Keep 的一些错误，为 Keep 提供有效的建议。通过这 4 000 人的不断反馈，Keep 又迭代了 2 个版本，整体稳定之后，才正式上线。

[埋雷计划] Keep 在所有与健身相关的用户聚集社群里（如百度贴吧里的减肥吧、减脂吧、健身吧，豆瓣各种减肥的小组）埋下一些帖子（主要是一些健身经验帖），并维护好帖子的热度。等到产品上线的时候，所有的人都在谈论 Keep 了。

通过这两种方式，Keep 聚集了一大波种子用户。伴随着微博、微信公众平台的运营，种子用户获得了爆发式增长。

问题：Keep 是怎样确定自己的准客户的?

案例解析：作为一款健身 App 和智能运动运营商，Keep 深知自己的客户范围主要是健身运动爱好者，且是运动科技爱好者。因此，Keep 通过微博、微信、QQ 等社交软件和平台及健身用户社群很好地划定了自己的客户范围，为下一步挖掘潜在客户打下了良好的基础。

（二）挖掘潜在客户

寻找客户是一项长期而细致的工作，推销人员要具有随时随地挖掘潜在客户的意识，并逐渐形成工作习惯。潜在客户散布于成千上万的个人、企业或单位之中，推销人员不仅要在工作中接触他们，更重要的是在工作之余去接触他们，养成一种随时随地搜寻准客户的习惯，牢固树立随时随地寻找客户的强烈意识，以自己的职业敏感去听、去观察、去接触。只有抓住一切线索和机会，积累大量的客户资料，才能在关键时刻有的放矢，有效地找到目标客户。

同步案例

小王是一家本土日用品公司的推销员，他的任务是向全国的消费者推销公司的日用品。在这个全球化、竞争激烈的时代，很多人都认为只有国际品牌才能赢得市场，但小王却相信，只要处处留心，国货也能无处不在。

首先，小王在市场调研时，特别关注本土消费者的需求。他发现很多家庭都喜欢用天然、环保的产品，于是他向公司建议开发一系列采用天然材料制作的日用品，如天然肥皂、有机牙膏等。这些产品上市后，因为满足了消费者的需求，受到了广泛的欢迎。其次，他还发现现在的消费者喜欢在社交媒体上分享购物体验，于是，他开始在各大社交媒体平台上开设官方账号，定期发布产品信息、打折优惠信息等，吸引了很多关注。同时，他也鼓励消费者在购买后将自己的使用体验分享在社交媒体上，这不仅提高了产品的知名度，也增加了消费者的黏性。再者，小王始终保持良好的服务态度，尽最大努力满足消费者的需求。此外，他还定期组织一些社区活动，如健康讲座、环保活动等，通过口碑传播，提高公司的社会责任感，增强消费者对公司的信任感。

通过这些处处留心的努力，小王的推销工作取得了显著的成绩。他推销的产品不仅在市场上占有一席之地，而且销售额还在稳步增长。

问题：小王推销本土日用品的成功之处是什么？

案例解析：小王的成功主要归功于他的细心和用心。他通过留心本土消费者的需求，成功地帮助公司开发出一系列特色产品；通过留心社交媒体，拓宽了销售渠道；通过留心口碑传播，建立了消费者对品牌的信任。

这个案例也告诉我们，只要处处留心，国货也能在激烈的市场竞争中脱颖而出。在全球化的大背景下，国货品牌不能一味地追随国际品牌的步伐，而应该学会研究本土消费者的需求，开发出具有特色的产品；同时，也要注重利用现代营销手段，如社交媒体、口碑传播等，提高品牌的知名度和信任度。

（三）多途径寻找客户

热点关注：推销人员用来寻找客户的主要应用程序

对于大多数商品而言，寻找推销对象的途径或渠道不止一条。究竟选择何种途径、采用哪些方法更为合适，还应综合考虑推销品的特点、推销对象的范围及推销区域等多种因素。客户资源需要慢慢积累，而寻找客户的渠道有很多，如熟人介绍、电话寻找、网上寻找等。推销人员一般要采取多种途径和方法寻找准客户，以便使寻找准客户的有效性达到最大。

课堂讨论

假如你在你们小区门口租了一间门面房开设一家水果店，你可以通过哪些渠道寻找客户？

要求：教师不直接提供上述问题的答案，而是先引导学生结合本部分内容进行独立思考、自由发表见解，再组织课堂讨论，最后对学生提出的典型见解进行点评，给出最终观点。

（四）重视老客户

一位推销专家深刻地指出，失败的推销人员常常是从找到新客户取代老客户的角度考虑问题的，成功的推销人员则是从保持现有客户并且扩充新客户，使销售额越来越多、销售业绩越来越好的角度考虑问题的。因此，推销人员必须树立的一个观念是：老客户是你最好的客户。推销人员必须遵守的一个准则是：你80%的销售业绩来自你20%的客户。这20%的客户是推销人员长期合作的关系户。如果丧失了这20%的关系户，将会丧失80%的市场。对于新客户的销售只是锦上添花，没有老客户做稳固的基础，对新客户的销售也只能是对所失去的老客户的抵补，总的销售量不会增加。

知识小贴士：客户是怎样失去的？

二、寻找客户的程序

在现实推销活动中，就绝大多数产品而言，推销人员几乎不可能知道所有的潜在购买者。实际上，推销人员也完全没有必要接触每一个潜在购买者。寻找客户的工作既包括获知潜在购买者是谁，也包括对潜在购买者是否会购买进行分析和判断，从而对潜在购买者进行筛选。图 8－1 为寻找客户的过程。推销人员先要根据推销品的特征，提出成为准客户的条件；然后根据这些条件搜集资料，寻找各种可能的线索，拟出一份准客户的名单；再按照这份名单进行准客户评估和资格审查，根据审查结果确定准客户；最后对这些准客户进行分析、分类、建立档案并据此编制拜访计划，进行拜访洽谈。

微视频：外贸找客户全流程

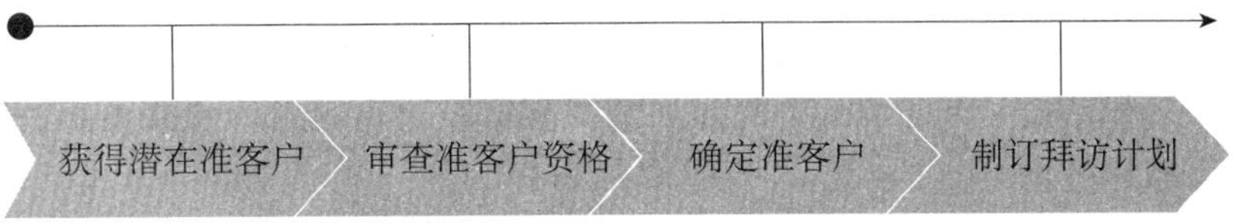

图 8－1　寻找客户的过程

三、寻找客户的方法

寻找客户的方法决定了寻找客户的效率。推销人员需要具备一种发现和识别潜在客户的能力，并通过合适的工作方法来提高寻找客户的成效。寻找客户的方法非常多且具有灵活性和创造性。

（一）普遍访问法

普遍访问法，又称地毯式寻找法或挨门挨户访问法，是指推销人员在任务范围内或特定地区、行业内，用上门探访的形式，对可能成为准客户的单位、组织、家庭乃至个人无一遗漏地进行寻找并确定准客户的方法，也称“扫街”。此方法遵循的是“平均法则”，即认为在被寻访的所有对象中，必定有推销人员所要寻找的客户，而且分布均匀，其客户的数量与访问对象的数量成正比。推销人员不可能与拜访的每一位客户达成交易，他应当努力去拜访更多的客户来提高成交的百分比。如果拜访的 10 人中有 1 人会成交，那么 100 次拜访就会产生 10 笔交易。因此，只要对特定范围内所有对象无一遗漏地寻找和查访，就一定可以找到足够数量的客户。这种方法通常在完全不熟悉或不太熟悉推销对象的情况下采用。例如，某家用洗涤剂品牌将某个居民小区的所有家庭作为普遍寻找对象，某婚纱摄影楼将某大型商场门口一周内路过的所有年轻恋人作为地毯式寻找对象等。

微课：销售人员应该怎样寻找客户资源？

此法尤其适用于推销各种生活消费品，尤其适用于推销必备的日用工业品和人人必需的各种服务。但是运用此法最大的障碍是如何接近客户。通常，接近客户的方法有派发宣传资料、馈赠、调查、利益引导、赞美接近、求教接近等。

这种寻找方法的优点：一是可以借机进行市场调查，能够比较客观和全面地了解客户需求情况；二是可以扩大推销品的影响；三是可以积累推销工作经验，尤其是对新推销人员来说，这是必经之路；四是可以争取更多的新客户。当然，这种寻找方法的缺点也是十分明显的：一是相对盲目性，如果推销人员判断错误，则会浪费大量的时间和精力；二是人们大多不欢迎不速之客，因此推销阻力较大，容易给推销人员造成精神负担。

特别提示：选一条合适的“地毯”，即事先确定可行且有效的推销地区和客户范围；尽量事先与被访者取得联系；善于总结经验；访问结束，务必留下联系方式和资料；试着带些小礼品前去拜访客户。

（二）链式引荐法

链式引荐法，又称客户引荐法或连锁介绍法，是指推销人员请现有客户介绍未来可能的准客户的方法。链式引荐法被称为最有效的寻找客户的方法之一，也被称为黄金客户开发法。该方法遵循的是“连锁反应”原则，主要依靠客户之间的社会联系，通过客户之间的连锁介绍，来寻找新客户。例如，我们现在只有 10 个客户，如果我们请每个现有客户为我们推荐 2 个准客户的话，我们现在就增至 30 个客户了，这新增的 20 个客户每人再为我们介绍 2 个客户，发展下去可能的结果就是 10、10＋20、30＋40……那么，到了第二轮推荐时我们就有 70 个客户了。

链式引荐法常见的形式有：一是请老客户介绍新客户。尤其对于购买感到满意的客户，你可以请他们帮你联系新客户，并请对方为你写引荐信。二是请新客户推荐。新客户一旦决定购买你的产品，便会不断地向别人介绍宣传你及你的产品，以证明自己的决定是正确的。三是请那些拒买你产品的客户介绍新客户。拒绝过你的客户，心理上或多或少会有些愧疚，尤其是在你服务十分热情的时候。因此，你可以请他们告诉你有哪些人可能需要你的产品，他们或许知道谁需要你所推销的产品。

链式引荐法的优点有：一是可以避免推销人员寻找客户的盲目性。客户之间的内在联系，使得链式引荐法具有一定的客观依据，比较容易取得新客户的信任。二是容易获得新客户的信任。如果推销人员赢得了现有客户的真正信任，那就有可能赢得现有客户所推荐的新客户的信任。三是成功率比较高。现有客户所推荐的新客户与现有客户之间存在某种联系，根据这种内在的联系来寻找客户，会取得较高的成功率。

链式引荐法的缺点有：一是由于推销人员不知道现有客户可能会介绍哪些新客户，因此事先难以做好准备和安排。二是推销人员常常处于被动地位。既然现有客户没有进行连锁介绍的义务，那么现有客户是否介绍新客户给推销人员完全取决于现有客户。

同步案例

“赞到爆！1 000 个朋友领卡，铁西排骨送 iPhone（当时主流机型是 iPhone6 Plus）。亲们，跟我一起动动手指为铁西排骨代言吧！”这是铁西排骨借助 5 级推荐奖励做的

“老带新”活动。在铁西排骨，会员推荐好友领卡返30积分，并长期享受好友消费额的30%作为积分奖励。铁西排骨平时的“老带新”活动就极为活跃，没想到在这一次活动中，真的实现了1个老会员成功带来1 000个新会员的壮举。

问题：新时代应该如何应用好链式引荐法？

案例解析：本案例中的铁西排骨通过老会员带动新客户注册会员，并对老客户的引荐加以奖励，从而以低成本获取目标客户，保证销售额持续增长。或引导客户将自己的电子优惠券分享给好友，以裂变的方式让双方各自拥有优惠券，不仅让老会员与好友分享了优惠，还可给老会员一定的分享奖励，属于加强版的“老带新”。

（三）中心开花法

中心开花法，又称权威介绍法，是链式引荐法的一种特例，是指推销人员在某一特定的推销范围内，取得一些具有影响力的中心人物的信任，然后在这些中心人物的影响和协助下，把该范围内的个人或组织发展成准客户的方法。该法依据的是“光辉效应”。心理学原理认为，人们对于在自己心目中享有一定威望的人物是信服并愿意追随的。因此，中心人物的购买与消费行为就可能在其崇拜者心目中形成示范作用与先导效应，从而引发崇拜者的购买与消费行为。这种方法特别适用于寻找使用消费品和无形产品的准客户。

中心开花法的优点是省时省力，能有效扩大产品的影响力。利用中心开花法寻找客户，不仅可以通过中心人物的联系发现大批新客户，而且可以借助中心人物的社会地位来扩大产品的影响力。中心开花法的缺点是所谓中心人物往往难以接近，而如果选错中心人物则会得不偿失。

特别提示：中心开花法的关键是取得中心人物的信任和合作。一般来说，中心人物在公众中具有很大的影响力和很高的社会地位，他们常常是消费者领袖，比如政界要人、企业界名人、知名学者、资深专家、文体巨星等。

同步案例

某推销人员欲到南方一个山区城市推销该企业生产的新药，但他所面临的销售地区地广人稀，各类医院及药店共400多家。他找到一个相当好的合作伙伴——一位当地有名的外科主治医师，退休前是管理全区各乡镇医院院长的负责人。正巧那年9月15日该地区组织所有医院院长参加一个学习班，讲师就是这位前主治医师。学习班结束后，该前主治医师组织这些院长听取了该推销人员对新药品特点的详细讲解。后来，经过这位前主治医师的大力推荐，20多位院长每人下了5箱的订单。事情至此，还未结束，这些院长回到乡镇后，9月18日又在全乡镇各村卫生所医务人员参加的例会上推荐了这种新药品。他们所订的货很快就分散到了各地。很快，100多箱新药的销售工作全部完成。全区400多家医疗单位同时使用了这种药，全区大部分患者都了解了这种药，企业却没有花一分钱的广告费。

资料来源：李红梅．现代推销实务［M］．6版．北京：电子工业出版社，2022.

问题：这位推销人员运用了什么方法寻找客户？这样做的好处是什么？

案例解析：该推销人员运用了中心开花法来寻找客户。通过集中精力向少数中心人物做细致的说明工作，利用中心人物的示范效应，往往可以扩大产品的销路，使推销工作事半功倍。

（四）委托寻找法

委托寻找法也称委托助手法，是指推销人员雇用他人寻找准客户的方法。此方法依据的是经济学的最小、最大化[①]原则与市场相关性原理，即推销人员通过委托一些相关行业的人充当推销代理人代为寻找顾客，这样可以用最小的花费获取最大的推销效果。越是高级别的推销人员就越应该委托助手进行销售，推销人员仅接近那些影响大的关键客户，这样可以获得最大的经济效益。此外，行业间与企业间都存在关联性，某一行业或企业生产经营情况的变化，首先会引起与其关系最密切的行业或企业的注意。适当地运用委托推销助手来发掘新客户、拓展市场，是一个行之有效的方法。

委托寻找法的优点有：一是有助于提高工作效率。助手能帮助推销人员不断开拓新区域，而推销人员可以把更多的时间和精力花在有效销售上。二是避免了陌生拜访的压力。助手先做铺垫，再引荐给推销人员，利于销售工作的开展。

委托寻找法的缺点有：一是难以找到理想的助手。要找到能很好胜任销售工作的助手需要花一定的时间、精力。二是销售人员较被动。寻找客户的绩效完全视助手的能力和相互的合作关系。

特别提示：注意对助手的甄别与聘用；培训助手，提高其工作能力；与助手进行有效沟通。

（五）个人观察法

个人观察法，又称现场观察法，是指推销人员通过对周围环境的直接观察来寻找准客户的方法。个人观察法是一种古老而基本的方法，主要是依赖于推销人员个人的职业素质和观察能力，通过察言观色，运用逻辑判断和推理来确定准客户。不同推销人员的个人观察能力不同，使用该方法的效果也有所不同。

对推销人员来说，观察法是寻找客户的一种简便、易行、可靠的方法。绝大部分推销人员在许多情况下都会使用个人观察方法。不管是在何处与何人交谈，推销人员只要时刻留心、细心观察，就会发现到处都有客户。此外，个人观察法可以说是其他各种方法的基础，因为其他任何方法的运用实际上都离不开推销人员个人的观察。

个人观察法的优点是可以使推销人员直接面对现实、面对市场，对提高推销能力、积累推销经验有很大帮助。缺点是受推销人员个人素质和能力的限制。

---

① 最小、最大化原则是指稻盛和夫《经营十二条》的第五条原则——销售最大化、费用最小化。

同步案例

一位汽车推销员应邀前往客户家里做推销。推销员进门后发现客户家里有一位老太太和一位年轻女士，考虑到老太太的年龄，便认定是年轻女士要购买。于是，推销员直接向年轻女士进行了推销，基本没理会老太太的反应。经过半天的推销，年轻女士很满意，但表示是否购买需要老太太来决定——原来是老太太要购买汽车赠送给年轻女士。由于推销员对老太太的全程忽视，老太太很不满，不但不想买，甚至要求推销员赶快离开。两天后，又有一位汽车推销员应邀上门推销，这位推销员并没有直接做出购买人选择，而是在与她们沟通洽谈中察言观色，发现年轻女士是汽车的使用者，但老太太才是真正的购买者，便同时向二者展开推销，既关注了年轻女士的使用需求，也照顾了老太太作为购买人的感受。最后，双方成功达成交易。

问题：这两个推销员为什么一个推销失败，而另一个则能达成交易？

案例解析：好的推销员应善于观察、灵活应变。第一个推销员由于没有很好地进行观察从而作出错误的判断，导致推销失败。第二个推销员通过观察法很好地锁定了潜在客户，取得了推销的成功。

（六）广告开拓法

广告开拓法又称广告拉引法、广告吸引法，是指推销人员利用各种广告媒介寻找准客户的方法。此方法依据的是广告学的原理，即利用广告的宣传攻势，把有关产品的信息传递给广大消费者，刺激或诱导消费者的购买动机和行为，然后推销人员再向被广告宣传吸引的准客户进行一系列的推销活动。

不同的产品应选用的广告媒体形式也应有所不同。对于使用面广泛的产品，如生活消费品等，适宜运用电视、广播等广告形式寻找潜在顾客；而对于使用面窄的产品（如一些特殊设备、仪器）与潜在顾客范围比较小的情况，则适宜采用杂志、DM 直接邮寄广告来寻找潜在顾客。同时，随着互联网时代的到来，抖音、快手、小红书等新媒体也已成为深受广大商家青睐的广告媒体形式。

（七）文案调查法

热点关注：中国互联网络发展状况统计报告

文案调查法，又称资料查阅法，是指推销人员通过搜集、整理、查阅各种现有文献资料来寻找准客户的方法。这种方法是利用机构内已经存在的或他人整理过的可以为其提供线索的一些资料，这些资料可以帮助推销人员较快地了解到大致的市场容量和准客户的分布等情况，然后推销人员通过电话拜访、信函拜访等方式进行探查，对有机会发展业务关系的客户做进一步的调研，将调研资料整理成潜在客户资料卡，进而形成一个庞大的客户资源库。这是一项艰辛的工作，要求推销人员有耐性、创造性和持久性。

文案调查法的特点和功能，决定了推销人员在进行文案调查时，应该满足以下几个方面的要求：一是广泛性。对现有资料的搜集必须周详，要通过各种信息渠道。常见的渠道有工商企业名录、电话簿、产品目录、协会名册、各种年鉴及其他定期公布的经济资料、各种大众传播媒介提供的信息等。二是针对性。要着重搜集与调查主题紧密相关的资料，以得到有参考价值的信息。三是时效性。只有反映最新情况的资料才是价值最高的资料。四是连续性。要注意所搜集的资料在时间上是否连续。只有连续性的资料才便于进行动态比较，便于掌握事物发展变化的特点和规律。

文案调查法的优点有：一是具有较强的机动灵活性，可用于经常性的调查。二是不受时空限制。从时间上看，现实资料、历史资料皆可查看。从空间上看，内部资料、外部环境方面的资料皆可搜集。三是可以作为一种独立的调查方法加以采用。

文案调查法的缺点有：一是文案调查依据的主要是历史资料，其中过时资料比较多，新情况、新问题难以得到及时的反映。二是所搜集、整理的资料和调查目的往往不能很好地吻合，对解决问题不能完全适用。三是文案调查所搜集的文案的准确程度较难把握。

（八）市场咨询法

市场咨询法是指推销人员利用社会上各种专门的行业组织、市场信息咨询服务等部门所提供的信息来寻找准客户的办法。一些组织，特别是行业组织、技术服务组织、咨询单位等，手中往往集中了大量的客户资料和资源以及相关行业和市场信息。通过咨询的方式寻找准客户是一种行之有效的方法。

市场咨询法的信息搜集渠道有专业信息咨询公司、工商行政管理部门、各级统计和信息部门、当地行业协会等。

市场咨询法的优点是方便迅速、信息可靠，节省推销人员的推销时间。缺点是咨询人员所提供的信息具有间接性，适用范围也有一定的限制。

（九）交易会寻找法

交易会寻找法是指利用各种交易会寻找准客户的方法。国内外每年都有不少交易会，如广交会、高交会、中小企业博览会等。在交易会上不仅能实现交易，更重要的是寻找客户、联络感情、沟通了解。

推销人员参加交易会往往能在短时间内接触到大量的潜在客户，而且可以获得相关的关键信息，对于有意向的客户也可以做重点说明且约好拜访的时间。假如你想获得在印刷机械行业的潜在客户，你可以参加国际印刷机械展，在那里你将遇到中国乃至世界上最著名的印刷机械制造商，得到这个行业的几乎最有价值的那部分潜在客户。

交易会寻找法的优点是效率高，能帮助推销人员在最短时间内接触到最多的准客户。经常去参加某个行业的交易会，推销人员甚至会发现每次都会看到那些准客户，这对以后向其推销是非常有利的。缺点是费用较高，除了差旅费，参加交易会也要向主办单位缴纳一定的费用。

（十）电信寻找法

电信寻找法是指推销人员从电话簿、电子邮件列表中选出自己的推销品最易于被销售的人员范围，然后一个接一个地使用电话、传真、手机短信或电子邮件等进行访问的方法。例如，从电话簿的单位、职业分类中，找出特定行业、职业的人，然后通过电信手段来销售某类产品。

同步案例

“本公司常年代办驾驶证、身份证、学历证书等一切证件，联系人×××，电话×××……”我们大家都曾收到过诸如此类的垃圾短信。垃圾短信被央视“3·15”晚会曝光后，中国移动、中国联通等均设立了免费举报热线及免费短信平台，接受垃圾短信投诉。据介绍，随着大众对短信诈骗的认识越来越深，短信诈骗“生意”也越来越难做。但即使这样，在发出一万条短信后，仍有七八人会上当。

随着通信技术的发展，利用电信手段发布广告以寻找顾客的方法曾一度十分流行，其效果也很好。但是随着消费者权益保护意识的增强，推销人员在利用电信手段寻找客户时，一定要严格遵守法律法规的相关规定。

资料来源：杨国军，张秀芳．现代推销技术［M］．4版．北京：电子工业出版社，2021.

问题：推销人员在使用电信寻找法时应注意什么？

案例解析：使用电信寻找法要遵循合规、合法原则。

（十一）网络搜寻法

网络搜寻法是指推销人员运用各种现代信息技术与互联网通信平台来搜索准客户的方法。它是当前信息时代一种非常重要的寻找客户的方法。人们正处在互联网高速发展的时期，在销售中网络这个工具必不可少。

网络搜寻法的具体方式有：

（1）网上查询法。网上查询法即推销人员通过网络搜索引擎搜集客户的采购信息或准客户信息。例如，公司建好自身的网站，并且确保公司的网址被列入主要的和重要的搜索引擎中，如百度、搜狗等。

（2）B2B网上寻找法。推销人员可以在B2B网站上查询求购信息或销售信息，从而联系到潜在顾客。

（3）竞价推广法。竞价推广是指推销人员把企业产品通过关键词的形式在搜索引擎平台上做推广。它是一种按效果付费的新型而成熟的搜索引擎广告，用少量的投入就可以给企业带来大量的潜在客户，有效提升企业销售额。

（4）网络交易平台推广法。例如，很多商家在京东、天猫等大型综合购物平台上搭建自己的网店，对终端客户进行直销。当网上购物成为一种趋势时，对于商家来说，如何吸引客户点击、如何留住客户成了销售的关键。

（5）社会化媒体营销法。该方法是指推销人员利用社会化网络、在线社区、博客、百科或其他互联网协作平台和媒体来传播和发布资讯，从而实现营销、销售、公关处理和客户关系服务维护及开拓的一种方式。社会化媒体营销工具一般包括论坛、微博、微信、博客、SNS社区、图片和视频，通过自媒体平台或组织媒体平台进行发布和传播。企业可以在拥有海量注册用户的社交媒体网络上发布相关的产品资讯，利用粉丝关注效用和社群效应，大大增加企业产品的曝光量。除增加宣传、维护好客户关系之外，企业还可通过媒体提高产品销量。

（6）数据库营销法。该方法是指推销人员通过收集和积累消费者的大量信息，经处理后预测消费者有多大可能去购买某种产品，以及利用这些信息给产品精确定位，定期向目标客户发送对客户有价值的信息，同时合理地附带产品促销广告。

知识小贴士：互联网渠道如何精准获客？

任务二 审查客户资格

在产品推销实践中，并非每一位准客户都能成为推销人员的目标客户，推销人员还需要对其资格进行鉴定。客户资格审查又称准客户认定、客户资格鉴定，是指推销人员对对方是否真是一位准客户进行分析判断的全部活动过程。客户资格审查并非与寻找准客户截然分开，实际上它贯穿于寻找客户过程的始终。客户资格审查是推销工作的重要一环。只有经过严格的客户资格审查，推销人员才能把宝贵的时间放在最有可能成交的客户身上，节省推销成本。另外，通过客户资格审查，推销人员还能进一步了解客户需求的特点，从而使推销工作有的放矢。

一、客户需求审查

推销成功与否要看客户是否对推销品有需求。客户需求审查是指对准客户是否存在对推销品的真实需求做出审查与评估，以寻找现实客户的过程。

微视频：智慧科技入户，“6·18”海尔智家皆为用户体验

（一）现实需求与潜在需求审查

现实需求是指已经发现的没有被满足的需求。拥有现实需求的客户可以作为立即开展推销活动的对象。而现在没需求，未来存在需求的客户，则可列入预备梯队，作为以后的推销对象。

（二）需求特点审查

需求特点是指客户购买产品的用途、使用要求、将在什么条件下使用等，这些为推销人员提供了推销说服的基点。尤其是对具有特殊需求的客户，推销人员应该继续进行审查，确切了解特定客户的需求特点及其需求的意义，以便在以后的推销活动中予以满足。

（三）购买数量审查

推销人员应该关注现实需求量比较大的客户，以便提升推销业绩。对那些目前需求量虽然不大，但是具有长期购买倾向的客户，推销人员也应予以重视，因为他们是企业或者

推销品未来的基本市场。对于重要客户，推销人员在推销活动中应给予特殊的照顾和安排，因为他们可能是“购买明星”。推销人员要善于利用他们的影响力来扩大企业和产品的知名度。

课堂互动

你认为和尚需要梳子吗？如果需要，你会设计什么样的推销方案？

要求：学生分组进行讨论并设计方案，之后每个小组选一名代表发言，其他组可以针对该同学的发言提出问题，最后由教师进行点评总结。

需求是可以创造的。现代推销工作的实质，就是探求和创造需求。随着科学技术的发展和新产品的大量问世，客户中存在大量尚未被认识的需求，也存在出于某种原因暂时不准备购买的情况。对属于这两类情况的客户，推销人员不应将其视为不合格客户而草率除名。正是由于存在尚未被客户认识的需求，才为推销人员大胆探求和创造客户需求提供了用武之地；也正是由于客户中存在某种困难，才有赖于推销人员去帮助客户改善生产和生活条件并解决其潜在的问题。推销人员应勇于开拓、善于开拓，透过现象看实质，去发掘客户的潜在需求。

二、客户购买力审查

支付能力的强弱是判断一个潜在客户是否能够成为目标客户的重要条件。客户支付能力是指客户的购买力或筹措资金的能力。客户购买力审查的内容主要有客户的现金兑付能力、财务状况和资金结构、经营状况、偿还拖欠贷款的能力与信用度等。只有建立在购买力基础上的需求才是真正的市场需求。在现实生活中，经常出现由于推销人员未对客户购买力进行审核，因此产品推销不出去或货款回收不良的现象。所以，推销人员对客户购买力的评定是必要的。

客户的支付能力包括现有支付能力和潜在支付能力。首先，审查客户现有支付能力。具有购买需求及现有支付能力的客户，是推销人员最理想的推销对象。其次，对准客户潜在支付能力进行审查。一味强调现有支付能力，不利于推销局面的开拓，掌握客户的潜在支付能力，可以为推销提供更为广阔的市场，因为他们是企业的后备客户群。当准客户值得信任并具有潜在支付能力时，推销人员应主动协助准客户解决支付能力问题，如建议客户利用银行贷款或其他信用方式购买推销品，或对其实行赊销。

三、客户购买资格审查

客户购买资格是指推销人员审查购买人员是否有作为市场经营主体的行为能力以及对推销品的购买是否有某些限制。

市场经营主体的行为能力是由国家法律赋予的，是由国家行政机关通过办理各类许可证的方式体现的，具体包括：

（一）营业执照

营业执照是由工商行政部门颁发的。营业执照中规定了执照持有人的经营范围，执照持有人应在经营范围内活动，否则，其行为就是无效、非法的。

（二）行业执照

行业执照是由行业主管部门颁发的，如卫生部门颁发给食品行业的卫生许可证。

（三）专营执照

专营执照是指对于某些行业，国家只许可某个行业专营（即垄断），如卷烟行业必须有专营许可证。

（四）特种行业

特种行业是指由公安部门备案或颁发合格证才能进行有关经营活动的行业，一般是与社会治安有关的行业，如旅馆业、拍卖业、典当业等。

当然，上述所有证照都有时间效力，过期失效。

四、客户购买决策权审查

知识小贴士：客户购买决策权审查的内容

决定推销能否成功，还要看客户是否有购买决策权。在推销过程中，“找准人”是关键的一环，即要找到具有购买决策权的人或决策的核心人物。了解或找准具有购买决策权的那个人无疑能节省推销人员的时间，提高推销的效率，还能提高推销成交的可能性。

同步案例

某网络设备公司专业代理销售某品牌系列光盘服务器，该产品最大的特点是以较低的成本实现海量数据的网络存储。该产品可广泛应用于对低成本网络存储有强烈需求的企事业单位，如电信公司、学校等单位。

小宋负责该公司产品面向政府、事业单位的销售。两笔订单让他记忆深刻。

第一笔销售来自L县一中。现在，许多中小学都在进行信息化建设。中小学的信息化工程包含的内容很多，主要有卫星网络教学、教学机房建设、智能化布线、数字图书馆等。由于涉及财政拨款，要求较高，L县一中的信息化工程基本以招标的形式进行。小宋所在的公司是个小公司，以代理产品销售为主，没有做项目的资质，当然无法直接参与投标。小宋得知L县一中项目招标的事之后，马上联系了K公司的工程部，要求把自己的产品作为配套项目的必需硬件（数字图书馆）做进标书之中。K公司是上市企业，实力很强，最终项目中标，小宋也实现了产品的销售。

第二笔销售来自A省统计局。统计部门有大量的数据需要存储，而且这些数据不仅需要安全存储，还需要很方便地检索查询，这是光盘服务器的强项。这笔订单小宋前年就在联系，他拜访了 A 省统计局信息中心分管领导，向 A 省统计局信息中心负责人演示产品。小宋感觉对方已经很感兴趣了，但是最终没能成交。对此，小宋没有放弃，而是继续与客户保持联系。第二年，小宋早早拜访客户，可是事出意外，交易又没能达成。第三年，小宋仍然没有放弃这个客户，一直保持联系，终于成交。

资料来源：梅鹏．推销实务［M］．北京：中国铁道出版社，2022.

问题： 请分析小宋这两笔成功订单的根本原因。

案例解析： 在第一笔交易中，小宋所在的公司虽没有能力直接接触最终用户，但是通过合作伙伴，间接获得了有价值的潜在客户。在第二笔交易中，A 省统计局已经明确告知没有购买力，从判断准客户的标准来看，其已经不属于准客户了。但小宋没有轻易放弃，而是分析了其没有购买力的原因并长期跟踪，先后用了三年时间，做成了这笔交易。由此可见，识别客户、评价客户是一份细致的工作，需要推销人员具备较强的逻辑思维与判断能力。只有结合丰富的工作经验，才能得出正确的结论。

五、建立客户档案

推销人员经过对准客户的分析、评价、审查，选出正式推销对象，并将其列入推销名单。这时，建立客户档案或卷宗，就成为必要的工作内容。随着信息技术的广泛使用，客户管理基本上实现了电子化和信息化。对于现代企业来说，建立客户档案，有助于更好地对企业现有的客户进行分析和研究，从而更好地为企业推销业务所用。

客户档案主要包括客户分析表、客户资料卡、客户评价表。

（一）客户分析表

推销人员可以将自己的客户按照时间顺序分为三大类，即现有客户、过去客户、将来客户，并对每一类客户进行详细的分析，以便从中发现销售机会。客户分析表具体内容如表 8－1 所示。

表 8－1　客户分析表

<table>
<tr><td rowspan="3">现有客户</td><td colspan="4">哪些人</td><td>向我们买什么</td><td>不可能买什么</td><td colspan="2">能推荐哪些客户</td></tr>
<tr><td>名称</td><td>地址</td><td>电话</td><td>采购员及主管姓名</td><td>产品</td><td>数量</td><td>其他公司</td><td>朋友、亲戚</td></tr>
<tr><td></td><td></td><td></td><td></td><td></td><td></td><td></td><td></td></tr>
<tr><td rowspan="3">过去客户</td><td colspan="4">哪些人</td><td>为什么失去</td><td>如何挽回</td><td colspan="2">能买什么产品</td></tr>
<tr><td>名称</td><td>地址</td><td>电话</td><td>采购员及主管姓名</td><td rowspan="2"></td><td rowspan="2"></td><td colspan="2" rowspan="2"></td></tr>
<tr><td></td><td></td><td></td><td></td></tr>
<tr><td rowspan="3">将来客户</td><td colspan="4">哪些人</td><td colspan="2">怎样才能向我们订货</td><td colspan="2">他们可能购买什么</td></tr>
<tr><td>名称</td><td>地址</td><td>电话</td><td>采购员及主管姓名</td><td>他们需要什么</td><td>是否能满足他们的需要</td><td colspan="2" rowspan="2"></td></tr>
<tr><td></td><td></td><td></td><td></td><td></td><td></td></tr>
</table>

（二）客户资料卡

在建立了客户分析表的基础上，推销人员还应为每一个经过审查的客户制作详细的资料卡，对资料卡中的有关内容做充分的调查和了解，使产品推销工作系统化、表格化，进一步提高产品推销工作的效率。

在实际推销工作中，推销人员一般要根据实际需要来设计客户资料卡的具体格式。表8-2和表8-3是两种比较常见的客户资料卡。

表8-2　消费者个人或家庭资料卡

客户姓名		性别		住址	
学历		年龄		性格特征	
职业		年均收入		家庭成员数	
购买产品			购买日期		
付款方式					
备注					

表8-3　客户（组织）资料卡

组织名称		营业地址	
组织性质			
联系电话		经营规模	
日销金额			
订购产品			
交易日期			
付款方式			
收款日期			
营业状况			
信用等级			
备注			

（三）客户评价表

推销人员利用客户资料卡可以定期地对客户进行综合评价，从而掌握客户购买本企业产品的情况、订货次数，并将客户的有关资料进行汇总，随时掌握客户的购买进度以及采购时机；清楚地分析、控制产品推销业务的增长状况，该客户占推销总额的比例是多少，发掘该客户的潜在购买能力；依此分析与每位客户每笔交易所花费的推销费用，清楚地了解推销费用占产品推销总额的合理比例，以此衡量以后推销业务的投入水平与产出效益，并提出改进措施。表8-4就是一个利用客户资料卡编制的客户情况综合评价表。

表 8-4　客户情况综合评价表

序号	客户评价资料	评语	存在的问题	改进措施
1	基本情况			
2	每次订购产品的数量			
3	订购产品的次数（每年）			
4	占公司推销总额的比例			
5	推销费用水平			
6	货款回收情况			
7	对本公司的评价			
8	对推销业务的支持程度			
9	访问计划			
10	延迟交货的情况			

崇德修身

以诚信赢市场 展国企之担当

诚信是企业的生存之本。一直以来，中国重汽始终坚持“客户满意是我们的宗旨”的企业核心价值观，坚守诚信经营赢得好口碑，实现品牌与客户“双向奔赴”，在合作过程中做到“极致服务 全程无忧”，国际市场影响力显著提升。2023 年上半年，中国重汽更是以累计销量 12.98 万辆、市占率 26.57%的成绩，夺得 2023 上半年重卡销量、市占率双冠军。

基业长青的根本在于诚信。其中，产品和服务质量是企业信用体系建设中极其关键的因素。作为全球具有重要影响力的工业装备跨国集团，中国重汽一直将“诚信”贯穿于生产经营的方方面面。作为一家有着 90 多年深厚底蕴的造车企业，中国重汽始终坚持以客户为导向，用极致的服务为客户创造多维价值。为保证产品、服务质量，近年来，中国重汽依法规范企业的经营行为，聚焦客户全生命周期价值最大化，借鉴潍柴 WOS 管理经验，推广落地 HOS 精益管理，使得产品质量有了质的飞跃，得到用户一致认可与信任。

中国重汽在做大、做强的同时，始终善尽社会责任，积极投身公益事业。2022 年特大寒潮爆发之时，中国重汽为滞留高速的客户免费提供救援服务和生活物资。疫情暴发三年间，中国重汽体恤卡友的“疫”路艰辛，聚焦疫情下卡友运输中所面临的实际需求，推出“共抗疫情 携手前行——亲人暖心服务在行动”活动。2023 年 8 月初，强降雨致河北涿州遭受重创。汛情传来，中国重汽迅速启动“闻‘汛’而动‘沃’与你同行”用户关怀行动计划，主动为客户及受灾群众提供救援、饮用水、餐食及急需药品。

过去 5 年的精彩蝶变与取得的成就，背后是中国重汽的“硬核”实力，更是其始终以诚信践行市场行为、持续深挖行业市场需求、积极承担社会责任、不断提升产品品质的努力。

资料来源：中国重汽：以诚信赢市场 展国企之担当［EB/OL］. 信用中国（云南保山）网，2023-09-25.

问题：中国重汽朝向世界一流全系列商用车集团发展的核心竞争力是什么？

提示：诚信属于道德范畴，是企业的第二张“身份证”。中国重汽诚信经营，厚植诚信文化，打造诚信品牌，赢得了客户的好口碑，用信誉领跑高质量发展。

知识测试

一、单项选择题

1. 普遍访问法遵循的是（　　）。

A. 平均法则　　B. 连锁反应原则

C. 光辉效应　　D. 最小、最大化原则

2. 装修公司的推销人员让房地产公司的推销人员介绍客户，被称为（　　）。

A. 链式引荐法　　B. 中心开花法

C. 市场咨询法　　D. 委托寻找法

二、多项选择题

1. 客户资格审查的内容包括（　　）。

A. 客户需求审查　　B. 客户购买力审查

C. 客户购买资格审查　　D. 客户购买决策权审查

2. 当我们需要老客户向我们推荐新客户时，下列哪些说法是错误的？（　　）

A. 第一次联系目标客户时就要求别人帮你推荐

B. 要求别人帮你推荐就是让别人给你一个朋友的联系方式就可以了

C. 只要你的推荐人采取了行为承诺，你就应该立即向推荐人表示感谢

D. 最好让推荐人明白具体哪种类型公司和人群需要你所提供的产品

三、判断题

1. 推销人员必须确定客户购买资格，才能提高寻找客户的效率。（　　）

2. 普遍访问法不仅可以搜寻到潜在客户，还兼有市场调研的作用。（　　）

3. 使用文案调查法一定要注意所搜集资料的可信度和时效性。（　　）

四、简答题

1. 寻找客户的原则有哪些？

2. 审查客户的资格包括哪些方面？

五、论述题

寻找客户的方法有哪些？对其中至少三种进行举例说明。

项目实训

实训背景：

根据本项目情境导入《西瓜的推销之路》所提供的资料，分小组帮助小张制定寻找客户的方案，并分角色扮演小张、不同的客户类型，进行实地演练。

实训目标：

通过角色扮演、情境模拟，合理运用各种客户寻找方法，帮助小张制定有效地寻找客户的方案。

实训内容：

1. 结合情境资料，灵活运用寻找客户的方法，拟定可行的寻找客户方案；
2. 结合推销品的特点，全面分析潜在客户的需求，并寻找到恰当的准客户；
3. 全面审查客户资格，并定位合适的推销渠道和目标群体；
4. 对客户进行分类，详细建立客户档案。

实训步骤：

1. 将全班学生分成若干小组，学生可以自由组合，每组4～6人，讨论制定寻找客户方案；
2. 结合方案内容，小组组长按照组员特长进行适当角色分工，确定每位角色的定位及职责；
3. 各组模拟寻找客户，模拟过程要体现寻找客户的方法，并能将客户需求分析到位，全面审查客户资格，完成准客户档案的建立；
4. 模拟结束，进行组内互评和组间互评，教师进行点评与总结；
5. 各组进行小结讨论，完成实训总结；
6. 教师在“学习通”平台上展示班级优秀实训成果及相关资料。

实训成果：

1. 《×××推销活动寻找客户方案》
2. 《×××推销活动客户分析表》《×××推销活动客户资料卡》《×××推销活动客户评价表》
3. 《×××推销活动寻找客户实训总结》

注意事项：

1. 寻找客户方案具体可行；
2. 寻找客户方法体现创新性和有效性；
3. 具备不怕挫折、积极进取的工作态度。

任务评价

评价方式	评价内容		分值	评价人	
				个人	教师
自我评价与教师评价（75%）	技能点	能拟定可行的寻找客户的方案	15		
		能全面分析产品特点与客户需求	10		
		能结合产品特点与客户需求，寻找到恰当的准客户	10		
		能全面审查客户资格	15		
		能详细建立客户档案，对客户进行分类管理	10		

续表

评价方式	评价内容		分值	评价人	
				个人	教师
自我评价与教师评价（75%）	素质点	不怕挫折、积极进取的工作态度	5		
		吃苦耐劳精神和团队合作意识	5		
		诚信意识和法治精神	5		
	合计（$\sum$ 个人分值＊20%＋ $\sum$ 教师分值＊80%）		75		
组间互评（25%）	实训任务前期准备情况及任务整体完成质量		7		
	小组每个成员任务的参与度与投入度		6		
	小组成员之间的配合度及团队精神		6		
	实训情境仿真性		6		
	合计		25		
综合评价	自我评价（15%）＋教师评价（60%）＋组间互评（25%）		100		

项目九　约见与接近客户

学习目标

知识目标：了解约见客户的准备工作，掌握约见客户及接近客户的方法和适用条件。

技能目标：能够根据行业环境，灵活运用各种方法约见客户以及接近客户，能够用其指导产品推销的相关活动。

素质目标：培养不怕挫折、积极进取的职业素养，树立明察秋毫、科学规划的思维意识。

思维导图

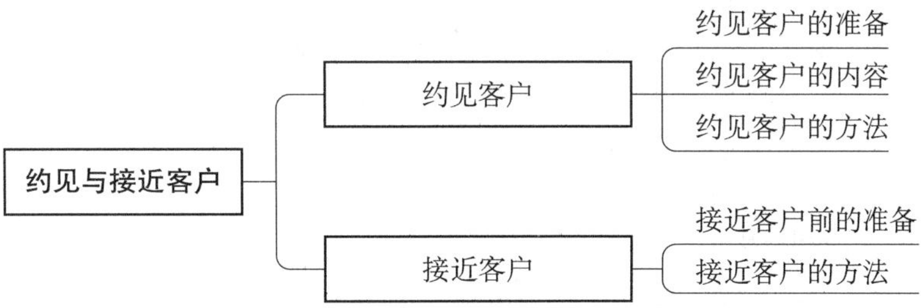

情境导入

一次失败的推销访问

丽佳公司的推销人员李明急匆匆走进云惠电商公司，找到经理室敲门后进屋。

推销人员："您好，李先生。我叫李明，是丽佳公司的推销人员。"

曲经理："我姓曲，不姓李"。

推销人员："噢，对不起。我没听清楚您的秘书说您姓曲还是姓李。我想向您介绍一下我们公司的彩色复印机……"

曲经理："我们现在还用不着彩色复印机。即使买了，一年也用不上几次。"

推销人员："这样啊！我们还有不同型号的复印机。这是产品资料。"（边说边将印刷品放到桌上，然后掏出烟与打火机）"您来一支？"

曲经理："我不吸烟，我讨厌烟味。而且公司规定办公室不能吸烟。"

推销人员尴尬地收回香烟，沮丧离场。

请问：为什么说这是一次失败的推销访问？

启示：推销人员与其匆匆忙忙地拜访十位客户而一无所获，不如认认真真做好充分准备，在拜访客户之前，调查、了解客户的基本信息（姓名、职务等）、实际需要和具体问题，然后有针对性地带着有益于客户的构想去拜访。

任务一 约见客户

约见客户是指推销人员事先征求客户同意后，被客户接见并与之洽谈的过程。约见是推销接近的开始。只有通过约见，推销人员才能成功地接近准客户，顺利开展推销洽谈。通过约见，推销人员还可以根据约见的情况进一步做推销预测，为制订洽谈计划提供依据。此外，约见还有助于推销人员合理地利用时间，提高推销效率。

一、约见客户的准备

约见客户前的准备工作是指推销人员在与客户正式约定见面和正式接触前，针对某一特定准客户而进行的准备工作，是为了进一步了解、掌握和分析客户的情况而进行的预先准备过程，是客户资格审查工作的继续，也是非常重要的推销环节之一。约见客户的准备工作越充分，推销工作成功的概率也就越大。一般来说，约见客户的准备工作主要从以下几个方面着手：

（一）客户资料准备

客户资料是反映客户基本情况的信息资料。客户资料的准备是接近客户前的基础性准备工作。对客户的整体情况进行充分的调查和了解，可以促使约见达到应有效果。针对不同的约见对象，推销人员需要准备的资料内容也应有所不同，具体如表 9－1 所示。

表 9－1 不同类型客户所需准备的资料

客户类型	所需准备的资料
个体客户	姓名、性别、年龄、职务、民族、文化程度、信仰、兴趣爱好、籍贯、家庭成员、收入、偏好、经历、需求等
团体客户	组织基本情况、生产经营情况、组织人事情况、组织采购惯例、决策系统和方式、决策人的性格与爱好、组织内部各部门的权限等

（二）推销方案拟定

推销方案是指推销人员展开推销活动的行动方案。推销人员应充分考虑推销对象和推销环境及其他有关要素，根据客户的会见时间、地点等制订完善、周密的推销方案，为顺利地接近客户做好准备。如果推销人员不事先约见客户而盲目地制订访问计划，很大可能与被访问准客户的工作计划产生冲突，导致推销活动受阻，从而错失可能的推销机会。

（三）心理准备

约见客户前，推销人员要对约见时可能会出现的各种情况做出充分预测，并做好应对的心理准备。在实际推销过程中，约见请求被拒绝时有发生。面对这种情况，推销人员应该明白客户拒绝的是推销品而不是推销人员本身，要坚定信心、百折不挠。

（四）其他资料准备

除了上述准备之外，推销人员还应准备好必要的推销工具、辅助器材，如样品、照片、鉴定书、企业合法证件或其复印件、介绍信、引荐信、名片、身份证等物质资料。这些资料有助于增加客户的信任度，便于推销人员进一步接近客户。

二、约见客户的内容

作为推销拜访的准备阶段，约见客户的内容主要取决于拜访活动的客观要求。推销人员应该根据每一次推销访问活动的特点来确定具体的约见内容。通常，约见客户的工作内容可以概括为 4 个 W，即确定约见对象（Who）、明确约见事由（Why）、安排约见时间（When）、选择约见地点（Where）。

（一）确定约见对象

约见对象是指对购买行为具有决策权或重大影响的人。进行推销约见，首先要明确具体的约见对象。针对不同的推销品，推销人员的约见对象是不同的。如果推销的是个人家庭用品，约见对象较为明确；如果推销的是大型工业用品，面向团体客户，情况则相对复杂。

微课：约见客户的内容

推销人员在约见推销对象时需要注意以下几点：

1. 直接约见购买决策人或者对购买决策具有重大影响的人

董事长、经理和厂长等是企业或有关组织的决策者，他们拥有决策权，是推销人员首选的约见对象，这样就可以避免在无权或无关人员身上浪费时间。推销人员若能成功地约见这些决策者，将为以后的推销活动铺平道路。

2. 约见购买决策人的助手

购买决策人的助手通常是指助理、秘书、办公室主任等。决策人由于公务繁忙，一般会把很多日常性事务全权托付给助手。助手虽无决策权，但他们接近决策层，对决策人的决策活动有很大的直接的影响。

3. 约见企业或有关组织的部门负责人

企业或有关组织的部门负责人往往具有某部门、某领域的购买决策权，成功约见他们，也能达到推销成功的目的。另外，为了避免以后的推销工作出现不必要的麻烦或障碍，推销人员也要尊重有关的接待人员，设法取得他们的合作与支持。

同步案例

李方拜访一家贸易公司，去了好几次都没有见到总经理。多次拜访无果后，一天，李方突然发现该公司前台桌上的花瓶不见了。于是再去拜访时，他便带了装着几支小雏菊的小花瓶，送给前台工作人员。此后，每隔 3 天他就带着几支不同颜色的小雏菊前去拜访，被公司的人戏称为“小雏菊推销员”。两个月后的一天，李方照常前去拜访，前台工作人员兴高采烈地告诉他总经理在等他，并热情将他带入总经理办公室。“本公司的员工都非常称赞你哟！”双方在愉快的气氛中签订了合约。

问题：双方成功签约的关键因素是什么？

案例解析：李方虽然没有见到企业的决策者，但是他细心观察，并通过自己的努力争取到了接待人员的支持与合作，最终顺利约到了企业的直接决策人。

（二）明确约见事由

任何人都不会接受没有理由的约见，特别是在双方从未谋面或不熟悉的情况下，所以推销人员在约见拜访对象时，必须告诉对方拜访的原因，使其感到有会见推销人员的必要。由于推销活动的进行程度和具体情况不同，因此每次约见客户的目的也有所不同。一般来说，约见客户的目的和事由不外乎下列几种（见图 9－1）。

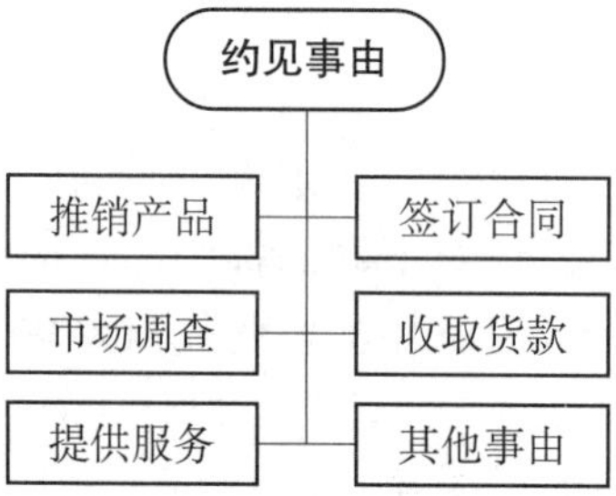

图 9－1　约见事由

1. 推销产品

该约见事由比较常见。若准客户确实需要该产品，自然会欢迎推销人员的来访，给予必要的合作。但若准客户对该产品没有需求，则以此为由约见客户往往会遭到拒绝。因此，推销人员只有使准客户在极短的时间内对推销品产生兴趣并重视自己的推销，才可能达到约见的目的。

2. 市场调查

市场调查是推销人员的重要职责之一。推销人员把市场调查作为访问事由来约见客户，比较容易被准客户接受。通过与准客户面谈，推销人员可以了解准客户的真实情况，这既有利于搜集有关资料和信息，又可以避免强行推销，不容易引起准客户的反感。优秀的推销人员往往会在调查的过程中，不知不觉地开始正式的推销，从而一举两得。

3. 提供服务

推销和服务是分不开的。在推销活动中，产品介绍、专业咨询、技术指导、安装调试、保养维修等服务贯穿始终，也为推销工作创造了条件。因此，以提供服务为由约见客户，往往会受到客户的欢迎，有利于推销人员与客户的直接沟通并建立良好的推销信誉。推销人员可以利用提供服务的机会推销产品，这既有利于完成推销任务，又可扩大企业的影响力，树立企业和推销人员的信誉。

4. 签订合同

一般情况下，推销人员在与客户谈妥交易条件之后，应当即签订合同。如果因某种原因当时未签，也可在事后约定时间专门签订。以此为由约见客户一般比较容易，但注意一定要抓紧时间，不可拖得太久，以免客户反悔。

5. 收取货款

在交易中，客户因某种原因拖欠货款也是常有的事。欠债还钱天经地义，以收取货款为由约见客户自然也是理直气壮，客户一般不好回绝。但如果客户资金紧张或主观上不愿支付，可能就会寻找各种理由推托，避而不见，这时推销人员就要特别讲究约见技巧。

6. 其他事由

除上述常见事由以外，推销人员还可以其他事由约见客户，比如用户走访、节日赠送、祝贺喜庆等。借助以上事由定期或不定期地拜访客户，可以增进客户对推销企业和推销人员的信任感，也往往会受到欢迎。需要注意的是，不论以何种事由约见客户，总的原则是要让客户感觉到约见对他有帮助，而非增添麻烦。

（三）安排约见时间

安排的约见时间是否恰当，直接关系到能否争取到进一步的推销接近。具体的约见时间应根据约见对象的特点和约见事由的不同而定。

1. 根据约见对象确定约见时间

推销人员应充分考虑约见对象的生活规律和作息时间等具体情况。安排的约见时间，要尽可能避免约见对象工作忙碌、休息或心情不佳的时候。例如，约见团体客户最好不要把约见时间定在星期一上午，约见家庭主妇最好避开买菜做饭的时间等。

课堂互动

作为推销人员，如果你的约见对象从事以下职业，约见的时间该如何确定？

（1）会计师。

（2）医生。

（3）行政人员。

（4）股票行业人员。

（5）银行家。

（6）公务员。

（7）餐饮从业者。

（8）建筑设计师。

（9）律师。

（10）教师。

要求： 学生参考相关资料进行独立思考，随后分组互相进行提问和评论，教师最后对学生提出的典型见解进行点评。

2. 根据约见事由确定约见时间

推销人员应根据具体的约见事由来确定约见时间。例如：直接推销产品应选择有利于成交的时间作为约见时间；市场调查应选择市场行情变动较大，或者客户对产品出现特殊需求时作为约见时间；收取货款应选择对方资金宽裕时作为约见时间等。

3. 根据约见地点和路线确定约见时间

推销人员为提高推销效率，应该使约见时间、约见地点和路线保持一致。一般来说，如果约见地点在家中，就要选择对方工作以外的时间；如果约在办公室洽谈，则应该选择上班时间；如果约见地点是在公共场所，就要根据各个公共场所的特点来决定约见时间。

4. 根据访问对象的意愿确定约见时间

推销人员要尊重约见对象的意愿，做到留有余地，最佳的办法是双方协商确定一个妥当的时间。一般来说，如果双方都有足够的把握，就可以约定一个固定的时间，如下午两点整。如果双方在推销访问前后还安排有其他工作，或者考虑到可能出现其他意外情况，就可以约定一个较为灵活的时间，如下午两点半到三点之间。

（四）选择约见地点

与客户约定见面地点主要遵循两个原则：一是以客户的意见和方便为主；二是避免干扰，以安静和便于谈话交流为宜，环境越雅致越好。一般来说，约见地点的选择有以下几种：

1. 工作地点

对于集团消费或者推销生产用品的推销人员来说，最佳的约见地点一般是约见对象工作单位的办公室。因为在大多数情况下客户是被动的，所以推销人员应该采取主动。在办公室约见方便双方讨论问题，进行反复商议以达成共识。

2. 居住地点

对于推销家庭生活用品的推销人员来说，约见地点通常为客户居住地，这样既方便客户，推销产品又顺理成章。

3. 社交场合

针对组织客户和消费者客户，社交场所（如餐厅、酒吧、咖啡店、电影院、休闲娱乐场所等）也是不错的选择。如企业通常会组织一些社交活动，邀请客户或目标客户参加。轻松愉快的氛围有利于拉近推销人员与客户之间的距离。推销人员要珍惜和利用这样的机会发展客户。

4. 公共场所

上述三种约见客户的地点都不适宜时，公共场所（如公园、候车室、图书馆、码头、车站等）也可以作为约见地点。这些地点显得比较随意，无拘无束，约见成本几乎为零，主要适合于约见小企业、老客户、年长客户及低收入客户。

三、约见客户的方法

（一）电话约见法

电话约见即通过电话约见客户，这是现代推销活动中常用的约见方法，好处在于迅速方便、经济快捷，使客户免受突然来访的干扰，也使推销人员免受奔波之苦，节省大量时间及不必要的差旅费用。当然，由于推销人员与客户之间缺乏相互了解，电话约见很容易引起客户的猜忌、怀疑，因此推销人员必须熟悉电话约见的原则，掌握电话约见的正确方法。获得电话约见成功的关键在于推销人员必须掌握打电话的技巧：精心设计开场白，引起对方足够的好奇心，使其期待继续交谈；约见事由要充分，用词简明精练；态度诚恳，语气平缓等。电话约见的一般步骤包括问候对方、介绍自己及公司、感谢对方接听、表达拜访的理由、约定拜访时间和地点、再一次致谢、结束电话。

在预约客户时，推销人员必须以与客户约定面谈时间和地点为主要目的，因此，电话约见需要注意两点：一是应避开电话高峰和对方忙碌的时间，一般上午 10 点以后和下午 2 点到 5 点之间较为合适；二是要掌握好时间和分寸，如果客户表示时间不合适或者没兴趣，则应立即停止对话并道歉，不要强人所难。

课堂讨论☞

（1）接打电话中谁可以先挂电话？

（2）接打电话中应做好哪些记录？

（3）通话时间多长为宜？

（4）接打电话的禁语有哪些？

（5）选择打电话的时间应注意哪些问题？

要求：教师不直接提供上述问题的答案，而是先引导学生结合本部分内容进行独立思考、自由发表见解，再组织课堂讨论，最后对学生提出的典型见解进行点评。

（二）信函约见法

信函约见法是指推销人员通过信函或电子邮件来约见客户。常见的约见客户的信函方式主要有：个人信件、单位公函、会议通知、请帖、便条、电子邮件等。另外，使用信函约见还可将广告、商品目录、资料册等一并附上，以引起客户的兴趣和关注。

信函约见简便快捷、易于掌握、费用低廉，又可避免当面约见时的层层人为阻碍，可以畅通无阻地将信息传递给目标客户。但这种方式也有一定的局限，如：信函约见的时间较长，不适于快速约见；许多客户对推销约见信函不感兴趣，甚至不拆阅，回应率低。

（三）当面约见法

当面约见法是指推销人员当面与客户约定拜访的时间和地点等。推销人员可以利用与客户会面的各种机会进行面约，如在展销会或订货会上、在社交场所、在推销旅途中或在与客户不期而遇的场合。但是这种机会并不常有，这就要求推销人员时时留心，了解重要客户的生活习惯、兴趣爱好，创造机会与客户见面，进而约定正式见面的时间。

当面约见法具有以下优点：其一，有利于发展双方关系，加深双方感情；其二，便于双向沟通，缩短彼此的距离；其三，如果约见内容比较复杂，当面约见可以说清楚；其四，当面约见可以防止走漏风声，保密性好。

当然，当面约见法也有一定的局限性：首先，当面约见法受地理空间的限制，地理范围有限；其次，当面约见法要求推销人员及时约见每一位客户，效率较低；最后，当面约见一旦被客户拒绝，会令推销人员当面难堪，造成被动、不利的局面，不利于下一次的接近和拜访。因此，推销人员在具体使用这一方法时，须察言观色、随机应变，灵活运用技巧。

（四）委托约见法

委托约见法是指推销人员委托第三方约见客户的方法。受托的第三方，可以是推销人员的同学、老师、同事、亲戚、朋友、上司、同行、秘书、邻居等，也可以是各种中介机构。

委托约见法最大的优势是借助第三方与客户的特殊关系，降低目标客户对陌生推销人员的戒备心理，取得目标客户的信任与合作。但是，委托约见法也有一定的限制：一是推销人员的亲友数量有限；二是推销人员的亲友未必与目标客户有交情；三是要搭人情托关系，环节较多。因此，受托人一般都是与访问对象本人有一定社会关系或社会交往的人。与访问对象关系密切的人或对访问对象有较大影响的人士是最为合适的受托人。

（五）广告约见法

广告约见法是指推销人员利用各种广告媒体约见客户的方法。常见的广告媒体有广播、电视、网络、报纸、杂志、路牌等。广告约见法的优势是约见对象多、覆盖面广、效率高等。在约见对象不具体、不明确或者约见客户太多的情况下，采用这一方法来广泛地约见客户比较有效。利用广告进行约见可以把约见的目的、对象、内容、要求、时间、地点等准确地告诉广大受众，从而节省推销时间。但广告约见也有其局限性，比如针对性较差、费用较高却未必能达到引起目标客户注意的效果等。

热点关注：2022 年十大创意广告

（六）网络约见法

网络约见法是指推销人员利用互联网与客户在网络上进行约见的方法。互联网的迅速发展为现代推销提供了快捷沟通的工具，尤其是微信、QQ、抖音、小红书等具有直接沟通的功能，加快了网上约见与洽谈的进程。

网络约见法的优点是范围广、快捷便利、费用低。这种方法的局限性是受推销人员对网络技术和客户网址及电子邮箱等情况的掌握程度等方面的限制。因此，推销人员要掌握有关的网络知识，学会利用现代化的信息手段和推销工具开发客户。

同步案例

2023年9月，“花某子事件”掀起了一场探讨“79元到底能做什么”的热议。看似微不足道的79元实际上蕴含了巨大的价值。上海某日用品公司的“嗅觉”十分敏锐，在看到此事件的商机之后，连夜在直播间中上架79元的套餐，还标注79元可以买到五斤半的洗发水。其他国货品牌也不甘落后，纷纷跟上这崛起的大潮。天津某护肤品集团官方连夜开通抖音账户，三天涨粉百万，及时接住了这“泼天的富贵”。整个事件可谓是“一石激起千层浪”，国货品牌焕发了新的活力，吸引了更多消费者的关注。

问题：这种营销方式取得快速发展的秘诀是什么？

案例解析：现代消费者更加注重个性化和独特性的消费体验，对于产品的品质和价值也更加敏感。品牌方应在全面改进产品的质量、用户体验的同时，注重网络推销渠道建设，使产品能够更好地接触消费者，只有这样才能在市场上占据一席之地。

任务二　接近客户

接近客户是指推销人员在完成约见客户以后就推销洽谈的实质性内容开始直接与客户正式接触的过程。这时，推销人员可以按照“约见时间”在“约见地点”同“约见对象”（客户）讨论“约见事由”。在此过程中，推销人员不仅要在地理位置上接近客户，更要在心理上靠近客户，与客户实现真正的沟通。因此，推销人员要把握时机，充分运用接近客户的策略和技巧，给客户留下美好的第一印象。只有这样才能营造良好的推销气氛，使推销活动得以顺利进行。

一、接近客户前的准备

接近客户前的准备是指推销人员在正式与客户会见前做好最后的准备。具体来讲，推销人员应做好以下方面的准备工作：

（一）掌握多种方法技巧，遵循因人而异的原则

现实经济生活中，客户在性格、爱好、阶层等方面存在很大差异，这就要求推销人员以不同方式接近不同类型的客户，即使是接近同一位客户，也不应该总是使用同一种方式。推销人员可从以下方面入手：一是培养细心观察的习惯，通过观察总结，学会与不同的客户打交道；二是努力掌握尽可能多的接近客户的方法和技巧，只有掌握多种方法，才能有所选择；三是善于扮演生活中的各种角色，以不同的身份接近不同的客户。

（二）培养百折不挠精神，遵循自我调整的原则

推销人员在接近客户的过程中会遇上各种各样的困难，这对推销人员的毅力是极大的考验。正视和克服这些困难是推销人员应具备的基本职业品质。事实上，客户的冷漠或拒绝有多方面原因，如推销时正赶上客户情绪不佳，或客户正忙，没有时间接待，或客户对推销存有偏见等。推销人员应从多方面分析客户冷漠或拒绝的真正原因，做到处变不惊、从容应对。

知识小贴士：推销接近中帮助客户减压的方法

（三）消除对方抵触心理，遵循换位思考的原则

绝大多数情况下，在面对推销人员的推销活动时，客户方面存在明显压力，即其总感觉推销人员是在企图推销什么东西，于是本能地设置一些障碍，下意识地干扰和破坏推销过程的顺利进行。因此，推销人员在接近客户时要学会换位思考，尽量消除对方的紧张心理，并制造轻松愉快的气氛。

（四）合理制订访问计划，遵循有条不紊的原则

为了更好地完成推销任务，推销人员在接近客户前最好制订一个访问计划，就本次访问要达成的目标、议题等提前规划，做到心中有数。推销人员要善于控制接近的时间，不失时机地转入正式面谈。每一次接近的时间不宜过长，具体时间的长短应因人、因时、因事、因地而异。

（五）备齐推销活动物品，遵循未雨绸缪的原则

“优秀的推销人员一靠技巧，二靠各种推销工具。”这是推销人员应坚守的一条不可动摇的原则，说明了推销时相关物品准备的必要性和重要性。推销接近常用的物品及其功用如表 9－2 所示。

表 9－2　推销接近常用的物品及其功用

物品类型	具体形式	功用
视听材料	产品实物、图文资料、影像材料	给客户以直观、形象的产品展示，吸引其注意，激发其兴趣
宣传材料	公司广告、产品说明书、检验报告、鉴定证书、获奖证书等	增强推销人员的说服力，提高可信度
签约材料	合同、票据、印章等	谈判一旦成功，就能不失时机地抓住机会，签订合同
其他物品	名片、笔、记录本、计算器、身份证、工作证等	推销访问的必要物品

（六）保持良好个人形象，遵循礼仪至上的原则

礼仪规范对商务交往不可或缺。要想在激烈的商业竞争中求得生存与发展，就必须保

持良好的个人形象和企业形象。通过一个人对礼仪的熟练运用程度，我们可以了解这个人的教养状况、文明程度和道德水平。营销领域流传一句名言："客户不是购买产品，而是购买推销产品的人"。因此，推销人员要学会和运用礼仪，从仪表仪容、举止谈吐等方面塑造良好的个人形象，提高个人修养，从而建立良好的人际关系。

课堂互动

所有同学两人一组，分别模拟以下场景：

1. 两个人之间握手，谁先伸手？

(1) 长辈和晚辈之间。

(2) 上下级之间。

(3) 男女之间。

2. 接待来访者时，主人和客人之间，谁先伸手？

(1) 客人抵达时。

(2) 客人告辞时。

3. 名片的递接顺序，谁先递出名片？

(1) 上级与下级。

(2) 男士与女士。

(3) 主人与客人。

4. 乘车礼仪，哪个位子是主位？

(1) 有司机驾驶时的小轿车。

(2) 主人亲自驾驶时的小轿车。

(3) 主人夫妇驾车时的小轿车。

(4) 运动型多用途车。

(5) 旅行车。

5. 楼梯的引导礼仪中，客人和接待人员谁走在前面？

(1) 引导客人上楼时。

(2) 引导客人下楼时。

6. 电梯的引导礼仪中，客人和接待人员谁先进出电梯？

(1) 引导客人乘坐电梯时。

(2) 电梯到达时。

要求：学生参考本部分内容进行独立思考，分组分角色进行模拟，教师对学生的表现进行点评。

二、接近客户的方法

为了在较短的时间内达到接近客户的预期目的，必须有适当的接近方法。因此，接近客户的方法选择是否得当至关重要，它直接关系到推销目标能否实现。接近客户的具体方法有以下几种：

（一）介绍接近法

介绍接近法是指推销人员通过自我介绍或他人推荐介绍接近客户并转入推销洽谈的一种方法。介绍接近法通常有两种形式：

1. 自我介绍法

自我介绍法是推销人员最常用的方法，是指推销人员通过自我口头表述及书面形式，包括名片、身份证、营业执照副本的复印件（注明推销人员姓名并盖章）、单位介绍信、工作证、授权书、委托书等，来辅佐说明和证实自己的身份，以达到进一步向客户推销产品的目的。但客户一般只在对产品感兴趣时才会注意推销人员的名片等资料，因此推销人员要注意将该方法和别的方法配合使用。

2. 他人介绍法

他人介绍法是指推销人员通过与客户熟悉的第三方的介绍来接近客户的一种方法。他人介绍可以缩短双方的心理距离，引起客户的注意，促进交易达成。推销人员通过介绍人电话、便条、名片或当面举荐等方式，可轻易接近客户。通常，介绍人与客户之间的关系越密切，起到的作用越大，推销人员越容易接近客户，也越容易促成交易。使用这种方法时，推销人员应注意介绍人的意愿，不可强人所难。

（二）产品接近法

产品接近法，也称实物接近法，是指推销人员利用所推销的产品引起客户注意和兴趣，从而接近客户并转入推销洽谈的一种方法。这种方法主要通过产品所具有的功能、特征、包装、色彩、外观、价格、知识产权等来刺激客户的感官（如视觉、听觉、嗅觉、触觉等器官），引起客户的注意和兴趣，为顺利转入推销洽谈做铺垫。该方法一般适用于有形产品，无形产品（服务）、不便携带的有形产品（易损、体积或重量大、冷藏）、同质化产品、差异化小的产品（没有卖点）不适用。

同步案例

被吉尼斯世界纪录大全认可为世界上最成功的推销员的乔·吉拉德，至今保持着世界汽车销售纪录：连续12年平均每天销售6辆车。与“请勿触摸”的做法不同，乔·吉拉德在和客户接触时总是想方设法让客户先感受一下新车。他让客户坐进驾驶室，握住方向盘，亲自触摸操作。如果客户住在附近，乔·吉拉德还会建议他把车开回家，让他在自己太太、孩子面前炫耀一番。客户很快会陶醉于新车的感觉。根据乔·吉拉德的经验，凡是坐进驾驶室把车开上一段距离的客户，没有不买他的车的。即使当时不买，不久后也会来买。新车的感觉已深深地烙印在他们的脑海中，使他们难以忘怀。

问题：乔·吉拉德是怎样进行产品介绍的？

案例解析：乔·吉拉德通过让客户接触、尝试、操作，充分调动其感官；通过让客户亲身参与，使其对所展示的产品产生深刻的感官印象。乔·吉拉德灵活利用了客户的感情与心理。

（三）利益接近法

利益接近法是指推销人员抓住客户追求利益的心理，利用所推销的产品能给客户带来利益引发客户的注意和兴趣，从而接近客户的一种方法。求利是一种普遍现象。利益接近法既符合客户的求利心理，也符合商业交易中互利互惠的基本原则。客户之所以购买产品，是因为它能满足自己的利益需求，如增加收入、降低成本、提高效率、解决温饱、方便生活、精神享受、延年益寿等。推销人员只要证实产品能够帮助客户实现这些利益需求，就能引起客户的注意和兴趣，达到接近客户的目的，增强客户的购买欲望，从而完成推销任务，实现交易。

同步案例

一个女孩推销一种洗地毯的清洁剂。当她敲开一户人家的大门时，女主人正忙，对她并不感兴趣。这个经过专业训练的女孩说："太太，您不买没关系的。我只是想告诉您，现在市场上已经有了这种洗地毯的清洁剂，非常好用。您家房子那么大，地毯很漂亮，有没有什么地方有污渍，我帮您清洗清洗？"于是女主人让她进了门。餐厅的地毯上有小孩洒的可乐，女主人说："你看看能不能清洗掉。"于是女孩倒了一点清洁剂在上面，擦了擦，然后拿毛巾一抹，污渍就不见了。女主人很吃惊，直接买了两瓶。

问题：女孩为什么能够推销成功？

案例解析：女孩在整个推销过程中，通过实际效果的展示向客户阐明了产品能给其带来的利益，从而引起了客户的购买兴趣，达成了交易。

（四）问题接近法

问题接近法也叫问答式接近法、讨论接近法，是指推销人员通过向客户提出问题而引起客户的注意和兴趣，从而接近客户转入推销洽谈的一种方法。问题接近法可以单独使用，也可以在利用其他接近法时穿插使用。这种一问一答的形式，有利于拉近客户与推销人员的距离，消除客户的戒备心理。问题接近法尤其适合在第一次约见陌生客户的情景中使用。例如，一位保险推销人员向客户推销一种少儿险时问道："您知道一个孩子从出生到大学要花费多少钱吗？"这个问题一下子就引起了客户的注意。

同步案例

一位书籍推销人员在面对新客户时，总是提出三个问题：

"如果我送给你一小套有关个人效率的书籍，你打开书发现内容十分有趣，你会读一读吗？"

"如果你读了之后非常喜欢这套书，你会买下吗？"

"如果你没有发现其中的乐趣，你把书重新塞进这个包里寄回给我行吗？"

该推销人员靠这三个问题，每次都能顺利实现推销接近，并成功完成推销任务。

资料来源：王丽丽，王军华．商务能力教程［M］．3版．北京：高等教育出版社，2019.

问题：本例中的推销人员是如何顺利完成推销任务的？

案例解析：该推销人员在推销接近时提出的三个问题简单明了，几乎使客户找不到说“不”的理由；通过问题逐步引起客户的兴趣和注意力，激发客户的需求，从而循循善诱地完成了推销。

（五）好奇接近法

知识小贴士：好奇接近法

好奇接近法是指推销人员通过激发客户的好奇心，从而接近客户并转入推销洽谈的一种方法。好奇之心，人皆有之。许多客户的购买决策有时仅仅来自对产品的好奇。只要对客户的好奇心善加利用和诱导，就能创造出良好的推销效果。例如：“您知道××公司（客户的竞争对手）上一季度的销售业绩为什么会增加吗?”

运用好奇接近法时应注意：无论是以语言、动作、实物还是其他方法引发客户的好奇心，都应符合客观规律，合情合理，不要故弄玄虚，以免弄巧成拙。

（六）表演接近法

表演接近法是指推销人员利用各种戏剧性的表演手法展示产品的特点以引起客户的注意和兴趣，进而接近客户并转入推销洽谈的一种方法。例如，一位消防用品推销人员与客户见面时并不急于推销产品，而是从包里拿出一套防火服，浇上一些汽油后用火点燃，待汽油燃尽，防火服仍然完好如初。这一演示使客户产生了极大的兴趣，推销人员没费多少口舌便拿到了订单。

运用表演接近法时应注意：一是表演的内容须与产品有关，表演时最好不露声色，非常自然；二是要小心操作，不出现失误，尤其不能出现产品质量问题，否则表演效果会适得其反；三是尽量邀请客户直接参与表演，效果会更加显著。

课堂互动

以小组为单位，每个小组从牙膏、丝袜、魔方、矿泉水、香皂、遮阳帽等产品中抽签选择一件，运用表演接近法吸引客户注意和兴趣。各组准备好之后，派代表上台进行演示。

要求：遵照注意事项展示产品的特点，表演有创意，不落俗套，最后教师点评。

（七）请教接近法

请教接近法是指推销人员通过向客户请教有关问题，请客户帮忙解答来接近客户的一种方法。请教的问题既可以是经营管理等方面的问题，也可以是人品修养、个人兴趣等方面的问题。请教接近法可以满足客户的自尊心需要，容易被客户接受。特别是对那些个性强、有学识、有身份、有地位的客户，这一方法尤其奏效。但推销人员也不能所有情况都使用这一方法。这一方法只有在确认客户对提出的问题在行时才会有效，否则会适得其反。

运用请教接近法时应注意：一是赞美在先，请教在后；二是请教在先，推销在后；三是态度诚恳，让客户多讲，推销人员多听；四是注意分析客户的讲话，确定推销重点。

（八）赞美接近法

赞美接近法是指推销人员通过赞美客户以获得其好感，从而接近客户并转入推销洽谈的一种方法。著名人际关系学大师戴尔·卡耐基说过："人性的弱点之一，就是喜欢被别人赞美。"喜欢被人接纳、承认、赞美是人的天性。在他人的称赞中，个体可以建立自尊自信并获得一定的满足感。现实生活中，每个人都有值得他人羡慕和称赞的地方。推销人员要善于发现客户的"闪光点"，适时、巧妙地利用赞扬的话真诚地赞美客户，从而达到缩短双方心理距离、营造融洽面谈气氛、成功接近客户的目的。

运用赞美接近法时应注意：赞美内在胜于外表，赞美行为胜于言辞；寻找被他人忽略的赞美点；寻找对方引以为傲的赞美点。同时，用语要恰到好处，本着尊重客户的原则，讲究赞美的方式和方法，真心实意、态度诚恳地对客户值得赞美的方面加以赞美，使客户在一种自然亲切的气氛中接受赞美。不要为了讨好客户而虚情假意，那样会引起客户的反感。

同步案例

一位推销人员走进银行经理办公室推销伪钞识别器，见女经理正在埋头写材料，从表情来看心情很糟，从桌上的混乱程度判断经理已经忙了很久。推销人员想：怎样才能使经理放下手中的活计，高兴地接受我的推销呢？经观察推销人员发现，经理有一头乌黑发亮的长发。于是推销人员赞美道："好漂亮的长发啊！我做梦都想有这样一头长发，可惜我的头发又黄又少。"只见经理疲惫的眼睛一亮，回答说："没以前好看了。最近太忙都没有好好打理。瞧，乱糟糟的。"推销人员马上送上一把梳子，说："梳一下更漂亮！您太累了，休息一下。注意休息，才能永葆青春。"这时经理回过神来问："你是……？"推销人员马上说明来意。经理很有兴趣地听完介绍，并达成了购买意向。

问题：本案例中的推销人员是如何打动客户的？

案例解析：每个人都渴望得到别人的重视与赞美，只是大多数人把这种需要隐藏在内心深处。这位推销人员成功达到推销目的的原因有二：第一，善于观察，及时发现了经理的闪光点，为成功推销奠定了良好的基础；第二，巧妙运用赞美，有效地消除了经理抗拒推销的心理，使其在愉悦轻松的气氛中接受了推销。

（九）馈赠接近法

馈赠接近法是指推销人员通过赠送礼品来引起客户的注意，从而接近客户并转入推销洽谈的一种方法。在推销人员和客户之间，礼品往往可以作为传递感情、沟通思想的媒介，对于拉近彼此的距离、形成融洽的商谈气氛具有重要作用。推销人员在选择礼品时，要注意挑选一些纪念意义强、具有一定特色又经久耐用的礼品。不能长久保存的一次性物品不宜作为礼品。礼品最好能符合客户的爱好，并尽量与推销的产品有关；同时不宜过于贵重，要符合国家的有关法规。

（十）震惊接近法

震惊接近法是指推销人员利用某一值得认真考虑和令人感到震惊的事实引起客户注意，从而接近客户并转入推销洽谈的一种方法。利用震惊接近法的关键在于推销人员要收集大量的事实资料，并且对材料进行分析，提炼出一些具有危害性、严重性的问题，并且刚好自己推销的产品可以杜绝或延缓上述危害问题的发生。

运用震惊接近法时应注意：提供的令人震惊的事物或数字一定要真实，避免引起客户巨大的恐惧，过分恐吓容易引起客户的反感。

同步案例

某汽车轮胎维修店的一名修理工向前来补胎的客户说："前几天新闻报道，高速公路上发生的交通事故，近三分之一是由天热导致的爆胎引起的，还有三分之一是由于轮胎打滑导致刹车不灵引起的。一般情况下，私家车行驶 6 年或 8 万公里就得更换轮胎了。您看这胎还要补吗?"根据修理工的专业建议，客户一般都会选择直接更换轮胎。

问题：汽车修理工为什么能够成功实现轮胎的推销?

案例解析：汽车修理工描述的这一事实十分令人震惊，而自己的及时提醒就很容易引起客户对这一问题的重视，而解决方案恰恰是有待推销的产品，从而成功实现了推销。

除了以上几种常用的接近客户的方法以外，还有其他一些方法，如调查接近法、讨论接近法、搭讪聊天接近法等。在各种接近客户的方法中，既没有严格的区分，也没有固定的模式，推销人员可以通过推销实践，不断积累和创新，并加以灵活运用。

崇德修身

诚信兴商

2022 年全国"诚信兴商典型案例"由商务部主办，在各地方、行业申报推荐的基础上，经信用核查、专家初评和专家现场评议等环节，共确定了 20 个全国"诚信兴商典型案例"，代表了全国各行各业诚信服务的优秀实践成果。

深圳机场集团《系统推进诚信管理体系建设　打造航站楼商业"诚信共同体"》的典型案例聚焦机场商业"同城同质同价"示范服务，展示深圳机场为推动国内机场消费服务升级发挥的示范引领作用。

深圳机场集团于 2019 年在全国机场中首家面向社会公众发布"同城同质同价"服务承诺，携手航站楼百余家商户共同打造"诚信共同体"，以诚信扩大消费需求，提升商业活力，给旅客带来更好的航空出行消费体验，助力打造世界一流国际机场。据了解，深圳机场"同城同质同价"服务推出以来，广受社会各界好评，先后获第八届深圳街坊口碑榜智慧民生金奖等奖项，极大地提升了机场口碑和美誉度。近年来，"同城同质同价"服务不断完善，直接带动了机场整体服务品质和旅客满意度持续提升。深圳机场在 CAPSE 民航旅客服务测评机场商贸指标及餐饮价格等分项指标方面，长期位列全国机场首位，并于

2021年获评全球最高的Skytrax五星机场，国际机场协会（ACI）旅客满意度也并列全球同量级机场第一。

问题：你如何看待“诚信兴商”?

提示：诚信建设永远在路上，为民服务没有终点站。企业通过完善诚信制度体系建设，为客户建立放心消费环境，把“诚信兴商”理念贯穿于商业经营始终，不仅为广大客户提供了优质的服务，也为企业树立了良好的口碑和美誉度。

知识测试

一、单项选择题

1. 一位声控魔方玩具的推销人员在进门后没有开口说话，而是取出一个小巧玲珑、色彩艳丽的正四方体“木箱”放到客户的面前。随着一声拍掌，小木箱不但摇晃起来，还用几种语言发出“让我出去”的叫声，仿佛那只小小的木箱真的锁住了一个急于外逃的精灵。推销人员用的是（　　）。

A. 产品接近法　　B. 问题接近法　　C. 表演接近法　　D. 请教接近法

2. 一位书籍推销人员在面对客户时提出了以下问题：“如果我送给你一小套有关个人效率的书籍，你打开书发现内容十分有趣，你会读一读吗?”推销人员用的是（　　）。

A. 产品接近法　　B. 问题接近法　　C. 表演接近法　　D. 请教接近法

3. 推销人员接近客户时说：“陈经理，您部门的李工说您是一个非常平易近人的领导，真不假，刚一见到您，我就感觉特别亲切。”推销人员用的是（　　）。

A. 产品接近法　　B. 问题接近法　　C. 赞美接近法　　D. 请教接近法

4. 一家铸砂厂的销售人员见到了某铸铁厂的采购负责人之后，二话没说，在负责人面前摊开一张报纸，然后从皮包中取出一袋砂，摔落在报纸上，顿时屋子里面飘起了灰尘。在客户的恼怒爆发之前，销售人员不慌不忙地说：“这是从你们的工作现场取来的目前贵厂使用的砂。”说完，他又从包中取出另一袋砂，摔落在报纸上，却几乎没有灰尘。“这是我厂的最新产品。”推销人员用的是（　　）。

A. 产品接近法　　B. 问题接近法　　C. 表演接近法　　D. 请教接近法

5. 推销人员见到客户时说：“××先生，如果一台电脑可以让你一年节省10 000元，你会不会考虑呢?”推销人员用的是（　　）。

A. 好奇接近法　　B. 利益接近法　　C. 震惊接近法　　D. 表演接近法

二、多项选择题

1. 与客户约定见面地点主要遵循两个原则：一是以客户的意见和方便为主；二是避免干扰，以安静和便于谈话交流为宜，环境越雅致越好。一般来说，下列可作为约见地点的有（　　）。

A. 工作地点　　B. 居住地点　　C. 社交场合　　D. 公共场所

2. 产品接近法，也称实物接近法，主要通过产品所具有的功能、特征、包装、色彩、外观、价格、知识产权等来刺激客户的感官（如视觉、听觉、嗅觉、触觉等器官），引起客户的注意和兴趣，为顺利转入推销洽谈做铺垫。一般来说，下列适用于此法的产品有（ ）。

A. 化妆品　　B. 家具　　C. 日用品　　D. 音像制品

三、判断题

1. 约见客户是指推销人员事先征求客户同意后，接见洽谈的过程。只有通过约见，推销人员才能成功地接近客户，顺利开展推销洽谈。（ ）

2. 作为推销拜访的准备阶段，约见客户的内容主要取决于推销人员的工作需要。（ ）

3. 委托约见法是指推销人员委托第三方约见客户的方法。使用此方法没有任何限制。（ ）

4. 保险推销人员向客户推销一种少儿险时问道："您知道一个孩子从出生到大学要花费多少钱吗?"这里用到了好奇接近法。（ ）

5. 在各大商场客流密集处，推销人员利用免费品尝的方法吸引客户，唤起客户的注意。推销人员用的是馈赠接近法。（ ）

四、简答题

1. 什么叫约见？约见客户的方法有哪些？

2. 接近客户之前需要做好哪些准备工作？接近客户的方法有哪些？

五、论述题

1. 结合实际论述约见客户的重要作用。

2. 为使推销活动顺利进行，接近客户的准备工作有哪些？

项目实训

实训背景：

根据本项目情境导入《一次失败的推销访问》所提供的资料，分角色扮演丽佳公司的推销人员李明和云惠电商公司的总经理及相关工作人员，模拟约见、接近客户。要达到的目标是根据本项目所学内容，灵活运用各种方法，自行设计约见、接近客户的情境，实现成功约见、接近客户的目标。

实训目标：

能够通过角色扮演，合理运用约见和接近客户的方法，有效开展相关推销活动。

实训内容：

1. 约见前，做好约见的各项准备工作，确定约见内容，选择约见方法，发挥想象，拟定合理可行的约见方案；

2. 约见中，灵活运用各种约见客户的具体方法，展现良好的职业素养；

3. 约见后，回顾反思约见情况，查漏补缺，为接近客户做好铺垫；

4. 接近前，结合约见客户可能的诉求，认真思考，在正式会见前做好最后的准备工作，选择得当的接近客户的方法，拟定合理可行的接近方案；

5. 接近中，灵活运用各种接近客户的具体方法，把握沟通节奏，引起客户的注意和兴趣，与客户建立联系；

6. 接近后，全面总结接近情况，摸透客户心理，为双方关系的进一步展开奠定良好的基础。

实训步骤：

1. 将全班学生分成若干小组，学生可以自由组合，每组 4～6 人，两组结合为对手，分别扮演丽佳公司的销售人员和云惠电商公司的相关人员，每组确定一名组长担任负责人；

2. 结合任务，组长按照各成员特长进行适当角色分工，确定每个角色的定位及职责；

3. 各组根据实训情境开展前期各项准备工作，设定不同的约见、接近方法，制定约见、接近方案；

4. 各组进行模拟展示，模拟过程要完成约见和接近合两个阶段的任务，过程中要体现各项准备工作以及运用到的不同方法；

5. 模拟结束，开展组内、组间互评及教师点评、总结；

6. 各组进行小结讨论，完成实训总结；

7. 教师在“学习通”平台上展示班级优秀实训成果及相关资料。

实训成果：

1.《×××约见方案》

2.《×××接近方案》

3.《×××约见、接近实训总结》

注意事项：

1. 约见与接近方案要具体可行，体现各项准备工作；

2. 约见、接近过程要体现至少三种不同的方法；

3. 演示时要展示出基本的商务礼仪素养。

任务评价

评价方式	评价内容		分值	评价人	
				个人	教师
自我评价与教师评价（75%）	技能点	能开展充分的约见前准备工作	10		
		能根据不同情况，灵活运用不同的约见方法	15		
		能及时反思约见成效，为接近客户做好铺垫	5		
		能开展全面的接近前准备工作	5		
		能根据不同情况，灵活运用不同的接近方法	15		
		能及时总结接近成效，摸透客户心理，为转入推销洽谈做好铺垫	10		
	素质点	约见客户过程中，不怕挫折、积极进取	5		
		接近客户过程中，设身处地为客户着想	5		
		良好的商务礼仪素养	5		
	合计（$\sum$ 个人分值 * 20%＋ $\sum$ 教师分值 * 80%）		75		

续表

评价方式	评价内容	分值	评价人	
			个人	教师
组间互评（25%）	实训任务前期准备情况及任务整体完成质量	7		
	小组每个成员任务的参与度与投入度	6		
	小组成员之间的配合度及团队精神	6		
	实训情境仿真性	6		
	合计	25		
综合评价	自我评价（15%）＋教师评价（60%）＋小组互评（25%）	100		

项目十 客户异议处理

学习目标

知识目标：了解客户异议产生的根源，掌握处理客户异议的原则、步骤和技巧；了解客户抱怨产生的原因，掌握灵活处理客户抱怨的方法。

技能目标：能够在遵循相关原则的基础上灵活运用各种技巧处理客户异议；能够根据客户抱怨产生的不同原因有针对性地处理客户抱怨。

素质目标：培养正确的推销态度和良好的心理素质；培养稳定的情绪、谦逊的态度和高昂的精神以面对棘手的异议与抱怨。

思维导图

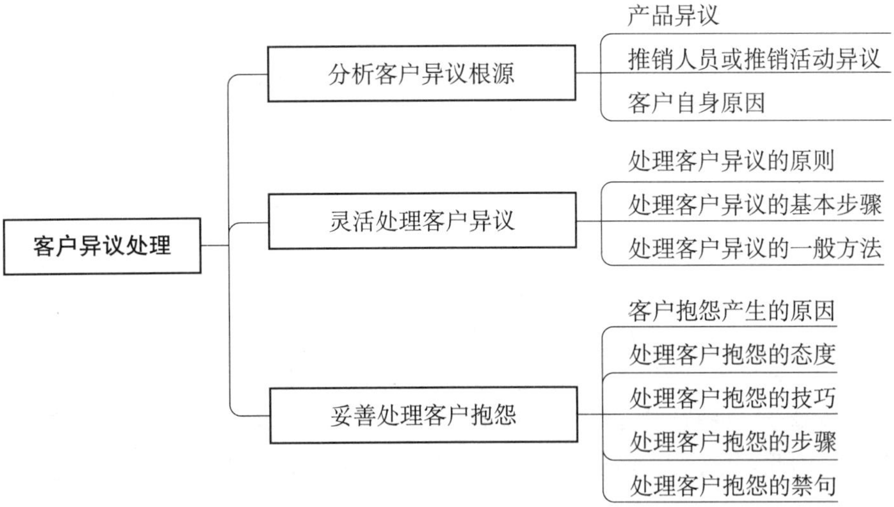

情境导入

小王的困扰

小王是一家家居用品公司的推销人员。在推销过程中，他经常遇到客户以各种借口作为讨价或拒绝购买的理由，这使他十分困扰。以下是他曾遇到的客户说辞：

（1）“这个产品的质量真有你说的那么好？”

（2）“连你都不清楚它的材质，我们哪里敢买啊？”

（3）“你们的东西太贵了，能不能再便宜点？”

(4)“好的，我再考虑考虑。”

(5)“对不起，我不当家，做不了主啊！”

(6)“我有固定的购买品牌，不考虑其他公司的产品。”

请问：怎样解决小王的困扰呢？

启示：客户对产品、推销人员、推销方式和交易条件等提出怀疑、抱怨，甚至否定或反对都是正常的。推销人员要能够充分认识到客户异议的两面性：既是成交障碍，也是成交信号。有异议表明客户对产品感兴趣，有成交的希望。推销人员通过对客户异议的分析可以了解对方的心理，知道推销失败的原因，从而“按病施方、对症下药”，给出令客户满意的答复，促成交易。

任务一　分析客户异议根源

客户异议又称推销障碍，是指客户在面对推销人员的推销活动时，对产品、推销人员、推销方式或交易条件提出的各种否定或反对意见。

对销售而言，可怕的不是异议而是没有异议。经商格言“褒贬是买主，无声是闲人”，说的就是这个道理。事实上，在推销活动的整个过程中，从接近客户、推销面谈直至成交签约的每一个阶段，推销人员都可能面临客户提出的各种各样的不同意见或者抱怨。这就是推销学中的客户异议，它是推销成功的主要障碍。因此，推销人员要认真分析异议产生的根源，采用相应的方法和技巧并遵循一定的原则去处理，以促成交易，达成推销目标。

有异议意味着有成交的希望。按照异议的性质，客户异议可以划分为真实异议和虚假异议两种。真实异议是指客户针对推销活动的真实的、有效的意见和看法。对于客户的真实异议，推销人员应该认真对待、详细分析，找出客户异议产生的根源，并采取有效的方法消除异议，达到推销目的。虚假异议是指客户为了拒绝购买而编造的理由或借口。虚假异议属于无效异议，推销人员即使想办法解决了这些异议，客户仍旧会再找其他理由或借口拒绝购买。因此，推销人员要能够辨别虚假异议，可采取不理睬或一带而过的方法处理虚假异议。

课堂讨论

结合你的推销或被推销的经历，分析：(1) 你遇到过的异议有哪些？(2) 这些异议都是来自哪些方面的？

要求：教师不直接提供上述问题的答案，而是先引导学生结合本部分内容进行独立思考、自由发表见解，再组织课堂讨论，最后对学生提出的典型见解进行点评。

有异议表明客户对产品感兴趣。客户的异议说明了他的关注和顾虑。客户异议既是推销的障碍，也是成交的前奏与信号。推销人员要理性看待客户异议，只有善于分析客户异议产生的根源，才能找到解决问题的关键所在。概括起来，客户异议产生的根源主要有以下三个方面（见图 10－1）。

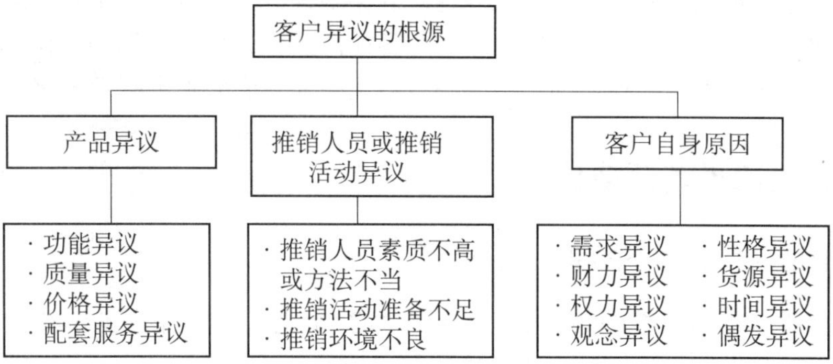

图 10－1 客户异议产生的根源

一、产品异议

（一）功能异议

对客户来说，产品的实际功能和实用性最为重要。功能异议是指客户对产品的功能提出质疑而拒绝购买的异议。例如："这个商品功能真有这么神奇吗?""这些多功能一般用不着。"客户提出这种异议，说明推销人员所提供的产品与客户所期望的产品不一致。推销人员应事先准确把握客户的需求，找出与客户需求匹配的产品，或者通过演示或试用引导客户需求。只有找出产品与客户需求之间的契合点，才能使推销洽谈顺利进行。

（二）质量异议

现代市场竞争异常激烈，大部分产品处于买方市场，客户有足够的挑选余地。面对推销人员的介绍，很多客户会对产品的质量提出疑问，如面对推销人员的推销活动，客户回复"你们的商品质量一般""我们不需要这个档次的产品"……推销人员应弄清楚具体原因并且区别对待。如果产品确实存在质量问题，不符合客户要求，推销人员不要勉强推销；如果客户只是以质量为借口来压低价格，推销人员应先避开谈价格，通过展示产品获得的各种荣誉证书，或演示与同类产品的对比来证明产品的质量，让客户感觉物有所值。

（三）价格异议

产品的价格异议一般有两种情况：一是客户认为价格过高；二是客户认为价格过低，从而怀疑产品存在质量或其他方面的问题。例如："太贵了，我买不起。""我想买便宜点的型号。"在推销工作中，价格异议是最常见的。推销人员如果无法处理这类异议，就难以达成交易。面对价格问题，推销人员最好"先谈价值，后谈价格"，"多谈价值，少谈价格"。当推销人员讲明产品的优点和给客户带来的利益后，客户自然就会认可产品的价格。但如果客户认为价格过低，推销人员也应给客户一个明确的解释，以消除客户疑虑。

（四）配套服务异议

现在的产品同质性越来越强。服务作为一种附加产品，在产品整体中所占的比重越来越大，也越来越体现出它的重要性。很多客户购买某种产品就是看中了它的服务。服务内容一般包括送货上门、安装调试、定期检修、零配件供应、技术培训等。良好的服务能够消除客户的后顾之忧，增强他们的购买决心。不佳的配套服务则不利于成交。

二、推销人员或推销活动异议

（一）推销人员素质不高或方法不当

导致客户排斥推销人员的原因有很多，例如：推销人员不注意推销礼仪，从言行举止、态度上无法赢得客户的好感，从而导致客户拒绝购买；推销人员为了说服客户购买，弄虚作假、夸大宣传，导致客户对推销人员的信誉产生怀疑而拒绝购买；等等。针对这种异议，推销人员要进行反思总结，不断加强自身修养，改变推销技巧，提高推销信誉，努力消除误会，争取客户的谅解与合作。

（二）推销活动准备不足

“不打无准备之仗”，是推销人员面对客户拒绝时应遵循的一个基本原则。推销人员面对的不同客户存在很大差别，每个客户的需求及购买特点千差万别，因此，如果事先没有充足准备，就可能导致客户产生怀疑。例如：推销人员没有向客户提供足够的、具有说服力的信息，致使客户半信半疑而难以做出购买决定；推销人员在演示产品的过程中突发意外情况，客户对推销人员的介绍产生怀疑而拒绝购买；等等。因此，推销人员必须掌握大量的信息，做好充足的准备工作，在推销过程中当好客户的参谋，只有这样才能促成交易。

（三）推销环境不良

推销环境是对影响推销活动的各种内部环境和外部环境的总称。企业内部环境也称微观环境，主要包括营销部门所在的企业、供应商、营销中介等。外部环境也称宏观环境，主要包括人口环境、经济环境、自然环境、科学技术环境、政治法律环境、社会文化环境，尤其是外部环境是企业难以控制的。在不同的推销环境里，客户的购买能力和购买习惯不同，客户群体的消费水平和消费结构也不同。因此，推销人员的推销活动必须符合推销环境的要求，否则客户就会提出异议。

三、客户自身原因

（一）需求异议

客户的需求是客户发生购买行为和形成客户异议的最基本原因。许多客户之所以拒绝产品，是因为他们没有这方面的需求，或者还未觉察到自己有这方面的需求，或者暂时不需要。例如："我们已经买过了""这种产品我们用不着"。这类异议有真有假，推销人员应认真判断客户需求异议的真伪性：如果客户确实不需要，推销人员应立刻停止推销，或者设法让其发现并认可产品提供的利益和服务；如果客户对产品还不太了解，还没有认识到自己的需求，推销人员应设法让客户加深对产品及产品能够给他带来的利益的了解，激发其购买兴趣。

（二）财力异议

财力异议是指客户提出的没有支付能力或支付能力不足的异议。例如："产品不错，可惜钱不够。""近来资金周转困难，暂时无法进货。"财力异议也有真实和虚假之分。真实的财力异议处置起来较为复杂，推销人员可根据具体情况，或协助对方解决支付能力问题，如赊销、延期付款等，或通过说服使客户觉得购买机会难得而负债购买。对于虚假的财力异议，推销人员应该在了解真实原因后再做处理。

（三）权力异议

权力异议是指客户以缺乏购买决策权为理由而提出的一种反对意见。例如："我不当家。""领导不在，等他回来再说。"与需求异议和财力异议一样，权力异议也有真实和虚假之分：一种是真实的权力异议，即客户确实做不了主，没有购买决策权，推销人员应设法与购买决策人见面；另一种是虚假的权力异议，推销人员需要进一步了解情况，以解决异议。推销人员在寻找目标客户时，要对客户的购买权和决策权进行认真的分析，从而根据自己掌握的有关情况对权力异议进行妥善处理。

（四）观念异议

客户在以往的购买活动中积累的经验往往被用以指导其以后的购买行为。例如："我就喜欢用国产品牌。""贵的就是好。"这些既定的购买习惯和成见会影响客户的购买决策。每位客户都有不同的见解，这是与客户个人的文化水平、社会经历及社会舆论有关的。推销人员应该对此有充分的理解和认识，并谨慎处理。

（五）性格异议

有的客户出于个人性格方面的原因，喜欢通过提意见来表现自己的能言善辩、反应机敏、见多识广、消息灵通、成熟老练等。针对这种情况，推销人员应少说多听，随时对客户的见解给予肯定，表现出对客户的充分尊重，避免以自己的专业优势与客户针锋相对，从而为推销活动的继续进行营造良好的洽谈氛围。

（六）货源异议

大多数客户在长期的生活、生产活动中，形成了自己的购买习惯，或与某些供货商建立了比较固定的购销合作关系。例如："我们已经有长期稳定的货源，他们的产品很好，我们不考虑更换。"客户提出货源异议，表明其愿意购买产品，只是不愿向眼下这位推销人员及其所代表的公司购买。当然，有些客户会利用货源异议来与推销人员讨价还价，甚至利用货源异议来拒绝推销人员的接近。面对客户的这些反应，如果推销人员不能令客户相信他们会得到更多的利益与更可靠的合作，客户就不会轻易改变购买习惯。

（七）时间异议

客户总是不愿马上做出决定。事实上，许多客户用拖延来代替说“不”。例如：“我们需要再研究研究，有消息通知你。”“把材料留下，以后答复你。”这些表达明显意味着客户还没有完全下定决心，拖延的真正原因可能是价格、产品或其他方面的不合适。有些客户还利用时间异议来拒绝推销人员的接近和面谈。因此，推销人员要具体分析、有的放矢、认真处理。

（八）偶发异议

在推销过程中，客户会由于一些偶然因素，如家庭纠纷、人际关系紧张、事业受挫、身体欠佳等导致心情不好，在面对推销人员的推销介绍时，不能有效地控制自己的情绪，从而不停地提出异议，以此作为发泄情感的途径。推销人员一定要细心观察、及时判断，尽量避免在这种情况下进行推销活动。

任务二 灵活处理客户异议

推销人员在面对客户异议时，要有正确的心态。推销人员通过对客户异议的分析可以了解对方的心理，知道客户为何不买，从而按病施方、对症下药。灵活处理客户异议，有助于交易的成功。

一、处理客户异议的原则

（一）充分准备

良好的准备工作有助于消除客户的负面异议。推销人员可以事先将客户可能会提出的各种异议列举出来，然后逐一分析给出完美答复。面对客户异议，做一些事前准备可以帮助推销人员做到心中有数、从容应对。

知识小贴士：处理客户异议的准备方法

（二）避免争辩

争辩不是说服客户的好方法。与客户争辩，失败的永远是推销人员。处理客户异议时，推销人员难免会因与客户意见不一而与之争论。这种争论不但容易发生，而且会带来严重后果。推销人员必须牢记，不管客户怎样激烈地反驳你，不管客户的话语怎样与你针锋相对，都不要与客户争吵。有这样一句销售行话：“占争论的便宜越多，吃销售的亏越大。”

（三）尊重客户

推销人员要尊重客户的意见。推销人员一定不要忽视或轻视客户异议。客户的意见无论是对还是错、是深刻还是幼稚，推销人员都不能表现出轻视的样子，如不耐烦、轻蔑、走神、东张西望、绷着脸、耷拉着头等，以免引起客户的不满或怀疑而使交易谈判无法继续进行。倾听客户异议时，推销人员要双眼正视客户，面部略带微笑，表现出全神贯注的样子。回答客户异议时，推销人员的措辞必须恰当，语调必须温和。只有在和谐友好的气氛下处理客户异议，才能解决问题。

（四）换位思考

推销人员要学会换位思考，多站在客户的立场上想问题，多替客户想一想。面对客户提出的种种不购买的理由，推销人员可能经常觉得自己的工作困难重重，有的还能处理，而有的似乎无从下手。这种时候，推销人员不要认为客户提出异议就是想和自己作对。当客户提出异议时，推销人员可以假设自己是客户，多从自身寻找原因，多站在客户的立场上思考，从而解决问题。

（五）及时处理

优秀的推销人员对客户异议不仅能给予较为圆满的答复，而且能选择恰当的时机进行答复。可以说，懂得及时处理客户异议的推销人员会取得更大的成绩。

（六）留有余地

在推销过程中，客户异议是客观存在的。对于客户异议，有的可以通过推销人员的努力快速解决，有些则不能轻而易举地解决。如果发觉一时无法成交，推销人员就应设法敞开今后重新洽谈的大门，以期再有机会解决分歧。因此，推销人员要时时做好遭遇挫折的心理准备，学会在适当的时候“理智地撤退”，给自己保留后路。

知识小贴士：推销人员解答客户异议的时机选择

以上是推销人员处理客户异议的一般原则。依据这些原则，推销人员可以更好地把握和处理各种异议的界限和分寸。当然，在实际运用中，推销人员还应注意具体情况具体对待。处理客户异议，既要讲究原则，又要讲究方法。只有灵活运用最恰当、最有效的处理方法，才能处理好各类客户异议。

二、处理客户异议的基本步骤

（一）耐心倾听

首先，在客户陈述异议时，推销人员要聚精会神地倾听，不要中途插话，要使客户感到自己充分被尊重；其次，推销人员在倾听客户异议时，可以在语言、行为和表情上给予适时的反应，关心客户异议并表现出极大的兴趣，以鼓励客户充分地把异议陈述出来。只有这样，推销人员才能充分弄清楚客户提出了哪些异议，为什么提出这些异议，从而为回答好客户异议做准备。

（二）稍做停顿

在客户陈述完异议后，推销人员不要急于回答，而要稍做停顿进行思考。这样做，一方面让客户感到推销人员是经过慎重考虑才回答异议的，从而感到被尊重；另一方面，适当的停顿可以为推销人员可以争取更多的时间，让其能够更冷静地思考用何种方式妥善处理客户异议。

（三）简单重复

简单重复客户提出的各项异议，是一种非常重要的沟通方式：首先，表示推销人员认真倾听了客户异议，也进一步验证了推销人员对客户异议的理解；其次，有利于推销人员对客户异议进行快速思考，想出解决办法；最后，有利于客户对自己所提出的异议重新审视有无修改或补充之处。

（四）解答异议

在弄清楚客户异议后，推销人员就要根据自己的经验和判断，采用适当的方法进行转化和解决，直至客户满意，达成协议。

一般来说，只要客户提出异议，推销人员就要根据以上步骤马上予以解决，但是在某些特殊情况下，推销人员也可以采用一些特殊的处理方法。如一些经验丰富的推销人员在客户提出异议之前，就能预测客户可能会提出的异议，并抢在客户前面主动提出问题并予以解决。对于在面谈的开始阶段客户提出的价格异议，推销人员可以暂时不予处理；对于客户提出的虚假异议，推销人员可以不予理会等。

三、处理客户异议的一般方法

面对客户提出的异议，每个推销人员都有自己独特的处理方法，不同的方法适用于不同的客户、产品和场合。推销人员只有掌握多种消除异议的方法，才能在处理客户异议的过程中取胜，使销售工作顺利进入下一阶段。常用的处理客户异议的方法有：

（一）直接反驳法

直接反驳法是指推销人员根据确实的证据和理由对客户异议直接予以否定和纠正的方法。一般来说，推销过程主张永不争辩原则，即永远不要和客户发生直接冲突，避免针锋相对。但是针对一些特殊情况，并不排除对客户异议进行直接反驳，如：在客户提出有损于产品或企业声誉的异议时；在客户因对产品不了解而对购买缺乏信心提出异议时；在客户为了其他原因而提出一些虚假异议时。例如，客户提出：“贵公司经常延迟交货，实在糟糕透顶。”推销人员可以反驳说：“您这话恐怕不属实吧。本公司的交货一向准时，在同行中是有口碑的。您能否举出最近的实例，供我方改进？”在这个案例中，延迟交货是客户异议的重点，若真有其事，客户必能举证，推销人员可以向上级反映，设法补救；若有不实，客户必然无语搪塞，其所谓的异议也就无法自圆其说。

直接反驳法的优点是推销人员通过摆事实、讲道理，直接说明有关情况，增强说服效果，避免客户过度纠缠，节省时间，提高推销效率。这种方法的缺点是推销人员直接反驳客户，容易使客户的自尊心受到伤害，甚至激怒客户，造成推销障碍。如果客户的异议正确或有一定的道理，直接反驳只会降低推销人员或企业在客户心目中的信誉度。

一般来说，直接反驳客户的做法是最不明智的，往往会让客户感到不被尊重，容易使气氛恶化，导致推销活动中断。因此，推销人员在反驳客户异议时态度要委婉，语气要诚恳，切勿怒颜责备客户，要注意营造良好的人际关系和推销气氛。另外，反驳客户时，推销人员要理由充分、证据充足，使客户心服口服，切忌盲目否定。对于那些无关紧要的客户异议和那些固执己见、敏感小气的客户，不宜直接反驳。

（二）间接反驳法

间接反驳法也称转折处理法，是指推销人员在听完客户异议后，首先承认客户的看法有一定的道理，然后根据有关事实和理由来间接否定客户的意见。表现形式一般有："您说的对，但是……""是的，然而……""确实是这样的，可……"例如，客户提出产品款式过时了，推销人员不妨这样回答："您的记忆力的确很好，这种款式几年前已经流行过了。但服装的潮流是轮回的，如今又有了这种款式回潮的迹象。"

间接反驳法的优点是推销人员是间接否定，而不是直接反驳，更容易被客户接受，使客户感到被尊重和理解，从而缩短了与客户的心理距离，也容易使客户在感情上接受劝说。同时，此过程也为推销人员赢得了思考的时间和余地。这种方法的不足之处在于先期推销人员对于客户异议的承认和理解，可能会使客户在心理上增强坚持异议的信心。另外，这种方法容易使客户感到推销人员在玩弄花招、回避问题，进而认为推销人员不可靠，从而使推销的难度增加。

同步案例

一位客户在购买洗地机时提出："这种型号的洗地机价格太贵，几乎比另外一个型号贵了一倍。"推销人员回答："先生您说得很对，这个款式的价格确实比较高。但是它的功能也是其他产品不能相比的。它内置智能自洁及深度清洁系统，在智能识污模式下，能够做到清洁力更强，耗能更低，使用当中更为智能、省力。一分价钱一分货，这种型号的洗地机性价比还是很高的。"

问题：本案例中，推销人员是如何说服客户的?

案例解析：推销人员在客户提出价格高的异议后，并没有立即反驳，而是先承认客户的判断，表达了对客户的认可和尊重，接着再反驳，让客户能够充分接受和认可产品的实际价值。这种方法一方面维护了客户的面子，另一方面阐明了自己的立场，从而化解了客户异议。

采用间接反驳法时应注意：推销人员要掌握更多新的推销信息，把推销重点放在"但是"之后，使客户在新的推销信息中对产品产生新的认识。这是本方法取得成效的关键。另外，推销人员的语气要尽量委婉，切忌与客户针锋相对，在转折词的选用上除了"但是”，可以选用更婉转一些的，如“不过”“然而”“可”等。推销人员只要灵活掌握这种方法，就能保持良好的洽谈气氛，为自己的谈话留有余地。

课堂讨论

假如你是一名房地产销售人员，当客户提出下列异议时，你该如何回答？

（1）客户说：“你们小区的房屋公摊面积也太大了吧？”

（2）客户说：“你们聘请的物业公司品牌就没听说过，服务质量估计也不行。”

要求：教师不直接提供上述问题的答案，而是先引导学生结合本部分内容进行独立思考、自由发表见解，再组织课堂讨论，最后对学生提出的典型见解进行点评。

（三）太极法

太极法也称转化处理法，是指推销人员将客户异议中正确的一面转化为客户的购买理由的技巧。太极法的基本做法是：客户提出的一些不购买的异议正是推销人员认为客户应当购买的理由，也就是推销人员能把反对意见直接转换成客户的购买理由。如客户提出：“这衣服太时髦了，我不习惯穿这样的衣服。”推销人员可以回答：“您还这么年轻，完全可以打扮得时髦一些啊！适当地改变您的穿衣习惯，反而能给人耳目一新的感觉。”

太极法的优点是推销人员直接将客户的反对意见转化为客户的购买理由，一方面使自己变被动为主动，另一方面使客户感到推销人员没有回避自己的异议，从而产生被尊重的感觉，有利于形成良好的推销气氛。这种方法的不足之处是如果推销人员语气掌握不好，就容易使客户感到推销人员在耍嘴皮子，从而引起客户的反感甚至恼怒。

采用太极法时应注意：推销人员在肯定客户异议时，态度要诚恳、真诚，方式要得当，不能伤害客户的感情。此法一般不适用于与成交有关或敏感性的反对意见。

（四）补偿法

补偿法也称以优补劣法，是指推销人员利用客户异议以外的产品优点来补偿、抵消客户异议的技巧。这是应用较广泛的一种方法。世界上任何一件商品都不可能是十全十美、没有任何缺点的，客户就产品的缺点提出异议是正常的。但推销人员要通过自己的解释，使客户看到产品的优点，并且使客户相信优点多于缺点，购买推销品的所得利益完全可以抵消或补偿所受损失。如客户提出：“你这个皮包的设计和颜色都非常棒，令人耳目一新，可惜这个皮子品质不是最好的。”推销人员可以这样回答：“这位先生，您的眼力真的特别好，这个皮料的确不是最好的，若选最好的皮料的话，价格可能就要比现在高出好几倍了。”这样一来，既打消了客户的疑虑，又以价格优势激励客户购买。这种方法侧重于心理上对客户的补偿，以便使客户获得心理平衡感。

补偿法的优点是推销人员在实事求是地肯定产品的缺点的同时强调产品的优点，体现了推销人员诚恳的工作态度，营造了良好的推销气氛，更易赢得客户信任。另外，推销人员对产品优点的介绍，往往能使客户达到心理平衡并消除心理障碍，促成最终交易。这种方法的缺点是推销人员肯定客户提出的异议，容易助长客户对异议的坚持，甚至发展为纠缠不休，或提出更多的异议，降低购买信心。此外，推销人员不可能补偿所有的客户异议，尤其是那些根源于购买动机和认识水平的异议，很难抵消和补偿。

因此，在使用补偿法时应注意使客户感受到推销品所带来的实际利益远远大于给其带来的损失，这是推销人员使用补偿客户的基本原则。在使用补偿法前，推销人员必须对客户和异议进行分析，只有当客户属于理智型客户，并且其异议属于真实、有效的异议时，才能使用补偿法。

（五）询问法

询问法是指推销人员在客户提出异议时继续查问原因的技巧。客户提出的异议，有的属于有效异议，有的属于无效异议。如果是有效异议，进一步查问能够使推销人员找出异议的根源，有针对性地进行处理；如果是无效异议，通过进一步询问，往往能够使其不攻自破。例如，客户提出："我觉得这种产品不好，我就是不喜欢。"推销人员可以询问："那您能不能说说产品的哪些地方不好，您为什么不喜欢?"

询问法的优点是推销人员通过询问不仅能够了解客户异议的根源，有针对性地采取解决措施，而且能够搜集一些有用的市场信息。推销人员如果言辞得当，诚恳请教，就能赢得客户的好感，缩短与客户的心理距离。这种方法的缺点是如果运用不当，容易引起客户的反感。此外，在推销人员的询问下，客户有可能不断地产生新的异议，从而破坏推销气氛，阻碍成交。

采用询问法时应注意：询问要及时，查明异议的根源和性质；询问要适可而止，不可穷追不舍，以免耽误时间，并激发客户更多的异议；要讲究询问的姿态与语气，使客户感到自己在被请教，不要使客户感到自己在被责问或质问，给客户造成心理压力；在询问时不要节外生枝，对于那些与成交无关的、次要的、无效的异议，最好不要询问。

微视频：追根究底探虚实

（六）不理睬法

不理睬法也称沉默法、一带而过法，是指推销人员对于与购买成交无关的、无效的乃至虚假的客户异议故意不理睬的技巧。推销人员可以不予理睬的客户异议一般是与购买成交无关的、无效的甚至虚假的异议。对于这些异议，如果推销人员予以理会，不但浪费时间，有时还会节外生枝，甚至有与客户发生争执与冲突的可能。例如，客户说："你们厂可真不好找。"推销人员随声附和、一语带过后即可转入正题："是的，我们厂的位置是有点偏。您看看我们的新产品在功能上又有一些改进。"

不理睬法的优点是可以使推销人员坚持原来的推销计划和推销重点，避免在一些无关紧要的问题上与客户纠缠，从而节省推销时间、提高推销效率。但这种方法也存在不足，不理睬客户的反对意见，会引起客户的不满，进而令客户产生反感。有些异议与客户购买关系重大，推销人员如果把握不准，不予理睬，就会有碍成交，甚至失去推销机会。

采用不理睬法时应注意：该方法只适用于处理那些无关、无效的异议。另外，在与客户洽谈的过程中，推销人员要态度温和谦恭，不管客户提出的异议是否无效，都要认真听取，让客户感到自己受重视。

（七）预防法

预防法是指推销人员在客户尚未提出异议时，抢先就客户可能提出的异议进行主动处理的技巧。如推销人员可以在客户提出价格异议前抢先提出：“我们这批鞋子原价都是 100 多元，现在是反季处理，所以比较便宜。”

采用这种方法可以使推销人员按照自己的思路和擅长的手法去开展推销，从而先发制人，争取到推销的主动权，也让客户感到推销人员了解自己，说出了自己想说而没说的意见，从而赢得客户的好感和信任。这种方法的缺点是推销人员可能给自己制造推销障碍，使客户失去购买信心。

采用预防法时应注意：一是推销人员必须经验丰富或者做好充分的准备工作，能够比较准确地预测不同类型的客户可能会提出的不同的异议；二是推销人员在主动提出异议时，要放低姿态，语气委婉恳切，从而大事化小，小事化了。

课堂互动

以小组为单位，根据以下情境展示运用预防法处理客户异议。推销人员向客户推销一款旅行背包，客户在听取了产品介绍后很感兴趣，但对于产品的材质、设计、包装、款式、价格等方面似乎还有疑虑。请各组分别准备各自的产品介绍，预测 3～4 种客户异议并针对这些异议进行预防。准备好之后，派代表上台分享演示。

要求：各组结合本项目内容及生活实际进行展示，表演有创意，不落俗套，教师在各组分享后组织课堂讨论并总结点评。

（八）价格分解法

价格分解法是指当客户提出有关价格的异议时，推销人员通过化解计量单位消除客户异议的方法。这是一种心理策略，即推销人员尽量使用小的计量单位报价，以减少高额价格对客户的心理压力，如改“吨”为“千克”，改“千米”为“米”，改“年”为“天”等。例如，推销人员在推销房子时对客户讲道：“您买我们的房子，住上 30 年的话，每天只需 100 元，而对于您家庭的每一个人来说，每天就是 25 元钱的事。”这套房子的实际报价是 110 万元。价格分解法尤其适用于家电、汽车、房子、机电设备等大额商品。

采用这种方法的优点是通过对商品的价格分解，降低高价格对客户造成的压力，使客户对该商品的价格看法发生改变，有利于化解交易障碍。需要注意的是，推销人员分解数字要准确，如果出现错误则容易让客户对推销人员的信誉产生误解，认为推销人员是为了快速达成交易在误导自己。

（九）良机激励法

这是处理购买时间异议的一种比较有效的策略，是指推销人员利用对客户有利的机会来刺激客户购买。例如，面对客户的犹豫不决，推销人员可以这样表示：“我们现在是节日期间做让利活动，过了这两天可能就要回归原价了。”“公司已经制定了新的价格，下个月我们就要上调价格了。”这种方法的优点是可以通过购买时间给客户施加一定的压力，让其迅速做出决策，促成交易的快速达成。但是采用良机激励法应该注意："良机"要确有其事，不能虚张声势，欺骗客户。

（十）利益得失法

利益得失法是指推销人员利用各种可能存在的变动因素来刺激客户购买，如物价上涨、政策变化等，使客户意识到早购买受益多、晚购买受益少，刺激客户尽早做出购买决定。例如，黄金推销人员与客户面谈："王先生，金价虽然现在看起来高了点，但一直在上涨，两三年后还会是这个价吗?"使用这种策略，推销人员要充分把握行业未来发展动态，最好引用大量数据、政策等增强说服力。

除了以上介绍的几种异议处理的一般策略外，还有一些策略，如处理产品质量异议的方法、处理货源异议的方法、处理需求异议的方法等，在此不再赘述。

任务三　妥善处理客户抱怨

客户抱怨是指客户对产品的期待及信赖落空后所产生的不满和责难。面对客户的抱怨，推销人员不能充耳不闻、忽视或者敷衍了事，那样只会招致客户更大的抱怨，甚至失去客户，严重的会影响企业的生存。客户抱怨可以帮助企业及时发现并改进产品存在的问题，消除客户不满意的因素，进而拥有更多忠诚客户。如何应对并处理客户抱怨，将抱怨转化为企业的机会，是提升企业服务水平的必备条件。

一、客户抱怨产生的原因

客户抱怨是因为客户感到不满意。客户满意度主要涉及三个方面：客户的期望值、产品的质量、服务人员的态度与方式。客户的期望值在客户对企业的产品的判断中起着关键作用。客户将他们所要的或期望的东西与他们正在购买或享受的东西进行对比，以此评价购买的价值。客户满意度可以简单地用公式表示为：

客户满意度＝客户实际感受/客户的期望值

一般情况下，客户的期望值越大，购买产品的欲望就越大；客户的期望值越小，购买产品的欲望就越小。客户的期望值越大，满意度就越低；客户的期望值越小，满意度就越高。因此，企业应该适度地管理客户的期望。例如，某商场向客户承诺产品包退包换，但客户提出退换要求时，却总是被各种理由拒绝；某企业在广告中过分地宣传产品的性能，故意忽略一些关键的信息，转移客户的注意力。这些"海口"承诺与过度营销导致客户在消费过程中频频失望，从而产生抱怨。

要正确地处理客户抱怨，就必须认真分析客户抱怨，弄清楚客户抱怨产生的原因，从而对症下药，采取有针对性的措施。

（一）产品问题导致的客户抱怨

（1）质量问题。例如：产品上有刮痕、挤压痕迹，服装开线、掉色，食品中有异物、没有达到安全卫生标准，产品按说明书操作却不能正常使用等。

（2）功能问题。例如：产品的操作太过麻烦，其实际功能与说明书或企业宣传有差距等。

（3）包装问题。例如：产品标示不清楚，包括食品包装上没有标注生产日期、产品标示的规格和实际规格有出入、使用说明不够详细等。

对于产品问题导致的客户抱怨，推销人员应该注意以下方面：一是严把质量关，不销售有污损或有缺陷的产品，不让不良产品流入客户手中；二是在销售产品时，为客户提供更多的产品知识，一定要让客户在购买时完全了解产品的特性，同时向其做出安全的品质保证；三是向客户销售品质优良、能够满足客户需求的产品，如能够提供多类别、多品种、多档次的产品，以满足不同客户的不同需求；四是认真、及时地解决产品问题导致的客户抱怨，如办理退换货等。

（二）推销人员问题导致的客户抱怨

（1）服务态度差。例如：不尊重客户，不懂礼貌；语言不当，用词不准，引起客户误解；有不当的身体语言，如不屑的眼神、无谓的手势、僵硬的表情等。

（2）服务方式欠佳。例如：缺乏语言技巧，商品的相关知识不足，一味推销产品而不问客户的需求和偏好，不愿意让客户多加挑选等。

（3）缺少专业知识。客户在购买产品的过程中会产生很多疑问，如果推销人员无法就这些问题提供专业的指导意见，答非所问，势必会影响企业产品形象，从而导致客户抱怨。

（4）过度推销。例如：过分夸大产品的好处，引诱客户购买；有意设圈套让客户中计，强迫客户购买。

（三）其他服务问题导致的客户抱怨

（1）服务项目不足。例如：没有专用的卫生设施或卫生设施条件太差，没有找零兑换等服务，没有远程送货安装服务等。

（2）服务制度不规范。例如：缺乏统一的规范制度，无论是售前、售中还是售后服务，客户遇到问题，没有一个部门真正站在客户的立场尽快解决，而是相互推卸责任，把客户撂在一边。

对于企业服务方面的问题导致的客户抱怨，应该注意从以下方面改进：一是做好岗前培训，包括服务技能、服务态度及岗位制度等方面的内容；二是通过举办业务竞赛活动，鼓励服务水平高的推销人员，鞭策业务技能稍差的推销人员，从而促进推销人员整体业务水平的提高；三是通过强化规章制度，督促推销人员不断提高服务水平，规定推销人员顶撞客户应该承担的责任；四是一旦出现由推销人员方面的问题导致的客户抱怨，企业和推销人员要拿出诚意及时予以解决。

（四）虚假信息导致的客户抱怨

虚假信息也是导致客户抱怨的一个重要原因。例如，有些企业为了尽快实现销售，向外宣传产品时故意夸大产品的价值功能，不合实际地美化产品，甚至刻意宣传一些产品本身不具备的功能或特性。再如，有些商家促销时打出“买一赠一”的标语，可是客户购买时发现并非如此。没有信誉的企业是没有发展前途的。在进行相关活动策划时，企业要遵守相关法律法规，做好解释说明，以免引起客户的过高期望，避免不必要的误解和矛盾。

（五）其他原因导致的客户抱怨

除了上述原因之外，一些突发情况的出现、客户自身情绪状态不佳等，也会导致客户抱怨。如快递公司遇到突发的自然灾害天气，包裹因道路受阻而无法及时送达，导致客户等待时间延长等。遇到这种情况，企业应该做好与客户的沟通工作，争取客户的理解。

热点关注： 我国如何认定、处罚虚假宣传

总之，客户抱怨作为对企业提供的产品表现出的不满，是对客户需求调查不足的补充，是客户内心需求的真实反映。客户抱怨是企业不断发展的动力，而分析客户抱怨可以为企业提供持续改进的方向和依据。

二、处理客户抱怨的态度

当客户产生抱怨时，推销人员不应该不闻不问甚至与客户发生争辩，应该站在客户的角度去考虑和分析问题，耐心倾听客户意见，拿出诚意去处理客户抱怨。据调查，80%的客户不再去光顾某企业的原因是客户对产品不满意。一位不满意的客户会把他的抱怨转述给 8～10 个人，而客户如果能当场为客户解决问题，95%的客户会成为回头客；如果推迟到一定时候解决，处理得好，将有 70%的回头客，客户流失率为 30%；如果客户抱怨没有得到正确的处理，将有 91%的客户流失率。由此可见，客户抱怨并不可怕，可怕的是推销人员不能有效地化解客户抱怨，导致客户离去。推销人员只有尽量化解客户抱怨，才能维持乃至增强客户的忠诚度，保持和提高客户的满意度。

推销人员应该以良好的态度去处理客户异议，具体表现在：

第一，不可有傲慢、摆架子的态度。明明是道歉，却摆出一副居高临下的样子，这样的态度只能使客户更反感。推销人员应该毕恭毕敬，保持微微前倾的姿势。

第二，视线及表情。推销人员的视线要停留在客户眼睛的正中央，表情要温和、诚恳。

第三，双手轻轻交叉在前，并自然垂下。推销人员千万不可把双手摆在身后，那样会给人傲慢的印象；也不可不经意中抱着胳膊或动来动去，那样会让人感觉你心不在焉。

第四，挺起腰杆，脚后跟紧紧地靠在地板上，重心落在两脚正中央，双脚不要摇晃。这样给人感觉你在集中精力地听。

第五，服装、外表的修饰要正式。

第六，言行一定要一致。一旦承诺，就必须做到。

三、处理客户抱怨的技巧

无论客户抱怨出于何种原因，推销人员都要及时处理，不能置之不理，任其发展。常见的处理客户抱怨的技巧如下：

（一）撤换当事人

当客户因为对推销人员的服务不满而情绪高涨时，继续由该推销人员向客户解释会招致客户进一步的不满和愤怒。这时，撤换当事人就很有必要。如果能更换成某一领导，如商场经理、公关经理或市场部经理等，由他们出面沟通，效果会更好。这样做的理由是：一方面使客户感到自己受重视，从心理上得到安慰；另一方面客户会认为与领导沟通更有利于问题的切实解决。此外，客户有时候为了表示自己的通情达理，通常会在新的推销人员或调解人员面前控制自己的情绪，从而有利于洽谈的顺利开展。

（二）变更沟通场所

当客户在公开场所或者营业场所发泄自己的不满时，会对公司的正常经营造成困扰，同时会吸引很多人围观，进而对公司的形象产生一定的不良影响。适当地变更沟通场所，可以给客户一段冷静的时间。如果客户是反省力强的人，经过冷静，一般情绪也会由愤怒激动变得平稳冷静，这样更有利于问题的解决。

（三）改变沟通时间

当发现无论是撤换当事人还是变更沟通场所都不能有效地解决客户抱怨时，最好的方法就是改变沟通时间。例如，推销人员告诉客户："要不您先回去休息一下，改天我登门向您道歉。""明天我再到您家中去拜访您。"需要注意的是，推销人员一定要言而有信，不能让客户觉得你在敷衍，随便打发了事。同时，为了表示诚意，推销人员拜访时最好备些小礼品。如果一天的拜访不能解决问题，公司可以派人多次去，直到问题解决。

同步案例

小王是一位在校大学生，兼职"双 11"购物节的网店客服工作。刚开始几天，看着每天大量攀升的成交数量，他感觉非常兴奋。但是"双 11"过后的客服工作却让他感觉很烦恼，尤其是大量的催货咨询。他认为客户的货没有及时收到应该归咎于物流公司，而不是他这个小小的客服，毕竟又不是他来负责配送的，干吗要替别人来背锅？后来在与网店客服主管的沟通交流下，他学会了换位思考。试想一下，如果自己在"双 11"抢到了梦寐以求的商品，但是迟迟收不到货，自己也会非常焦虑，而客户唯一可以和商家联系的方式就是客服。换位思考之后，再面对客户的责难，他变得没有那么焦虑了。

问题：小王该如何处理客户的抱怨？

案例解析：“双 11”购物节是对各个平台、网店商家及物流企业的一次大考。面对客户的责难，推销人员要学会换位思考，及时安抚客户的情绪。只有这样，才能让客户有愉快的购物体验，进而帮助企业获得更高的利润。

四、处理客户抱怨的步骤

（一）真诚感谢

客户向推销人员投诉，不管是否是推销人员的问题，有一点可以证明，客户是在意推销人员的产品的。因此，推销人员应先感谢客户。最可怕的不是客户抱怨，而是客户不满意却不告诉推销人员。

（二）认真倾听

推销人员应给客户足够的说话时间，让其把所有的怨气和不满都发泄出来，不要急于辩解，而应以笑脸相对。当推销人员笑脸相迎的时候，客户的火气也会越来越小。

同步案例

一位客户来到当地的电话公司，声称他的电话通信记录有误，拒付电话费，还破口大骂，声称要写信给报社。电话公司在派人当场调解失败后，决定第二天到客户家里登门拜访。没想到，电话公司随后连续派去解决问题的几个人都失败而归。后来，电话公司派出一名非常有耐心的员工。在该员工面前，客户仍然大发脾气、暴跳如雷。但是这位员工静静地连着听了几个小时，对客户所讲的每一点都表示同情。最后，客户的态度渐渐变得友好起来，并付清了全部账单。

资料来源：王丽丽，王军华．商务能力教程［M］. 3 版．北京：高等教育出版社，2019.

问题：本案例中，客户抱怨是如何得以妥善解决的？

案例解析：客户在抱怨时往往情绪激动，工作人员应耐心倾听客户的抱怨。这不仅是对客户的尊重，更是给客户足够的时间让其发泄情绪。只有当客户的情绪发泄完之后，双方才有可能心平气和地磋商。

（三）查找真相

处理客户抱怨，推销人员一定要站在客观的立场，找出事实真相，公平处理。当然，客户的抱怨有时可能会有夸大之处，找出事实真相是必须的。推销人员不但要对客户负责，还要对产品负责。如果是客户本身的问题，一定要耐心讲解。要知道，指导客户正确使用产品是推销人员的责任，知道怎样正确使用产品是客户的权利。

（四）征求意见

前面三个步骤如果做得到的话，客户的不满一般都会大幅减少，并因为推销人员的表现对公司和产品更有兴趣。此时推销人员可以问问他们想要怎样的补偿。

（五）采取补偿

推销人员在征求客户意见之后，了解到客户期望的处理方式，结合公司的实际情况，与客户达成一定的解决纠纷的协议。接着，推销人员就要信守承诺，说到做到，不要拖延处理时间，在规定的时间内完成对客户的补偿，最好能稍稍超出客户的期望。

（六）追踪反馈

推销人员应对处理客户抱怨的结果进行验证，主动询问客户的满意度，再次感谢客户。这样做既能让客户感受到企业对于客户的尊重和重视，塑造诚信负责的良好企业形象，也能够帮企业维系客户，减少客户流失。

（七）建立档案

推销人员可以把企业经营过程中经常遇到的客户抱怨进行汇总，将这些常见抱怨的处理办法进行梳理，整理出一套处理客户抱怨的标准工作流程。这样做可以帮助推销人员提高处理客户抱怨的速度。此外，通过学习常见客户抱怨的化解经验，可以防患于未然。

课堂互动

以小组为单位，每个小组从食品类、服装类、鞋帽类、日用品类、家具类、家用电器类、纺织品类、五金电料类、厨具类等不同类型的产品中选择一种，模拟客户抱怨的不同原因及处理客户抱怨的不同态度。各组准备好之后，派代表上台表演。

要求：各组结合本项目内容及生活实际进行展示，表演有创意，不落俗套，教师在各组分享后组织课堂讨论并总结点评。

五、处理客户抱怨的禁句

客户在抱怨时本身情绪比较激动，如果推销人员语言不当或语气不当，就会进一步激怒客户，更不利于交谈的顺利进行和问题的及时解决。以下是推销人员在处理客户抱怨时禁止使用的语句。

（1）“很抱歉，我无能为力，这是公司的规定。”“对不起，这是我们的规矩。”

这样的话，只能让客户感到自己在被应付。实际上，企业制定的所有规矩都应该本着“为客户提供满意的服务”的理念。换句话说，没有客户的满意和支持，企业就只能破产。所以，当出现问题时，企业应该灵活地帮客户解决问题，让客户满意。即使客户真的不了解企业的规章制度，推销人员也不能简单粗暴地打发客户。

（2）“这种问题太简单了吧。”“这种问题连小孩子（傻瓜）都知道。”

当客户因不了解产品的功能或使用方法而询问推销人员时，再简单的问题，推销人员也应该认真、耐心地解答。上例中的话语极易引起客户的反感，并认为推销人员在嘲笑、蔑视自己，对自己不尊重，从而产生抱怨。

（3）“一分价钱一分货。”“您花了那么点钱，当然只能买到这样的产品了。”

这样的话，言语中流露出蔑视的口气，客户一听就知道推销人员在给自己的产品质量不好寻找借口，而且让客户感觉推销人员态度傲慢，瞧不起客户，只能使客户恼羞成怒。

（4）“这种问题去问厂商，我们只负责销售。”“这种情况不关我们的事，您去找生产厂家吧!”

以这样的语言来搪塞、敷衍客户表明了推销人员的不负责任、企业的不讲信誉。正确的处理方式是积极与厂家协调，并对客户做好解释工作。如果推销人员能够帮助客户与其他相关企业协调，高效地处理抱怨，那么他将成为最终的赢家。

（5）“不是这样。”“不可能。”“我们的商品绝对不会有问题。”“一定是您弄错了。”

这样的话语只能表明推销人员对客户的意见一点也没有听进去，只是一味地试图打断对方并且加以否定。无法真正了解客户的意见、要求和愿望，不利于客户抱怨的解决。

（6）“不知道。”“不清楚。”“这个问题我也不太清楚。”“我不太了解这件事，请您去问问客服人员。”

这样的话语，客户一听就知道推销人员在推卸责任，只会让客户感到这家企业的推销人员水平低，从而失去购买欲望。面对客户提出的问题，有经验的推销人员一定会很热心回答，即便遇到自己解答不了的问题，也会赶紧寻找能够解决问题的人，很好地回复对方。因为，这是推销新品的一个很好的机会。如果推销人员不负责任，随便应付，只会加剧客户对推销人员的不满。

（7）“我决定不了。”“这不是我能决定的”。

哪怕是一线员工，从客户角度来讲，也代表着整个企业。一线员工的反应代表了企业对客户的重视程度和处理问题的态度。企业管理者应适当地向一线员工授权，充分发挥他们的潜能为客户服务。一线员工通常最先接触客户，如果他们获得充分的授权，那么在客户产生抱怨的第一时间，他们就可以根据情境灵活地为客户提供得体的服务。授权意味着一线员工可以立即处理客户的投诉或抱怨，不会因为处理程序复杂导致矛盾激化；授权还可以充分发挥员工的创造性、积极性和主动性，提高客户服务质量。

（8）“我绝对没有说过那样的话。”

客户有时会因推销人员的一两句话而生气，这时推销人员可能会否认，说自己没说过。于是双方陷入无休止的争论，而不能解决问题。这样状态下的相互指责使得双方都变得感情用事，从而造成不可收拾的局面。

（9）“改天我再跟你联络。”“有消息我们就通知你。”

这样的回答表面上看起来很重视客户，但是却显得有些敷衍。最好的回答应该是这样的：“三天后一定帮您办好。”“2 月 15 日之前我一定和您联系。”确定在几天后可以办成的说法，代表推销人员有信心帮助客户解决问题。

以上是处理客户抱怨时应该避免使用的常见禁句。在实际推销活动中，推销人员要灵活把握，在处理抱怨时站在客户的角度思考问题，争取在不触怒客户的前提下顺利地把洽谈进行下去，赢得客户的信任与忠诚。

崇德修身 “爱在胖东来”——消费者与企业的双赢

河南许昌有一家企业被称为中国零售业的标杆，前去参观学习的人络绎不绝。因为它创造了很多传奇，比如人均销售额、利润、坪效等核心指标在中国民营商业企业排名第一。这家企业就是胖东来商贸集团有限公司。公司创建于1997年，如今已成为一家涵盖专业百货、电器、超市等业态的大型企业。胖东来快速发展的秘籍之一就是用心服务。在胖东来，楼层电梯出入口总有数名专职服务人员站立搀扶老人和孩子，不断轻声提醒乘客。在胖东来，宠物可以进入超市，因为胖东来给宠物设立了专门的寄存处。在胖东来，购物车的种类十分多样，有适合带婴儿的，有适合儿童的，还有适合老人的。一些老人由于年龄较大，逛超市的时候比较累，但是胖东来所提供的服务让他们累了之后就能够及时休息。胖东来甚至还在每辆车上配备了放大镜，方便老年人查看价格。在胖东来，如果顾客对商品不满意，是可以随时退货的。在胖东来，顾客对服务人员不满意，可以随时投诉，并可以得到500元的奖励。胖东来还专门设置了客诉展板、留言簿、曝光台等，鼓励顾客提意见，让顾客监督企业成长。

问题：你认为企业应该如何处理与客户的关系？

提示：现实经济生活中，任何一家企业要想走得长远，就必须正确处理与客户的关系。只有用心为客户服务，倾听客户的声音，才能打动客户，培养客户对企业的忠诚。

知识测试

一、单项选择题

1. 客户说：“这款吊坠很好看，但好像有些死板、不够灵巧。我喜欢更有价值、更有品位的首饰。”这种异议是（　　）。

A. 产品异议　　B. 推销人员异议

C. 推销活动异议　　D. 客户自身原因

2. 客户说：“我们已经有固定货源，而且他们的产品一贯很好，我们不考虑更换。”这种异议是（　　）。

A. 需求异议　　B. 权力异议

C. 货源异议　　D. 观念异议

3. 客户说：“贵公司经常延迟交货，实在糟糕透顶。”推销人员说：“您这话恐怕不属实吧。本公司的交货一向准时，在同行中是有口碑的。您能否举出最近的实例，供我方改进?”推销人员采用的是（　　）。

A. 直接反驳法　　B. 间接反驳法

C. 太极法　　D. 补偿法

4. 客户说："这衣服太时髦了，我不习惯穿这样的衣服。"推销人员说："您还这么年轻，完全可以打扮得时髦一些啊！适当地改变您的穿衣习惯，反而能给人耳目一新的感觉。"推销人员采用的是（　　）。

A. 直接反驳法　　B. 间接反驳法

C. 太极法　　D. 补偿法

5. 面对客户的犹豫不决，推销人员这样表示："我们现在是节日期间做让利活动，过了这两天可能就要调回原价了。"推销人员采用的是（　　）。

A. 不理睬法　　B. 询问法

C. 利益得失法　　D. 良机激励法

二、多项选择题

1. 处理客户抱怨的技巧有（　　）。

A. 撤换当事人　　B. 变更沟通场所

C. 改变沟通时间　　D. 改变沟通策略

2. 下面关于推销人员导致客户抱怨的问题有（　　）。

A. 语言不当，用词不准，引起客户误解

B. 缺乏语言技巧，商品的相关知识不足，一味推销商品

C. 缺少专业知识，无法就客户问题提供专业的指导意见，答非所问

D. 有意设圈套让客户中计，强迫客户购买

三、判断题

1. 有的客户喜欢通过提意见来表现自己的能言善辩。针对这种情况，推销人员应以自己的专业优势与客户针锋相对，为推销活动的继续进行营造良好的洽谈氛围。（　　）

2. 在处理客户异议时，推销人员利用客户异议以外的产品优点来补偿、抵消客户异议的技巧被称为太极法。（　　）

3. 推销人员应尽量使用大的计量单位报价，如改"千克"为"吨"，改"米"为"千米"，改"天"为"年"等。（　　）

4. 当客户产生抱怨时，推销人员应该站在企业的角度极力与客户争辩。（　　）

5. 当出现问题时，推销人员应该灵活地帮客户解决问题，让客户满意。（　　）

四、简答题

1. 什么是客户异议？客户异议的根源有哪些？

2. 处理客户异议的原则有哪些？

3. 简述处理客户异议的基本步骤。

4. 什么是客户抱怨？客户抱怨的原因一般有哪些？

5. 处理客户抱怨的方法有哪些？

五、论述题

1. 如何理解"客户异议既是成交的障碍，也是成交的信号"？

2. 结合实际，分析客户异议的一般方法。

3. 结合实际，论述客户抱怨的处理步骤。

项目实训

实训背景：

根据本项目情境导入《小王的困扰》所提供的资料，分角色扮演某家居用品销售人员小王和他的不同客户，深入分析客户异议及抱怨的根源，灵活运用各种方法，妥善处理客户异议，消除客户抱怨，促进洽谈顺利进行，赢得客户信任与忠诚。

实训目标：

通过仿真体验，熟练掌握处理客户异议与抱怨的技巧及方法。

实训内容：

1. 异议处理前，做好各项准备，发挥想象，预测客户可能提出的异议（价格异议、时间异议、权力异议等），拟定合理可行的异议处理方案；

2. 异议处理中，认真思考，灵活应对，运用各种异议处理的具体方法，展现良好的职业素养；

3. 异议处理后，回顾反思异议处理情况，查漏补缺，为今后的工作提供参考；

4. 抱怨处理前，结合产生的各种客户抱怨（产品抱怨、推销人员抱怨、其他抱怨），认真思考，选择恰当的处理客户抱怨的方法，拟定合理可行的抱怨处理方案；

5. 抱怨处理中，灵活运用各种处理客户抱怨的具体方法，把握沟通节奏，平复客户情绪，与客户耐心交流；

6. 抱怨处理后，全面总结抱怨处理情况，摸透客户心理，了解客户期待，为下一步赢得客户的信任做更完善的准备。

实训步骤：

1. 将全班学生分成若干小组，学生可以自由组合，每组 4～6 人，两组结合为对手，分别扮演家居用品销售人员小王及其客户，每组确定一名组长担任负责人；

2. 结合任务，组长按照各成员特长进行角色分工，确定每个角色的定位及职责；

3. 各组根据实训情境开展前期各项准备工作，预测客户可能提出的不同异议，并选择不同的方法分别处理预测的异议；

4. 各组进行模拟展示，模拟过程要完成异议处理与抱怨处理两项任务，过程中要体现各项准备工作以及运用到的不同方法；

5. 模拟结束，开展组内、组间互评及教师点评、总结；

6. 各组进行小结讨论，完成实训总结；

7. 教师在“学习通”平台上展示班级优秀实训成果及相关资料。

实训成果：

1. 《×××推销活动客户异议处理方案》

2. 《×××推销活动客户抱怨处理方案》

3. 《×××客户异议与抱怨处理实训总结》

注意事项：

1. 异议与抱怨处理方案要具体可行，体现各项准备工作；

2. 异议与抱怨处理过程要体现至少三种不同的方法；
3. 演示时要展示出基本的商务礼仪素养。

任务评价

评价方式	评价内容		分值	评价人	
				个人	教师
自我评价与教师评价（75%）	技能点	能深入分析客户异议的根源	10		
		能根据不同情况，灵活运用不同的异议处理方法	15		
		能及时反思异议处理成效，为解决异议做好铺垫	5		
		能深入分析客户抱怨产生的原因	10		
		能根据不同情况，采取恰当的态度处理客户抱怨	5		
		能灵活运用不同的客户抱怨处理方法	15		
	素质点	处理客户异议抱怨的过程中，耐心细致、温和稳定	5		
		处理客户异议抱怨的过程中，设身处地为客户着想	5		
		良好的商务礼仪素养	5		
	合计（$\sum$ 个人分值 * 20%+ $\sum$ 教师分值 * 80%）		75		
组间互评（25%）	实训任务前期准备情况及任务整体完成质量		7		
	小组每个成员任务的参与度与投入度		6		
	小组成员之间的配合度及团队精神		6		
	实训情境仿真性		6		
	合计		25		
综合评价	自我评价（15%）＋教师评价（60%）＋小组互评（25%）		100		

项目十一　推销成交及善后事宜

学习目标

知识目标：了解成交的含义，熟悉成交的条件，掌握推销成交的基本策略和促成交易的各类方法。熟悉推销成交后的相关工作内容。

技能目标：能够正确认识成交，善于分辨成交信号，熟练使用推销成交的条件。能够正确运用各种推销成交技巧达成交易。熟悉售后服务，能够做好各项成交的善后工作。

素质目标：具备促成交易的强烈愿望与信心。明确推销活动是一项塑造形象、建立声誉的崇高事业。培养恪尽职守的态度和廉洁奉公、公道正派的作风。

思维导图

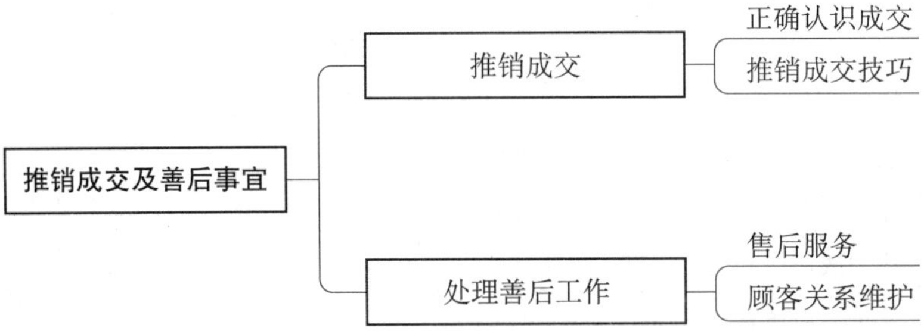

情境导入

耐心介绍，实现成交

某品牌豆浆机为拓展销售渠道，选择在繁华路段的一家知名超市设了展销专柜，并选聘了一个耐心细致、思维敏捷的产品推销员进行产品推销。为提高销售率，在展销柜前，该推销员不厌其烦地向来往顾客介绍产品质量、品牌性能、使用方法等，并通过演示来展示产品的各项功能和特点。现场一位顾客看了产品演示后，提出该款豆浆机用后过滤网不易冲洗干净，并指出另一品牌的豆浆机具有无网冲洗功能，使用更为方便。推销员听后并没有表现出不耐烦，反而更为细致地展示了该品牌豆浆机的冲洗方法和冲洗流程，指出该款豆浆机虽然不具有无网冲洗功能，但冲洗方式操作简单，且在价格上具有明显优势，更适合平常家庭，性价比更高，安全性更好。最后，推销员还提到，该品牌豆浆机提供一年免费保修、包换，一年后整机维修，只收配件费，免收修理费等售后服务，并及时向驻足的顾客发放了印有厂家名称、联络方式和产品详细介绍的宣传页。同样是柜台推销，这家豆浆机展柜前的成交量明显比较高。

请问：该品牌推销人员采用了哪些方法促成交易？

启示：促成交易是推销活动的最终目的，也是推销过程中最重要的一个环节。推销人员要想顺利地达成交易，首先必须消除成交过程中的各种障碍，树立正确的成交态度；其次要识别客户的各种成交信号，及时把握成交时机，善于运用成交的方法与技巧，灵活机动地促成交易。

任务一　推销成交

成交是整个推销过程中最关键的一个环节。它决定了从寻找顾客到处理顾客异议的一系列活动最终能否取得预期的成果。在成交阶段，推销人员的核心任务就是促使顾客采取购买行动。没有成交，推销人员所做的一切努力都是徒劳。因此，优秀的推销人员应该具有明确的推销目标，千方百计地促成交易，并做好成交后的相关善后工作。

一、正确认识成交

（一）成交的含义

成交即达成交易，是指顾客接受推销人员的推销建议，做出购买决策的活动过程。成交是推销的目的和归宿，推销人员从寻找顾客到处理顾客异议的一系列活动都是围绕这一核心开展的。成交的含义可从以下三个方面理解：

1. 成交是整个推销工作的目的和核心

成交是推销的终极目标，是推销工作的核心。可以说，前期的推销工作是为了达成交易而进行的基础性工作，只有到了成交阶段，顾客才会决定是否购买推销品。即使是一个老练的推销人员，就算顺利地通过了成交前的一系列推销阶段，如果不能抓住成交这一关键环节而导致交易失败，那么其所做的努力也均为徒劳。

2. 成交并非瞬间行为，而是一个过程

成交是顾客接受推销建议的行为过程。在这个过程中，顾客的心理在不断地发生变化，由开始的漠不关心到注意到产品，再发展到对产品产生兴趣直至做出购买决策，整个过程表现出循序渐进的特点。况且在很多情况下，洽谈、沟通并非一次就能完成，成交也是一个不断发展变化的过程。因此，推销人员必须密切注意顾客的言行举止，善于抓住顾客发出的成交信号，从而顺利达成交易。

3. 成交不是推销活动的结束

对推销人员来说，成交代表本次推销活动的成功，但绝不是推销活动的结束。推销人员应做好成交的各项后续工作，如签订合同、及时发货、协助顾客安装调试、做好售后服务等。只有这样，推销人员才能与顾客建立良好的合作关系，从而使双方实现共赢。

热点关注：直播带货的成交技巧

（二）成交的条件

1. 顾客对推销人员所推销的商品完全了解

在推销的过程中，如果顾客比较熟悉推销人员推销的商品，就会表现出较强的购买热情，或表现出想与推销人员沟通的意向，甚至接受推销人员的推销建议；反之，就会毫不客气地拒绝推销人员，甚至拒绝推销人员手中的商品。因此，推销人员应该主动地向顾客展示自己的商品，主动地介绍商品的优势、性能，尤其是其带给顾客的效用价值，尽可能消除顾客的疑虑；根据顾客的不同心理，多给顾客一些了解商品的时间和机会，让顾客在做出购买决定之前全面地了解推销品。

2. 顾客对推销人员所推销的商品产生强烈的购买欲望

根据市场营销学的原理，人们的需求有限，但欲望却很多。当具有购买能力时，欲望便转化成需求，这就说明市场营销者连同社会上的其他因素，只是影响了人们的欲望，并试图向人们指出何种特定商品可以满足其指定需求，进而使商品更具有吸引力，适应顾客的支付能力且使之容易得到，影响需求。因此，推销人员的工作重心应放在做好推销说明上，这样才能影响和激发顾客的购买欲望。

3. 推销人员对顾客的情况有充分而全面的了解和掌握

“知彼知己，百战不殆”，推销前的准备工作是必不可少的。当然，在即将成交时，推销人员更要对顾客情况了如指掌，这样才能保证顺利成交。推销人员的职责是推销商品、提供服务。在实际推销工作中，推销人员也必须了解和掌握下列情况：

（1）顾客对哪类产品感兴趣？

（2）顾客为什么会对这些产品感兴趣？

（3）顾客有哪些不同意见？

（4）顾客本身有无购买决定权？

（5）顾客为什么会做出这样的购买决定？

4. 利用恰当的时机促使顾客做出购买决策

在向顾客推销商品时，不失时机地促使顾客做出购买决定，从而促成交易是每个推销人员的目标。因此，推销人员要等待合适的时机，必要时要想办法制造合适的时机，促使顾客做出购买决策，如与顾客的谈话达到高潮时或遇到重大的节假日时。

了解和掌握顾客的上述情况后，推销人员在实际工作中就比较容易应对成交时出现的各种问题，做出科学、合理的判断并采取对策。

二、推销成交技巧

对推销人员来说，能否有效地促成交易，直接关系到其推销业绩的好坏。这犹如踢足球，经历了抢球、传球，好不容易把球带到了对方的门前，只差那临门一脚，可是，踢不进去，所有的努力就都白费了。因此，成功地运用推销技巧，解除顾客的犹豫和顾虑，抓住当前时机促成交易，是推销过程中的关键环节。

（一）成交的基本策略

为了更有效地促使顾客采取购买行动，推销人员必须掌握成交的基本策略和方法。成交策略是对成交方法的原则性规定，是推销人员在促进成交的过程中必须遵守的活动准则；成交方法则是用来解决成交中实际问题的各种特定方法。成交的基本策略有以下几种。

1. 克服成交心理障碍，保持积极的成交态度

在成交过程中，气氛往往比较紧张，推销人员容易产生成交心理障碍。这种不利于成交的推销心理状态很大程度上阻碍了成交，甚至可能导致推销活动失败。尤其是推销新手，遇到顾客异议时便会心情紧张、举止失态，以致词不达意。当出现这种情况时，成交就难以实现。推销人员的心理状态是推销成功的基础。只有坚定自信，保持积极的成交态度，才能消除各种不利的成交心理障碍，顺利达成交易。

（1）增强自信。有的推销人员对推销职业没有正确的认识，存在职业自卑感，认为推销工作低人一等。这种自卑感对推销工作有着极大的负面影响。只有充分了解自己工作的社会意义和价值，才能为自己的工作感到自豪和骄傲，才会激发努力工作的巨大热情和力量。因此，推销人员应正确认识推销工作，建立职业自豪感，增强自信心，为推销工作打开局面奠定基础。

（2）作为主动。推销活动的特点之一是推销人员行为的主动性。绝大多数顾客不会主动说“我要买”，即使有购买意向，也大都采取被动态度。这就需要推销人员主动提出成交要求，而不是在洽谈结束后被动地等待。推销人员必须充分地认识这一点，否则就会错过成交时机。因此，推销人员只要有机会就应该大胆主动地提出成交要求，并适当施加成交压力，积极促成交易。

（3）直面失败。在推销过程中，推销人员最怕出现两种情形：一是害怕听到“我不要”或“我考虑考虑”；二是怕客户说“你把材料留下来，我有机会再跟你联络”。许多推销人员因为害怕遭到客户的拒绝而不敢引导客户做出购买决定；还有一些推销人员在经历了几次失败的推销后，产生了畏惧心理，且担心失败的心理障碍愈发严重，在推销中易产生急躁情绪，表露出急于求成的心理，这反而会引起顾客的疑心，影响顾客做出购买决策，导致推销人员心态上的恶性循环。世上没有常胜将军，胜败乃兵家常事。商战与兵战一样，即使最优秀的推销人员，也不可能使每次的推销洽谈都能达到成交的目的。只要清楚地认识到这一点，推销人员就能鼓起勇气，不怕挫折、不畏失

微课：成交信号的识别

败，坦然地面对不同的推销结果。这种坦然、平和的心态有助于推销人员取得心理上的优势。

2. 善于识别成交信号，把握最佳成交时机

成交信号是指顾客在接受推销的过程中有意无意表现出的各种成交意向，我们可以把它理解为成交暗示。在大多数情况下，顾客为了保证自己所提出的交易条件得以实现或保证自己的交易谈判的主动权，一般不会先提出成交，更不愿主动、明确地提出成交。但是顾客的购买意向会通过各种方式表现出来。推销人员必须善于观察顾客的言行，捕捉各种成交信号，以便及时做出成交提议。

（1）语言信号。语言信号是在推销人员与顾客的交谈过程中，从顾客的某些语言中流露出来的成交信号。例如，顾客询问交货时间、付款条件、交易方式等具体事宜；对产品质量及产品加工问题提出具体要求；询问关于维修、退换货条件等售后服务问题。顾客尽管没有明确提出成交，但已经比较明确地流露出成交的意向了。推销人员可以从顾客的询问和措辞中发现成交信号。例如：

如果我们购买这台机器，你们能否协助我们培训操作人员？
你们公司最早什么时候可以交货？
对这种产品，你们后续的服务有何保障？
不错，别人也建议我购买一件这样的产品。
买多点，能不能给个折扣价？
要是过两天降价了怎么办？
是否可以分期付款？

（2）行为信号。行为信号是在推销人员向顾客推销的过程中，从顾客的某些行为中流露出来的成交信号。例如，顾客认真阅读推销资料，比较各项交易条件；认真倾听推销人员的讲解，甚至身体前倾；非常专心地研究推销人员带来的样品或资料；要求推销人员展示产品，并对所展示的产品表现出关注，甚至亲手触摸、试用产品；有签字倾向的动作，如找笔、摸口袋，靠近订货单、看订货单。这些都是很明显的购买行为信号。

（3）表情信号。表情信号是在推销人员向顾客推销的过程中，从顾客的面部表情和体态中流露出来的一种成交信号。例如，顾客情感由冷漠、怀疑、深沉变为自然、随和；对推销人员的介绍点头表示同意，并流露出赞许的神色；微笑地表示赞成推销人员的意见；表现得很轻松，并专心倾听推销人员的讲解；拿起笔来，在记事簿上记录推销人员的介绍要点；身体姿势不像访问初期那样规矩板正，开始放松，活动自如；面部表情多流露出高兴、感兴趣的神色等。

（4）事态信号。事态信号是在推销人员向顾客推销的过程中，从形势的发展和变化中流露出来的成交信号。例如，顾客征求他人意见；要求看销售合同；接受推销人员的重复约见或主动提出会面时间；主动向推销人员介绍企业的有关负责人或高级别决策人。这些事态的发展都比较明显地表达了顾客的成交意向。例如：

如果推销人员访问的是一位总经理，谈到一定程度，该总经理拿起电话打给供应处处长：“徐处长，你来我办公室一趟，有事要商量。”

如果访问的顾客是一位采购科科长，谈到一定程度，该科长拿起电话打给总经理：

“李总，您有时间吗？我和××公司的王先生要到您那儿去一下。”

3. 保留一定的成交余地

保留一定的成交余地，有两个方面的含义。

一是即使某次推销活动双方不能达成交易，推销人员也要为顾客留有一定的购买余地，以便在数日后再次拜访时还有成交的机会。顾客的需求总是不断变化的，今天不能接受推销，并不意味着永远不接受。在一次不成功的推销之后，如果推销人员能给顾客留下一张名片或者产品目录，并真诚地对顾客说“如果有一天您需要什么的话，请随时与我联系，我很愿意为您服务。在价格和服务上，还可以考虑给您更优惠的条件”，那么推销人员就会经常得到一些回心转意的客户。

二是在推销洽谈中，推销人员不要一开始就把交易条件和盘托出。从约见顾客到顾客对推销品产生兴趣再到做出购买决定，需要经历一定的过程，这个过程有时甚至是漫长的。到了成交阶段，推销人员如能再提示某个推销要点和优惠条件，就能促使顾客做出最后的购买决定。有些推销人员不了解顾客心理，一开始就口若悬河，既不利于客户逐步接受产品信息，又不利于最后的成交。推销应该讲究策略，注意提示的时机和效果，留有一定的余地。

4. 把握成交时机，随时促成交易

推销人员必须机动灵活，随时发现成交信号，把握成交时机，做好随时成交的准备。一个完整的推销过程要经历寻找顾客、推销接近、推销洽谈、处理异议和签约成交等不同的阶段。但并不是说每一次成交都必须严格地、不可缺少地经过每一阶段。在现实情况下，成交可以在推销活动的任何一个阶段达成，也就是随时都可能成交。一旦成交时机成熟，推销人员就应立即促成交易。机不可失，时不再来。有的推销人员善于接近和说服顾客，但是抓不住有利的成交时机，常常功亏一篑。

把握成交时机，要求推销人员具备一定的直觉判断力。推销人员只有具备了这种职业敏感性，才能及时有效地做出准确的判断，从而引导顾客达成交易。一般来说，以下三种情况可能是促成交易的好时机：一是重大的推销异议被处理后，二是重要的产品利益被顾客接受时，三是顾客发出各种购买信号时。

5. 做最后的推销努力

在经历了洽谈和异议处理后，推销活动已经走向了最后的阶段。大量的推销实践和推销学研究成果表明，许多生意就是在推销人员与顾客即将告别的那一刻成交的。顾客的情绪、态度和成交的机会复杂多变，推销人员需要及时把握机会。同时，推销人员也必须坚持不懈地做出努力。即使在推销洽谈中多次成交失败，也不能放弃最后的机会。在正式洽谈后，顾客心情变得轻松愉快，他们甚至会同情推销人员，并且担心自己错失了好机会。推销人员忙于收拾产品样品、准备起身告辞时，恰是成交的好时机。推销人员如果善于利用这一时机，则很可能“山重水复疑无路，柳暗花明又一村”。有的推销人员很善于利用这一时机，每当与顾客告别时便慢慢收拾东西，有意无意地露出一些能引起顾客注意的其他物品，促进交易达成。如果推销人员忽略了这最后的成交机会，则会与一些本该达成的交易失之交臂。

课堂讨论

“在推销人员做完产品推荐介绍后，客户只要真正需要推销人员所推销的产品，他们就会主动提出成交请求。”你如何评价这种观点？

要求：教师不直接提供上述问题的答案，而是先引导学生结合本部分内容进行独立思考、自由发表见解，再组织课堂讨论，最后对学生提出的典型见解进行点评。

（二）常用的成交方法

推销人员除了要掌握成交的基本策略，还要掌握具体的成交方法。常用的成交方法主要有以下几种。

1. 直接请求成交法

直接请求成交法是在推销人员收到顾客的购买信号后，用明确的语言直接向顾客提出购买的建议，以求成交的方法。一般来说，推销人员和顾客经过深入的洽谈，双方就主要问题已达成一致。这时，推销人员可以向顾客主动提出成交的请求，如“既然已经没有什么问题，我看咱们现在就把合同签了吧”。下列几种情况适于使用请求成交法。

（1）已经建立了良好人际关系的老顾客。推销人员了解老顾客的需求，而老顾客也曾接受过推销人员所推销的产品。因此，老顾客一般不会反感推销人员的直接请求。推销人员可以轻松地对老顾客说：“您好，近来生意可好？昨天刚到了一批新货，您打算要多少？”

（2）发出购买信号的顾客。若顾客对产品有好感，也流露出购买意向，只是一时拿不定主意，或不愿主动提出成交要求，推销人员可以用请求成交法促使顾客做出购买决定。

同步案例

一位家庭主妇对推销人员推荐的家用电热水器很感兴趣，反复询问它的安全性能和价格，但又迟迟不做出购买决定。这时推销人员讲道：“这种电热水器既实用又美观，可以给您九折优惠，买下它吧，您一定会感到满意的。”

问题：针对本案例中的顾客类型，推销人员采用了何种成交方法帮助顾客做出成交决定？

案例解析：一般情况下，即便顾客有了购买意向，往往也不愿主动提出成交，此时推销人员可以采取直接请求成交法，使顾客做出购买决定，从而促成交易。

（3）须推销人员提醒才想到成交问题的顾客。有时候顾客对推销品感兴趣，但思想上还没有意识到购买的问题。这时，推销人员在回答了顾客的提问或详细介绍完推销品之后，可以接着说：“如果没有什么问题的话，您看什么时候给您送货？”或者说：“这个产品还有库存，您是刷卡还是现金？”其实，这样的请求并非一定要求马上成交，只是让顾客集中注意力，让其意识到该考虑是否购买这一问题了。

这种方法运用的关键是“火候”的把握，推销人员对最后的成交很有把握，顾客也感到顺理成章。这时，运用直接请求成交法才是最恰当的时机。

直接请求成交法的优点：可以充分利用各种成交机会，有效地促成交易；可以节省时间，从而提高工作效率。

直接请求成交法的缺点：可能对顾客造成成交压力，破坏成交气氛；若运用不当，可能会引起顾客反感，甚至使成交化为泡影。

2. 假定成交法

假定成交法是指推销人员假定顾客已经接受推销建议，仅对某一问题做出答复，从而要求顾客购买的一种成交方法。这种方法回避了是否购买的问题，只就有关具体问题与顾客商议。在下列情况下，推销人员可以假定顾客已经接受了推销建议：

（1）购买频率较高的老顾客，成交只是数量和时间问题。

（2）顾客对推销人员的演示流露出比较满意的表情，没有提出明确的购买异议。

（3）顾客以不同方式发出了成交信号，购买决定已在内心形成。

（4）经过推销人员的努力，顾客已经对推销品产生了浓厚的兴趣。

（5）顾客接受了推销人员的现场展示。

假定成交法的优点：可节约推销时间，提高工作效率；推销人员暗示成交可减轻顾客的成交心理压力；可以把顾客的成交意向直接转化为行动，促成交易。

假定成交法的缺点：一是不利于妥善处理顾客异议。使用这一方法，推销人员主观假定顾客没有任何异议，或主观假定顾客已经形成购买决定，可能会使顾客觉得推销人员自以为是，从而提出一些无关异议或虚假异议，直接阻碍成交。二是此法使用不当，容易引起顾客的反感。使用这一方法，推销人员把顾客的暗示反应看作明示反应，把成交信号当作成交行为。如果根据主观和片面的判断做出错误的假定，就会引起顾客的反感，导致顾客拒绝成交，从而使推销人员处于被动的地位。

同步案例

一位老顾客走进商品批发部，推销人员基本可以断定他是来进货的。于是，推销人员把前边的一系列工作都省略了，直接进入成交阶段，手持订货单向顾客提出一系列问题。但其中没有一个是“买与不买”的问题。推销人员一般会这样问：“这次准备开点什么货?”“毛毯给您开了30条，您看可以吗?”“这里有新进的保暖衣，要不要给您开1件?”“明天发货您看可以吗?”如果顾客没有异议，把上述问题填入订货单，生意也就做成了。

问题：运用假定成交法有哪些优点?

案例解析：面对老顾客或熟识的顾客，推销人员运用假定成交法一方面可以节省双方的时间，另一方面也没有拖沓感，有利于拉近与顾客的距离。

3. 选择成交法

选择成交法是指推销人员向顾客提供几种可供选择的购买方案，并要求顾客立即做出抉择的一种成交方法。选择成交法是推销人员在假定成交的前提下，提供可选择的购买方案。先假定成交，后选择成交，顾客无论做出何种选择，其结果都是成交。例如：“先生，您是喝红酒还是啤酒?”“我们是周二还是周三见面?”

选择成交法使顾客的思维重点放在了数量、质量、型号等方面的选择上，而不是买与不买的抉择上。推销人员直接假定成交，假定顾客会购买推销品，然后向顾客提供产品目录，让顾客选择购买的具体产品，达到成交的目的。此方法是假定成交法的应用和发展。

选择成交法的优点：可以减轻顾客的成交心理压力，创造良好的成交氛围；有利于推销人员掌握成交主动权，留有一定的成交余地。

选择成交法的缺点：如果不经过分析和观察而滥用这一方法，则会给顾客造成压力，甚至使顾客失去购买信心，引发新的成交心理障碍，还会浪费时间、降低推销效率。

4. 小点成交法

小点成交法是指推销人员根据顾客的心理活动规律，利用成交的次要问题间接促成交易的一种成交方法。顾客在重大的成交问题面前往往比较慎重、敏感，顾虑重重，难以做出购买决定；而在一般的成交问题面前则比较马虎、果断，比较容易做出购买决定。小点成交法正是利用了顾客这一心理活动规律，避免直接提示重大的成交问题，而直接提示较小的成交问题。先小点成交，再大点成交，先就成交活动的具体条件和具体内容达成协议，再就成交本身达成协议，最后促使成交实现。

小点成交法的优点：营造良好的成交气氛，减轻顾客的成交心理压力；有利于推销人员主动做出成交尝试，保留一定的成交余地；合理利用成交信号，从而有效地促成交易。

小点成交法的缺点：有可能引起顾客误会，产生成交纠纷；有可能分散顾客注意力，造成不利于成交的气氛。

5. 从众成交法

从众成交法是指推销人员利用顾客的从众心理，促使顾客立刻购买推销产品的一种成交方法。顾客的消费行为既是一种个人行为，又是一种社会行为，既受个人购买动机的支配，又受社会购买环境的制约。个人认识水平的有限性和社会环境的压力是从众心理产生的根本原因。因此，顾客会把大多数人的行为作为自己行为的参照。从众成交法正是利用了人们的这种心理，营造出一种众人争相购买的氛围，促成顾客迅速做出购买决策。例如：“这是今年最流行的款式，您穿上一定漂亮，昨天刚进了十套，今天已经卖出了三套。”“今年保暖内衣销得最好，各大商家都在上货，您可别错过这个机会。”“王经理，这种直饮水机目前在一些大城市非常流行，特别适合大公司的办公室使用，既方便、实用，又能提高办公室的现代感。与贵公司齐名的××公司、××公司等，办公室都装上了这种饮水机。”

从众成交法的优点：可以增强推销人员的成交说服力，有利于吸引和招徕顾客，增加交易量；可以增强顾客购买的信心，尤其对新顾客来说，能促使其下决心购买。

从众交易法的缺点：若遇到个性较强、喜欢特立独行的顾客，会起到相反的作用。

知识小贴士：其他常用的成交方法

除了上面介绍的常用的几种成交方法外，还有许多其他的成交方法，如优惠成交法、保证成交法、机会成交法等。在推销实践中，推销人员应根据具体情况灵活运用。

任务二 处理善后工作

成交与签约并不意味着推销活动的结束。相反，成交代表了此次合作即将顺利结束，更重要的是为下次推销铺平道路。这样一来，推销人员才能始终保持推销的主动权，迎接一系列成交。成交后的相关工作如售后服务、顾客关系维护等，都是推销善后工作。

一、售后服务

（一）售后服务的含义

售后服务是指企业把产品销售给消费者之后，为消费者提供的一系列服务，包括安装维修、故障咨询、上门服务等。

在传统的市场营销观念影响下，有些人认为，商品一旦售出就万事大吉，售后服务是额外负担，白白浪费人力和钱财，因而对售后服务总是抱消极敷衍的态度。但是在现代市场营销观念的指导下，人们逐渐认识到，对于质量、价格基本相当的商品来说，如果企业为顾客提供的附加价值越多，这些企业就越有可能赢得顾客而占领市场。因此，做好各项售后服务，是关系到企业生存和发展的大事。对于推销人员而言，热情、周到的售后服务，不仅可以巩固已争取到的顾客，促使他们重复购买，还可以通过这些顾客的宣传，争取得到更多的新顾客，开拓新市场。所以说，售后服务也是一种有效的促销手段。

（二）售后服务的内容

售后服务是企业对消费者负责的一项重要措施，也是增强产品竞争能力的有力工具。售后服务的内容主要包括送货上门、安装、调试、技术指导、提供零配件、保修期内的保证服务、保修期外的维修服务、定期拜访顾客等。

1. 严格执行合同，按时交货，做好送货上门服务工作

企业与顾客一旦达成交易，就应该严格按照合同的要求，保证商品按时、按质、按量交货和发货。以消费品市场为例，家用电器的部分品种（如大屏幕彩电、冰箱等）竞争十分激烈，企业都十分重视及时送货。例如：承诺市区×小时送货到家，内环线内、外环线内×小时送货上门等；而一些尚不具备送货条件的企业，则推出向顾客贴补运费的方法促销。这是做好售后服务的首要内容。

对购买了较为笨重、体积庞大的商品的顾客，或一次购买量较多、自行携带不便、有特殊困难的顾客，企业都有必要提供送货上门的服务，以方便顾客。如果不提供送货服务，则可能会令顾客因此而打消购买念头，进而影响推销工作的绩效以及企业或推销人员的形象。原来这种服务主要是提供给生产用户和中间商的，如今已被广泛地应用在对零售

顾客的服务中。送货服务对工商企业来说，并不是一件难事，但它却大大方便了顾客。

2. 提供安装、调试服务

对规格较大、结构复杂的大型工业品，精密设备以及安装技术要求较高的高档消费品，企业应提供安装与调试服务，以保证顾客购买的商品能及时投入正常使用，发挥其效益，满足顾客的需求。至于面向个人消费者的某些商品，如空调、家用电脑等，安装与调试已成为销售中不可缺少的内容。安装与调试服务是消除顾客疑虑的有力工具之一，通过为顾客安装调试，企业可以增强顾客在购买商品时的安全感和信任感，避免因顾客安装使用不当而造成的商品损失。同时，安装与调试服务还可增进推销人员与顾客之间的感情交流，提高推销人员或企业的信誉和知名度。

3. 质量保证服务

质量保证服务主要是指顾客购买商品后，如果出现商品质量不尽如人意的问题，能够及时得到检修或予以退换的服务，如对售出商品包修、包退、包换的“三包”服务。质量保证服务体现了对顾客的负责，能减少顾客购买商品时对商品的质量、使用和修理等不安的心理，坚定顾客的购买决心，实际上强化了顾客的满意度，这样就能提高企业的知名度和美誉度，并能不断稳固老顾客和开发新顾客。

同步案例

胖东来建立了较为完善的售前、售中、售后服务体系，服务项目多达上百项，仅售后就有18项免费服务，如免费存车、免费打气、免费提供修车工具、免费存包、免费给手机充电、免费送货、免费维修、免费干洗、免费熨烫、免费锁边、免费修鞋等。

“不满意就退货”是胖东来服务营销的一大特色。早在1997年企业成立之初，在假货充斥、市场竞争激烈的情况下，胖东来就提出“用真品换真心”的经营理念。1999年，胖东来又提出“不满意就退货”，自此形成了完整的“用真品换真心、不满意就退货”的服务营销理念。甚至对于顾客的投诉，胖东来不仅不反感，而且还鼓励和奖励，还为此专门设立了顾客投诉奖：经当天的值班经理核实确认，发给顾客投诉奖励。

问题：作为一个零售超市，胖东来为什么能够凭借极致服务频频出圈？

案例解析：服务从细节做起，细节决定成败。胖东来的服务战略是以顾客为中心，提供极致的服务体验。因此，人性化的服务是胖东来成功的重要因素之一，高标准、人性化、重细节的服务，赢得了顾客与同行的赞誉。

4. 技术服务

科学技术的发展使新产品层出不穷且日益丰富，产品结构日益复杂，其技术含量也大大提高。顾客大多缺少产品知识，因而对生产销售人员产生很大的依赖性，这就要求推销人员在产品出售后，提供相关技术服务。技术服务包括技术咨询服务和技术培训服务，主要目的是帮助顾客解决使用产品时所遇到的各种技术难题。技术咨询服务是指推销人员主动向顾客提供必要的技术数据以及说明产品的性能特点、检测标准和使用方法。技术培训服务是指为用户培训合格的操作使用人员和维修管理人员，以帮助客户提高使用产品的技术力量。例如，传授一些产品日常的维修、保养和修理的简单知识，以避免使用不当所带来的产品故障和造成的人员伤害；宣传推广新观念、新习惯，以改变一些旧观念、旧习惯和旧的生活方式等。

5. 跟踪服务

跟踪服务是指对于购买了本企业产品的顾客，尤其是购买机器设备等工业消费品的顾客，推销人员或企业其他方面的技术人员，要定期或不定期地通过上门、电话、信件等方式了解或检查产品使用情况和顾客对产品的反馈情况；帮助顾客进行维护保养，更换易损部件等。在访问顾客的时候，无论是推销人员还是其他技术人员，都要注意宣传本企业的最新产品，以激发老顾客更新产品的欲望。同时，注重商品的销售区域，争取以点带面，扩大商品的销售范围。

6. 维修服务

维修服务是指通过设立维修网点或采取随叫随到的上门维修方式为顾客提供维修服务，以解决顾客在使用商品过程中发生的问题。提供良好的维修服务，可使顾客放心地购买、使用商品，从而有利于推动商品的销售。如果推销服务的对象是个人消费者，则定期上门施行维修保养服务将更受欢迎。这样做，也可以增加顾客重复购买的机会。

7. 妥善处理顾客的投诉

商品售出后，出于种种原因，难免会招致一些投诉。不少推销人员把顾客的抱怨视为“小题大做，无理取闹”，这是由于推销人员仅仅把自己作为一个旁观者来看待。抱怨是不满意的表露，顾客对产品的抱怨，往往产生于需求与满意的矛盾之中。顾客由于目的没有达到、愿望没能实现，因此通过情绪、语言和行动来表达对推销人员与企业的不满。正确对待并处理顾客的抱怨，是对推销人员的一项重要要求。推销人员不能因为商品已经售出就不认账，只做一次性交易。相反，推销人员应真正站在顾客的立场上考虑问题，为顾客着想。在遇到投诉的时候，推销人员应认真对待客户的意见，并运用一定的技巧使之得到妥善处理，使顾客从不满意到满意。特别是对于质量方面的原因所引起的索赔，一定要及时处理。妥善处理索赔，甚至已成为推销服务中最为重要的一个环节。一些信誉很高的公司之所以顾客盈门，就是因为在索赔处理方面十分守信用，使顾客很满意。

一般来讲，处理顾客投诉时，首先，应采取措施控制顾客的不满和愤怒情绪，如认真倾听，向顾客表示同情和关心，询问有关事件的经过，对投诉事件做出有效回应，归纳和总结投诉事件并得到顾客的确认等措施；然后，应迅速、准确、诚恳、妥当地处理投诉，以使顾客的投诉得到完美的解决。

二、顾客关系维护

（一）顾客关系维护的重要性

微视频：华为的售后服务

推销人员将产品推销出去后，还要继续保持与顾客的联系，做好成交善后工作，以提高企业的信誉，结识更多的新顾客。成交后，能否保持与顾客的联系，是推销活动能否持续进行的关键。推销人员与顾客建立并保持良好的关系，对销售工作具有非常重大的意义。

1. 有利于获取顾客对产品的评价信息

一方面，推销人员是顾客与企业之间的桥梁，通过与顾客保持联系，可以获取顾客各方面的反馈信息，作为企业正确决策的依据；另一方面，通过做好成交的善后处理工作，能使顾客感觉到推销人员及其所代表的企业为他们提供服务的诚意，便于提高推销人员及企业的信誉。

2. 有利于销售其他相关产品

良好的关系有利于增强顾客对推销人员或企业的信任度、认同感。这种信任和认同会惠及企业的其他产品，也会为推销人员带来更多的相关业务。

3. 有利于发展和壮大自己的顾客队伍

成交之后推销人员经常访问顾客，了解产品的使用情况，提供售后服务，与之建立并保持良好的关系，可以使顾客连续地、更多地购买推销品，并且可以防止竞争者介入，抢走顾客。同时，老顾客还会把他的朋友介绍给推销人员，使其成为推销人员的新顾客，从而使顾客队伍不断发展和壮大。

（二）与顾客建立良好关系的方法

推销成交后，推销人员是否重现与顾客的关系，直接关系到推销活动能否持续发展。推销人员应积极主动，经常深入顾客之中，加强彼此之间的联系。与顾客建立良好关系的方法多种多样，包括：

（1）通过信函、电话、走访和面谈等形式，加强与顾客的关系。这样既可以加深感情，又可以询问顾客对企业产品的使用情况及用后的感受，如是否满意、是否符合自己预期的要求以及有什么意见和建议，并及时将搜集到的信息反馈给企业的设计和生产部门，以便改进产品或服务。

（2）通过售后服务、上门维修的方式，加强与顾客的联系。

（3）利用本企业的一些重大喜庆事项，邀请顾客参加或寄送资料以加强与顾客的联系例如，新产品开发成功、新厂房落成典礼、新的生产流水线投产、产品获奖，都是很好的机会。

推销人员要想与顾客保持良好关系，就要把工作做在平时。例如：在本企业的一些重大喜庆日子或企业举行各种优惠活动时，邀请顾客参加，寄送资料或优惠券等；在客户庆典、顾客生日、节日等特殊日子，对顾客表示祝贺、赠送礼物、寄发慰问函电等。

崇德修身

走和衷共济之路

2022 年 11 月的亚太经合组织（APEC）工商领导人峰会上，习近平主席在主旨演讲中提道：“我们要走开放包容之路”，“开放包容是人类繁荣进步的基本条件”，“开放带来进步，封闭必然落后”，“我们要走和衷共济之路”，“亚太地区不是谁的后花园，不应该成为大国角斗场”，“任何搞‘新冷战’的图谋，人民不会答应，时代不会允许”。这些话表达了中国坚持以人民为中心的发展理念、打造更高水平的开放格局、实现更高层次的互联互通、推进经济优化升级的发展理念。

问题：中国走和衷共济之路的重要性体现在哪里？

提示：过去几十年，经济合作为亚太地区发展注入强大动力，有效提升了人民福祉。中国实现了与世界的深度融合。这种融合为很多国家和地区的经济增长与繁荣带来了机遇。开放的中国欢迎更多的同路人，这意味着中国坚定地与世界同行，与全球最广大的发展中国家同行，也与当前和未来相当长时期内、依然主导全球经济的发达国家同行。

知识测试

一、单项选择题

1. 当顾客有购买的征兆，如问“什么时候可以送货”时，推销人员应该（　　）。

A. 说明送货时间，然后继续介绍产品

B. 告诉他送货时间并请求签订单

C. 告诉他送货时间并试做销售提成

D. 告诉他送货时间并等候客户的下一步骤

2. 对较为熟悉的老顾客和性格随和的顾客宜采用（　　）。

A. 直接请求成交法　　B. 肯定成交法

C. 假定成交法　　D. 选择成交法

3. “女士，这是今年最流行的服装，和您年龄相仿的人都喜欢。”推销人员使用了（　　）。

A. 最后机会法　　B. 直接请求成交法

C. 从众成交法　　D. 小点成交法

4. 节省时间、效率高的成交方法是（　　）。

A. 假定成交法　　B. 小点成交法

C. 优惠成交法　　D. 威吓利诱成交法

5. （　　）的优点是既调动了顾客决策的积极性，又控制了顾客决策的范围。

A. 假定成交法　　B. 直接请求成交法

C. 选择成交法　　D. 妥协式成交法

二、多项选择题

1. 成交信号的一般形式有（　　）。

A. 语言信号　　B. 表情信号

C. 行为信号　　D. 事态信号

E. 语气信号

2. 以下哪些是成交信号？（　　）

A. 顾客对推销人员的态度逐渐转好　　B. 顾客乐意接受推销人员的约见

C. 顾客要求推销人员回答有关问题　　D. 顾客提出各种购买异议

E. 顾客态度蛮横

3. 在下列现象中，不属于成交信号的有（　　）。

A. 顾客询问新、旧产品的比价　　B. 顾客用铅笔轻轻敲击桌子

C. 顾客打哈欠　　D. 顾客皱眉

E. 顾客询问能否试用产品

三、判断题

1. 在现代市场经济条件下，达成交易签订合同，并不意味着推销活动的真正终结。（　　）

2. 重大的推销障碍处理后，是促成交易的好时机。（　　）

3. 推销人员发现顾客的成交信号后，不要急于成交，应该详细介绍产品，以使顾客更好地了解产品。（　　）

4. 推销人员应该克服成交恐慌心理，抓住成交机会，但要注意，不要给顾客施加任何压力，否则顾客会有被强迫的感觉。（　　）

5. 顾客抱怨是对推销人员不利的因素，因而推销人员应该回避顾客抱怨。（　　）

6. 从现代推销的角度来看，成交并不意味着推销活动的结束，而是下一个推销循环的开始。（　　）

四、简答题

1. 成交的基本策略有哪些？

2. 常用的成交方法有哪些？

3. 售后服务的内容有哪些？

五、论述题

产品推销出去后，还有必要再与顾客建立和保持良好的关系吗？你是如何看待这个问题的？

项目实训

实训背景：

根据本项目情境导入《耐心介绍，实现成交》所提供的资料，分角色扮演某豆浆机展台推销人员和顾客，完成产品推销。

实训目标：

通过模拟推销，练习各种推销技巧，学会把握成交机会，掌握引导推销活动走向成交的方法。

实训内容：

1. 正确认识成交；

2. 熟练运用成交策略；

3. 善于识别成交信号；

4. 正确选用成交方法；

5. 懂得处理善后工作。

实训步骤：

1. 将全班学生分成若干小组，学生可以自由组合，每组 4～6 人，两组结合为对手，分别扮演推销人员和顾客，每组确定一名组长；

2. 结合任务，组长按照各成员特长进行适当角色分工，确定每个角色的定位及职责；

3. 教师根据实训情境设定本次推销活动的目标，小组针对推销目标确定应采用的成交策略、成交方法、售后服务等内容；

4. 各组进行模拟推销展示，模拟过程要完成推销目标及推销任务，推销过程要体现推销信号的捕捉、成交策略和成交方法的运用、售后服务的强调以及商务礼仪的正确运用；

5. 模拟结束，进行组内互评和组间互评，教师进行点评与总结；

6. 各组进行小结讨论，完成实训总结；

7. 教师在“学习通”平台上展示班级优秀实训成果及相关资料。

实训成果：

《×××模拟推销实训总结》

任务评价

<table>
<tr><th rowspan="2">评价方式</th><th colspan="2" rowspan="2">评价内容</th><th rowspan="2">分值</th><th colspan="2">评价人</th></tr>
<tr><th>个人</th><th>教师</th></tr>
<tr><td rowspan="9">自我评价
与教师评价
（75%）</td><td rowspan="5">技能点</td><td>能正确认识成交的含义，明确成交的条件</td><td>10</td><td></td><td></td></tr>
<tr><td>能熟练运用成交的基本策略</td><td>15</td><td></td><td></td></tr>
<tr><td>能及时捕捉并把握成交信号</td><td>10</td><td></td><td></td></tr>
<tr><td>能灵活使用成交方法并促进成交</td><td>10</td><td></td><td></td></tr>
<tr><td>能明确售后服务的内容</td><td>5</td><td></td><td></td></tr>
<tr><td rowspan="3">素质点</td><td>具备促成交易的强烈愿望与信心</td><td>5</td><td></td><td></td></tr>
<tr><td>求真务实、认真严谨的工作态度</td><td>10</td><td></td><td></td></tr>
<tr><td>良好的推销礼仪素养</td><td>10</td><td></td><td></td></tr>
<tr><td colspan="2">合计（$\sum$ 个人分值＊20%＋$\sum$ 教师分值＊80%）</td><td>75</td><td colspan="2"></td></tr>
<tr><td rowspan="5">组间互评
（25%）</td><td colspan="2">实训任务前期准备情况及任务整体完成质量</td><td>7</td><td colspan="2"></td></tr>
<tr><td colspan="2">小组每个成员任务的参与度与投入度</td><td>6</td><td colspan="2"></td></tr>
<tr><td colspan="2">小组成员之间的配合度及团队精神</td><td>6</td><td colspan="2"></td></tr>
<tr><td colspan="2">实训情境仿真性</td><td>6</td><td colspan="2"></td></tr>
<tr><td colspan="2">合计</td><td>25</td><td colspan="2"></td></tr>
<tr><td>综合评价</td><td colspan="2">自我评价（15%）＋教师评价（60%）＋小组互评（25%）</td><td>100</td><td colspan="2"></td></tr>
</table>

项目十二　沟通、洽谈语言技巧

学习目标

知识目标：认识沟通、洽谈语言技巧在推销中的重要作用，掌握叙述、倾听、提问、回答等的方法与技巧，掌握运用无声语言进行沟通的技巧。

技能目标：能够熟练运用沟通、洽谈语言技巧与客户进行有效沟通。

素质目标：具备明确、高效表达的基本素质，以真诚和善之心待人，培养积极、端正的沟通心态。

思维导图

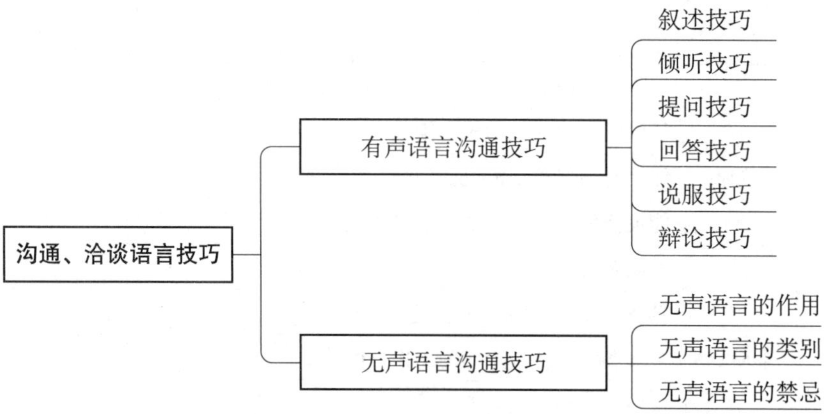

情境导入

面试时怎样推销自己

一位各方面条件都不错的应聘者因为没有把握好“推销自己”与“过分推销自己”之间的度而被淘汰。在 9 分钟的面试中，她将大部分时间用来细致地描述自己取得的每一次成功。起初，她详尽的回答的确使面试官很受感染，但三到四次后，面试官开始走神儿。甚至由于她讲得太投入，面试官不得不打断她的陈述，让她回到原来的问题上。

这位应聘者太专注于推销自己了，而事实上她的简历已经向面试官清楚地讲明了她的所有辉煌业绩。而面试官想知道的是在专业背景以外，她是一个什么样的人。但向她提出的每一个问题，她总是用自己工作中的成功经历作答。从面试官的角度来看，应聘者会显得有一些傲慢、专横、自以为是。而她并不关心面试官的反应，最终将双向式交流变成了单方面的演说。她过分热衷于给面试官留下一个难忘的印象，结果却适得其反。面试官很快就结束了这次面试，尽管他完全相信这位应聘者的专业能力，但却对于该应聘者能否成为工作伙伴产生了怀疑。

请问：该应聘者在面试沟通时存在哪些问题？

启示：该应聘者在面试过程中，只顾努力地推销自己，而忽略了用人单位所关注的内容。尽管她热情很高，对面试做了充分的准备，但一味陈述自己的观点和看法，不懂得倾听，使面试官感到不被尊重，沟通成效大打折扣。在工作和生活中，不管是面向顾客还是身边的同事、朋友，如果我们总是单向输出信息而不懂得倾听，都会让对方产生消极态度，从而导致沟通失败。

任务一　有声语言沟通技巧

沟通、洽谈语言技巧是一门艺术性、技巧性很强的学问。虽然洽谈的形式多样、内容各异，但口头语言和肢体语言是最基本的表达方式，也是运用最为广泛的方式。和交谈对象（谈判中的另一方或推销中的顾客）沟通的过程，实际上就是伴随着无声语言的提问、回答、倾听、叙述的过程。恰到好处的问、答、听、说，能够使推销、谈判工作顺利进行，并达成最终的交易目的。

一、叙述技巧

在推销过程中，叙述是推销人员介绍己方情况、阐述己方观点和看法的重要方式，也是推销过程中常用的沟通形式。叙述语言表述能力至关重要。简洁明了、论点清晰、表达充分的叙述，能够有力地说服顾客，协调双方的目标和利益，保证推销活动的成功。沟通、洽谈中的叙述技巧主要包含以下几点。

（一）选择恰当的切入点

沟通中的入题方式多种多样，如以关心的方式、以赞美的方式、以请教的方式等。但无论采用什么方式入题，推销人员都应使顾客有兴趣与自己继续洽谈，保证洽谈能够有序进行，而不能使沟通对象产生排斥、抗拒心理。

（二）叙述主题明确，叙述内容围绕主题

在和沟通对象洽谈的过程中，推销人员不可漫无边际地臆想发挥，沟通、洽谈前要明确叙述的主题，叙述过程中要围绕主题和对方沟通。如果顾客偏离主题，推销人员要及时纠正，使沟通内容回归主题。每次叙述的主题不宜过多，主题多而不明确会使对方记不

住、理不清，从而失去沟通、洽谈的意义。

（三）语言通俗易懂，内容简明扼要

通俗易懂，就是要使用对方听得懂的语言，这也是尊重沟通对象的表现。语言要尽量避免过多地使用方言、专业术语。表达要简洁明了，切勿词不达意，更不要长篇大论。

（四）叙述内容真实可靠，数据准确具体

推销人员在洽谈时不能信口开河，更不可随意捏造。叙述内容要有理有据，避免出现“大概”“可能”“也许”“差不多”之类的词。对不清楚的资料或问题，推销人员应委婉回避，不可随口而述。

二、倾听技巧

“喜欢说，不喜欢听”是人性的弱点之一。推销人员应了解这一特点，让顾客畅所欲言，多给顾客创造说的机会。只要顾客开口说话，推销人员就有了观察和了解顾客真实意图的机会。推销人员只要认真倾听就能了解顾客的心理，观察和发现其兴趣所在，从而确认顾客的真正需要，不断调整自己的推销计划，突出推销要点，实现推销目标。

首先，推销人员如果注意倾听，就会发现许多问题，能避免许多不必要的误解。如果顾客误会了推销人员的意思，推销人员可以从对方的谈话中知道；如果推销人员误会了顾客的意思，推销人员也能从对方的谈话中发现。遇到这种情况，推销人员可以立即向顾客解释，消除误会。其次，推销人员如果注意倾听，就会让顾客感到你是尊重他、重视他的，从而拉近彼此之间的距离。最后，推销人员如果注意倾听，就能了解顾客对推销品的看法和购买倾向，以便在之后的洽谈中针对这些情况提出自己的对策，从而增加说服的针对性和推销成功的可能性。

洽谈中要想获得良好的“听”的效果，应掌握以下倾听技巧。

（一）专心致志地听

专心致志地听是倾听艺术最重要、最基本的方面。研究数据显示，一般人说话的速度为每分钟 180～200 个字。而听话思维的速度，大约要比说话快 4 倍。因此，对方的话还没说完，听者大都理解了。这样一来，听者往往会因精力富余而开小差。也许恰在此时，顾客提出了要推销人员回答的问题，或者传递了一个至关重要的信息，如果推销人员因为心不在焉没有及时反应，就会错失推销良机，导致推销失败。

（二）积极地回应

要使自己的倾听获得良好的效果，推销人员不仅要潜心地听，还必须有反馈的表示。

（1）推销人员轻轻地点头，做出反应。推销人员用这种方式表示自己正在听顾客的谈话，有时轻轻点几下头，可以表示对顾客所传达信息的默许或赞同。

（2）推销人员目光注视正在说话的顾客，不做任何动作。这表明推销人员正专心致志地倾听顾客的谈话，并且对顾客的谈话表现出浓厚的兴趣。

（3）推销人员不时做出回应，用尽量少的话语表达出自己的意思。推销人员可以使用一些简短的话语，比如“我了解”“是的，是这样”“很有趣”“嗯，嗯”，来表示对顾客的话有所了解，或者表示自己同意顾客的看法。发出声音也表示推销人员正在倾听顾客的谈话而并未走神。

（三）不急于反驳

当顾客所表达的内容与推销人员的观点不同时，推销人员也要坚持听完对方的叙述，不要因为意见不同而急于反驳，更不能因为急于纠正顾客的观点而打断对方。即便不同意顾客的观点，推销人员也要耐心听完顾客的意见，听得越多，就越容易发现顾客的真正动机和主要反对意见，从而尽早予以处理。

同步案例

莉莉从事保健品的推销工作。一天，她做上门推销，当她卖力地将产品的功效陈述完以后，对方反应却很冷淡，没有任何购买意愿。她在收拾东西准备离开时，忽然看到客户窗台上摆有一盆美丽的绿植，忍不住夸奖道：“好漂亮的花儿啊！从来没见到过这么好看的花儿。”“你没见过是正常的。这种植物叫莲瓣兰，属于兰花的珍贵品种。”客户立即表现出极大的沟通兴趣。见此情况，莉莉马上接住话题进一步问道：“这种花儿的确很美，会不会很贵呢?”“确实，一株就要七八百元呢。”于是对方打开了话匣子，对有关兰花的知识娓娓道来。莉莉也表现出极大的倾听兴趣，耐心听对方将话题讲完，随后转折话题，说道：“太太，您可以尝试一下我们的保健品，远不如您这盆兰花贵。兰花可以悦眼悦心，咱们这种保健品可以为您的健康保驾护航呢!”没想到这次客户竟然爽快地答应了购买，一边付款一边说道：“即使我家孩子或我丈夫，平时都不愿听我给他们讲这么多，而你却愿意听我说，甚至能够理解我购买兰花的初衷。希望你以后常来，我可以向你分享更多兰花的知识。”

问题：本案例中的推销人员是怎样拉近与顾客之间的距离的?

案例解析：倾听胜于雄辩。有时，和顾客拉近距离恰恰是靠听而不是靠口若悬河、滔滔不绝地说。沟通、洽谈要投其所好，找准切入点也是十分重要的。恰当的话题能够使双方关系熟络，营造有利于交谈的气氛。

三、提问技巧

在推销洽谈中，提问是一种非常有用的面谈方式。推销人员应特别注意问题的表述，因为不同的问法会带来不同的结果。在推销洽谈中，提问的主要作用是：引起客户的注意；探求客户的潜在需求，获得自己所需要的有关信息；引起客户思考，赢得时间；向客户传达自己的感受，或传递客户不知道的信息，减少与客户之间的误会等。在沟通、洽谈中，常用的提问方式有以下四种。

（一）求解式提问

这是一种直接提问的方法，以请教问题的形式进行发问，语气通常较委婉。这种问法旨在了解顾客的态度，发掘顾客的需要，如“您的看法呢”“您是怎么想的”。使用这种提问方式，既可在不了解对方意图的情况下投石问路，避免遭到对方拒绝而出现难堪局面，又能探明对方关心的问题和兴趣点。

（二）诱导式提问

诱导式提问发出的问题旨在引导顾客做出符合推销人员预期的回答，通过一系列的提问，循循善诱地让顾客不断给予肯定的回答，从而诱导顾客做出决定。提问的技巧在于推销人员要不断地使顾客多说“是”，这样才能步步为营，控制推销劝说的方向。

（三）选择式提问

选择式提问以征求对方意见的形式提问，引导对方做出合作性的回答。这种方式对方容易接受，运用也较为普遍。在提醒顾客购买时，这种问句规定了顾客的回答范围，往往可以增加销量。比如，“您买两包还是三包笔芯”，这种问句显然比直接问“您需要多少笔芯”效果要好。即使顾客不想买，也能保持融洽的关系，使双方可以进一步沟通。

同步案例

汽车加油站职员 A：“您需要加多少升汽油？”

客户：“加 10 升吧。”

汽车加油站职员 B：“我为您把油加满？”

客户：“好吧！”

问题：不同的提问得到的回答相同吗？为什么？

案例解析：不同。推销人员 A 问：“您需要加多少升汽油？”顾客会思考后回答出一个数字，这个数字往往是偏小的。而推销人员 B 这样问顾客：“我为您把油加满？”顾客面对这样的选择式提问，往往会说：“好吧！”汽油的销售量会因此而增加。

微课：提问的技巧

（四）澄清式提问

澄清式提问是针对顾客的回答，重复一遍以使顾客澄清或补充原来的答复，或者让顾客做出评价的一种提问方式。这种提问方式在关键时刻、关键问题上常用。通过提问，推销人员可以从顾客那里进一步得到确认的反馈。例如：“您刚才说比较喜欢红色和蓝色的汽车，也就说如果这种款式的车没有红色，您就会选择蓝色，是吗？”

四、回答技巧

洽谈的过程往往是问答的过程，一问一答构成了洽谈的基本形式。回答既是答复对方的提问，又是阐明己方的观点。在推销洽谈中，巧妙、得体地回答顾客，既能赢得顾客的信任和好感，又能使推销局面朝着有利于推销人员的方向转化，这是体现推销人员水平的重要方面。掌握推销洽谈中回答的技巧，应注意以下三点。

（一）明确提问意图，不轻易作答

推销人员回答问题前，应认真思考问题的真正含义。许多顾客会提出一些模棱两可或旁敲侧击的问题，以探求推销人员的真实情况。面对此类问题，推销人员回答时一定要清楚地了解顾客的用意，做到有的放矢，简明扼要地回答；轻易答复会导致推销人员陷入被动的局面。

（二）为自己争取充分的思考时间

推销人员回答问题必须谨慎，对问题要进行认真的思考。要做到这一点，就需要有充分的思考时间。一般情况下，推销人员对问题回答的好坏与思考时间的长短成正比。正因为如此，有些顾客会不断地催问，迫使推销人员在对问题未进行充分思考的情况下仓促作答。遇到这种情况，推销人员更要沉着，不必顾忌顾客的催问，而是转告对方，自己必须认真思考，因而需要时间。为自己争取思考时间的一个技巧就是重复顾客的问题。重复顾客的问题不仅会使顾客觉得推销人员很重视他，还可以为自己赢得思考的时间。

（三）回答要有分寸，给自己留有余地

最好的回答不在于回答的对错，而在于什么应该说、什么不应该说。对于顾客提出的一些问题，推销人员有的可以只作局部回答，回答应简明扼要、通俗易懂，不必主动提供更多的信息。对于自己不愿回答或不方便回答的问题，推销人员应采取迂回的方法，不要确切回答顾客的提问，要给自己留下进退的余地。例如，对于企业的保密资料，推销人员应巧妙地绕过去不正面回答，或者找些客观理由表示暂时无法回答对方的问题；对于自己不愿回答的问题，可以“不清楚”“不记得”“资料不全”等为借口来拖延回答。总之，推销人员不可信口开河、言过其实，更不能不懂装懂，给推销过程增添障碍。

同步案例

卖辣椒的人恐怕经常碰到这样一个问题，那就是不断会有顾客问：“你这辣椒辣吗?”对此，卖家很难回答。答“辣”吧，也许买辣椒的人是个怕辣的，会立马走人；答“不辣”吧，也许买辣椒的人是个喜欢吃辣的，生意还是做不成。

有位卖家是这样和顾客沟通的。一天，辣椒摊上来了一个顾客，问的果然是那句话：“辣椒辣吗?”卖家很肯定地告诉他：“颜色深的辣，颜色浅的不辣。”顾客信以为真，挑好辣椒付过钱，满意地走了。也不知道是怎么回事，这会儿大部分人都是买不辣的，不一会儿，颜色浅的辣椒就所剩无几了。

不久又一个顾客来了，问：“辣椒辣吗?”卖家看了一眼自己的辣椒，答道：“长的辣，短的不辣。”果然，顾客就按照卖家的分类标准开始挑起来。这一轮的结果是，长辣椒很快售罄。

看着剩下的短辣椒，卖家仍不慌不忙地经营。当又一个顾客问“辣椒辣吗”的时候，卖家信心十足地回答：“硬皮的辣，软皮的不辣。”可不是嘛，被太阳晒了半天，确实有很多辣椒因失水而变软了。就这样，这位卖家毫不费力地满足了所有顾客的需要，还使自己收获满满。

问题：如果你是这位卖家，你会怎样和顾客沟通呢？

案例解析：只要是来购买的，就是你的客户，就有希望达成销售。卖家首先做的就是充分地了解自己的产品，包括和产品有关的一切，充分了解客户和市场，挖掘各个销售点的销售机会，这样才能促进成交。

五、说服技巧

改变一个人，有两种方式：一是感动他，让他的心由内向外打开，自觉自愿地改变；二是压服他，用武力、恐吓、惩罚等手段威胁，让他不得不做出改变。在推销沟通的说服过程中，聪明的推销人员往往都会选择第一种方式，让顾客先接受他，从而接受他的产品。沟通、洽谈中的说服技巧主要有以下几点。

（一）建立关系，取得信任

说服他人时，无论双方地位高低，必须先与之建立良好的关系，对方对你有了信任感，才愿意接受你的劝导和说服。因此，在推销洽谈中，双方关系融洽，气氛和谐，合作的可能性就大，推销人员就容易说服对方。在推销过程中，利用空暇时间邀请对方参观游览、赠送有意义的纪念品等行为，都对建立良好的客户关系起到推动作用。

（二）换位思考，投其所好

换位思考，就是把自己放在别人的立场去思考问题，然后找出彼此间的共同点。推销人员与顾客的共同点在于，推销人员希望将产品售出，而顾客则希望买到合适的产品。推销人员与顾客都希望达成交易。只有找到共同点，才能促成交易。设身处地地站在他人的角度谈问题，能使对方对你产生一种“自己人”的感觉，拉近沟通的心理距离，营造良好的氛围。因此，推销人员在说服顾客时，要在深入了解顾客要求及意图的基础上，在不影响自身目标的前提下，投其所好，让对方得到满足，同时为自己争取进一步说服对方的筹码。

同步案例

衣着整洁的推销人员小李来到一家超市。

小李：“王老板在吗？我是大晔公司推销人员李健，主要负责贵店所在的区域，经常路过贵店，看到您的生意一直很好，实在不简单。”

王老板：“您过奖了。生意只能说还可以吧。”

小李："您店里的员工对客户的态度都非常亲切，能看出王老板对员工的培训一定非常用心。我也常常到别家店，但像贵店服务态度这么好的实在是少数。临街的刘老板，对您的经营管理也相当钦佩。"

王老板："刘老板是这样说的吗？刘老板经营的店也是非常好啊！事实上他也是我学习的对象啊！"

小李："王老板果然不同凡响。不瞒您说，刘老板前几天换了一台新功能的收银机，非常高兴，才提到王老板您一直是他追赶模仿的对象，因此，我今天才来打扰您。"

王老板："他换了新的收银机呀？"

小李："是的，王老板是否也考虑更换新的收银机呢？目前您的收银机虽然不错，但是如果能够使用一台功能更全、速度更快的新型收银机，让您的客户不用排队等待结账，他们肯定会更乐意光临您的店的。请王老板考虑一下更换新的收银机。"

问题： 本案例中的推销人员在与客户沟通的过程中使用了哪些技巧？

案例解析： 本案例中的推销人员小李一方面积极寻找与客户的共同点，拉近洽谈双方之间的距离，同时讨论客户需求，提出客户问题所在；另一方面适时抛出主题，巧妙地把谈话转入正题并开展推销工作。

（三）动之以情，晓之以理

说服一个人，首先要令其感动。要令其感动，就要找到情感的触点。所谓"一把钥匙开一把锁"，因人而异，以情动人，就难以令其不被感动。要想感动人，除了感情上融洽外，还应重视被说服者与说服者未保持一致的原因以及原因背后的实际问题。感情相融很重要，解决实际问题更重要。空对空的说服是难以让人感动的，也难以真正达到说服目的的。

六、辩论技巧

（一）理智争辩，以"和"为贵

洽谈是"谈"出来的。一切洽谈只有经过双方智慧的角逐、话语的较量方能达成妥协。在洽谈的辩论阶段，双方从各自的观点和角度出发陈述利弊，稍不留神就会因不同观点的交锋而酿成冲突，生意可能就此告吹。因此，推销人员在辩论中应坚持以和为贵，坚持"就事论事，对事不对人"的原则，防止感情用事。

（二）事理交融，举证有力

在辩论中，推销人员必须条理清楚、表达严密、言辞简洁、以据论理、善用逻辑、突出主题、不缠枝节。为此，在辩论前，推销人员应在思想上、资料上和语言表达上做必要的准备。"九备一说"（花九分的力气做准备，花一分的力气说）乃经验之谈。

（三）体态端庄，用语谨慎

推销人员说话忌无理纠缠、挖苦讽刺，忌不顾事实狡辩或诡辩，忌鲁莽轻率。在洽谈中，推销人员除了要注意正确使用语言外，还要注意举止气度，用语准确。例如：仪态端庄、彬彬有礼、宾主分明，是有修养、有信心和有力量的表现；双腿合拢、双手前合、上体微前俯、头微低、目视对方，表示谦虚有礼，愿意听取对方的意见；朝对方挪椅子，或走过去和对方凑近一些，对方会认为你很有诚意，想尽快成交，不再绕圈子。

热点关注：电商直播间沟通技巧

任务二 无声语言沟通技巧

无声语言又称行为语言或体态语言，是指通过人的形体、姿态等非发音器官来表达的语言，一般理解为身体语言。这种语言是借人的视觉传递信息、表示态度、交流思想等。曾经有人总结过这样一个公式：交际双方的相互理解=语调（占38%）+形象（占55%）+语言（占7%）。由此可见，无声语言沟通在这个资源化、信息化日趋完善的时代里，发挥着语言沟通所不能替代的作用。一个人的手势、表情、眼神、笑声等，都可以“说话”或传达感情。因此，无声语言沟通不仅是利用语言进行信息交流的一种补充，而且是一种人与人之间的心灵沟通，是人的情绪和情感、态度和兴趣的相互交流和相互感应。

一、无声语言的作用

（一）无声语言沟通对语言沟通具有加强作用

人际沟通中无声语言的运用，能加强语言表达的效果。在表达情感、情绪和态度方面，无声语言有时甚至比有声语言更明确、更具体、更有感染力。在沟通、洽谈过程中，无声语言多是伴随着有声语言，通过动态的、直观的形象，传递各种信息。这使得有声语言在直接诉诸人的听觉的同时，还具有视觉的形象可感性，是对交际内容的强化表达，给人以深刻的印象，使表达更加生动、鲜活。另外，无声语言还可以调动情绪，同时情绪也会从无声语言中表现出来。例如：当一个人高兴时，会声音高亢、眉飞色舞、手舞足蹈；当说到沉重的话题时，会脸色凝重；等等。

（二）无声语言沟通对语言沟通具有辅助作用

在沟通过程中加入表情语、手势语等这些无声语言，会使得有声语言沟通更富有色彩感与表达力，在传递信息过程中起着重要作用。在某种情况下，无声语言亦能体现人们的内心思想活动和对待他人的态度。在沟通、洽谈过程中，无声语言沟通有时能起到“无声胜有声”的效果。

（三）无声语言沟通对语言沟通具有替代作用

有声语言虽然是我们表达思想感情的重要工具，但它也有言不尽情、词不达意的时候。这时，无声语言作为有声语言的重要补充，可以起到表达思想、沟通情感的作用。在面对面的交流中，说话人的身姿体态、语气语调特别是面部神情等，始终发送着各种信息，不经意地流露着内心的情感、愿望等。听者也会不自觉地从对方的面部表情中捕捉信息。许多时候，只需一个眼神、一种表情、一个手势，我们就会明白对方要表达的意思。看似默默无语，但沟通与交流却没有停止。

二、无声语言的类别

按照信息传递的介质分类，无声语言可以分为以下几种。

（一）副语言

副语言是指有声但没有具体意义的辅助语言，包括说话者的音质、音调、语速以及停顿和叹词的应用，如表达时的抑扬顿挫等。副语言虽然有声音，但因为本身没有具体的语义，所以不能称为语言。副语言沟通能传递出非常丰富的信息，在某些场合甚至胜似语言。

（二）身体语言

身体语言既包括先天性的身体特征，如身高、肤色等，也包括后天训练或者展现的特征，如发型、妆容、服饰、动作、姿态等。总体来说，身体语言可分为形象语言、肢体语言、面部表情语言等。

1. 形象语言

形象语言包括发型、妆容、服饰等方面。一个人的形象对其信息的传递起着非常大的作用。管理学中有“致命的 7 秒钟”这个说法，即对一个人的第一印象通常在 7 秒钟之内就已决定。研究表明，看上去有魅力的人往往更容易被人接受，其说出来的话也更容易被人相信。我们必须清醒地认识并且接受这样一个事实，即自己不仅是作为沟通的对象出现，还是他人的审美对象。

（1）发型。发型要干净、美观、整齐。

（2）妆容。化妆可以改变人们五官的形状，突出想让他人注意的优点，遮蔽自己的缺点。女士上班期间宜化淡妆，晚宴或舞会才化浓妆。

（3）服饰。服饰搭配应遵循以下原则：1）符合着装者的年龄、职业和身份；2）符合个人特点；3）符合环境要求。

2. 肢体语言

肢体语言包括姿态、手部动作、头部动作、肩部动作、脚姿、身体接触等。

（1）姿态。姿态是指人们身体语言不断变化所呈现的状态，如站姿、坐姿、行姿、蹲姿等。姿态是一个人心理活动的晴雨表，反映了一个人的处事态度，传递了一个人的心理状态和情绪，透露了一个人的自信度和个性偏好，也常常显示了一个人的地位与权力。姿态能给人很多感受。保持优雅得体的姿态，大方、沉稳、冷静、不拘谨，会给人留下良好的印象，有利于沟通交往。在站姿方面，男士站姿应体现出阳刚之美，抬头挺胸，双脚大约与肩膀同宽站立，重心自然落于两脚中间，肩膀放松；女士则宜丁字步站立，体现出柔和与轻盈。在坐姿方面，以大方、舒服为原则。坐得太直，会让人感觉僵硬；坐得太松弛，会让人觉得失礼。

（2）手部动作。手在无声语言沟通中的作用非常巨大，是身体动作中最重要、最容易被关注的部分。它以不同的动作，配合讲话者的语言，传递讲话者的心声。一般情况下，握拳表示向对方挑战或自我紧张的情绪；用手指或铅笔敲打桌面，或在纸上乱涂乱画，表示对对方的话题不感兴趣或不耐烦；吮手指或咬指甲的动作是婴儿行为的延续，成年人做出这样的动作是个性或性格不成熟的表现；两手手指并拢置于胸的前上方呈尖塔状，表示充满信心，这种动作多见于西方人，特别是会议主持人、领导者、教师在主持会议或上课时，用这个动作以示独断或高傲，以起到震慑学生或与会者的作用；手与手连接放在胸腹部的位置，是谦逊、矜持或略带不安心情的反应，歌唱家、获奖者在等待被人介绍时常用这样的姿势；两臂交叉于胸前，表示防卫或保守；两臂交叉于胸前并握拳，则表示怀有敌意。

（3）头部动作。头部动作须结合不同的语境识别和判断。点头：在对方说话的时候轻轻点头，一般表示理解、认可、赞同、肯定；在和人相遇的时候轻轻点头，则代表打招呼和问候。摇头：一般代表不同意、不认可、拒绝，有时候轻轻摇头还代表对思考中的问题的否决。低头：一般表示谦恭、臣服、认错、顺从、害羞。仰头：一般代表比较激昂的情绪，如自信、激越、悲愤、不服气等。

（4）肩部动作。耸肩膀在西方人的沟通中运用较多，一般是耸耸肩膀，摊开双手，表示一种无奈或不理解。人在受到惊吓的时候，也会紧张地耸肩膀。

（5）脚姿。一般而言，抖脚表明轻松或无聊，跺脚表明兴奋或愤怒，而脚尖的方向会泄露一个人的偏好倾向。

（6）身体接触。身体接触是指沟通双方通过身体某一部位的接触，传递某种沟通信息，最典型的是握手、拍肩膀、拥抱等。

3. 面部表情语言

（1）眼睛动作语言。眼睛是心灵的窗户。一个人眼睛的形态及其变化可以反映出其喜怒哀乐、思虑爱憎。暴露人们心灵秘密的，首先是眼睛瞳孔的变化。在相同的灯光条件下，随着态度和情绪从积极转向消极，瞳孔就会由扩张转向收缩。当人们处在兴奋的状态中时，瞳孔就会放大；当人们处在消极的情绪中时，瞳孔就会收缩。其次是注视。注视分为三类，分别是公务注视、社交注视、亲密注视。

1）公务注视区域是指在进行业务洽谈、商务谈判、布置任务等谈话时，以两眼为底线，以前额上部为顶点所连接成的三角区域。由于注视这一区域能造成严肃认真、居高临下、压住对方的效果，因此公务注视常为企图处于优势的商人、外交人员、指挥员所采用，以便帮助他们掌握谈话的主动权和控制权。

2）社交注视区域是指人们在普通的社交场合中采用的注视区间，其范围是以两眼为上限，以下颌为顶点所连接成的倒三角区域。由于注视这一区域容易形成平等感，因此社交注视常被公关人员在茶话会、舞会、酒会、联欢会以及其他一般社交场合使用。注视谈话者这一区域，会让对方轻松自然，从而能比较自由地发表自己的观点、见解。

3）亲密注视区域是指具有亲密关系的人在交谈时采用的注视区域，主要范围是对方的双眼、嘴部和胸部。恋人之间，至爱亲朋之间，注视这些区域能够激发感情、表达爱意。“暗送秋波”“眉目传情”都是通过这样的注视区域进行的。

（2）鼻子动作语言。鼻子在沟通中较少使用，但也会泄露一个人的真实感情。比如，不满的时候，鼻子里会发出哼哼的声音；愤怒的时候，鼻孔会张大、鼻翼翕动；紧张的时候，鼻子会流汗、鼻尖会发红；说谎的时候，人会不自觉地摸鼻子。

（3）嘴巴动作语言。嘴的表情是通过上下唇的动作来实现的：生气或不屑时嘴巴往下撇；开心微笑时嘴角上翘；惊讶时嘴巴张大；用手指挡在嘴唇上方，通常代表想要掩饰自己的真正想法。

（4）眉毛动作语言。眉毛除了和眼睛一起，构成仪表的重要部分外，还可以表现主人的心情。例如，眉飞色舞、眉开眼笑说明心情很好，横眉冷对说明愤怒，双眉紧锁说明苦恼。

知识小贴士：无声语言的妙用

三、无声语言的禁忌

有效的沟通必然包含诸多要素。每一个要素都有可能成为影响沟通的障碍。许多容易被忽略的细节，都有可能妨碍沟通的实现。只有通过努力不断克服自身缺点，掌握沟通技巧，才能轻松实现沟通的目的。

（一）忌不良的身体姿态

无论站、坐、行走，都要大方得体。站立时，忌手插衣袋、无精打采、弯腰驼背、东张西望、腿不停地抖动、东依西靠、双手做无意的小动作等；入座时，忌不能稳坐、左摇右晃。

（二）忌交谈中手舞足蹈

在商务场合，交谈时不宜手势动作幅度过大、过频，更不要随意打响指、拍桌子等。忌用手指着对方说话。与女士交流应注意手势运用的分寸。比如，握手用力不能太大，时间不能太长。女士在社交活动场合更应注重手势的优雅。

（三）忌面无表情、目光呆滞

人的面部表情是非常有效的沟通工具，传递着特殊的感情、想法和目的。与人交往应面带微笑、落落大方、目光专注、眼睛有神，不回避目光的接触和视线的交流，避免扫视、斜视和不敢正视。

（四）忌着装、容貌不得体

在商务场合，商务人士应显得干练、整洁。穿着打扮应大方得体，符合环境、身份、年龄和职业特点，忌蓬头垢面、不修边幅。

（五）忌沉默不语

沉默本身传递着某种重要的信息。不同场合的沉默具有不同的含义，可能表示默认、厌倦、异议、抵制、不满、蔑视等。沉默的含义是很难猜测的。沉默不利于与客户的沟通。

（六）忌不守时

时间作为一种客观现象，其本身在沟通中不具备特殊的含义。但由于人们的交往、约定、合作等总是在一定的时间中完成，而每个人的时间观念不同，因此往往造成时间节奏不合拍，产生误会。这是沟通中的一大忌。在商务沟通中，一定要守时，这既体现了对别人的尊重，也表现出对事情的重视。

崇德修身 **守住语言文字规范，建设健康文明的网络语言环境**

随着互联网技术的不断发展，微博、抖音、B站等社交软件已成为网民发表个人言论的重要载体，各种风格独特的语言文字表达，不断涌现于网络公共空间，其中包括谐音字、变体字的大量使用以及花样百出的玩梗等。应当看到，此类语言文字的演变，体现了网络时代的必然趋势。毕竟，身处打破时空界限的网络空间，人们需要更加高效便捷、更具个性化的表达方式。

但同时，不规范用字情况在网络上表现得也比较突出。2023年6月8日，由澎湃新闻牵头发起，上海人工智能研究院、上海市信息安全测评认证中心等联合共建的“数字内容生态实验室”发布了《网络不规范用字用词现象研究报告》。实验室随机抽取2022年12月到2023年3月期间互动论坛、数字报、客户端、微博、网站、微信、短视频平台七类信源内容，形成具有4 946.3万条、706.6亿字内容的样本。经过排查发现，网络语言环境中的不规范字词主要包括误用繁体字、异体字、异形词、常见错误等。

事实上，对于谐音字、变体字、玩梗等网络语言文字的无序异化现象，相关平台已意识到问题的严重性，并采取了相应的治理措施。2022年7月，微博、抖音、B站等平台，就相继公布了对语言文字表达的规范要求，宣布将加大排查清理力度，完善关键词识别模型，建立正向引导机制。这些举措，在一定程度上改变了网络语言文字野蛮生长的环境，有助于网络语言文字的表达回归规范严谨、风清气正的氛围。

2023年3月1日，由教育部制定的《信息技术产品国家通用语言文字使用管理规定》正式施行，首次以部门规章的形式，确立了不同类别信息技术产品使用语言文字应当遵守的规范标准。这一举措，对于维护语言文字价值、净化网络表达空间，意义深远。

问题：网络语言的规范和约束会不会限制语言文字的创新？

提示：横竖撇捺有乾坤，一笔一画著华章。活跃的语言创造赋予了古老汉字新的魅力。网络语言文字的百花齐放，不仅能够扩充汉语的词汇量、丰富表达的情感，也在很大程度上愉悦了网民的身心、活跃了网络的氛围。一些有创新价值的“网言网语”获得社会认可。“点赞”“刷屏”等词语也被收入第十二版《新华字典》。但网络语言文字的创新，绝不能盲目任性。只有坚决遏阻庸俗暴戾网络语言传播，才能建设健康文明的网络语言环境。

知识测试

一、单项选择题

1. 当你进入客户的办公室时，正好他在阅读，他告诉你可以一边阅读，一边听你说话，这时你应该（ ）。

A. 开始你的推销 B. 向他说你可以等他阅读完了再开始

C. 请求合适的时间再访 D. 请求对方全神贯注地听

2. 客户告诉你，他正在考虑竞争者的产品，他征求你对竞争者产品的意见，你应该（ ）。

A. 指出竞争者产品的不足

B. 称赞竞争者产品的特征

C. 表示知道竞争者的产品，然后继续推销自己的产品

D. 开个玩笑以引开他的注意

二、多项选择题

1. 下列对倾听技巧描述正确的有（ ）。

A. 听者由于精力富余可以适当开小差 B. 倾听时可以急于反驳和打断

C. 倾听时要有适当的回应 D. 要富有同理心地倾听

2. 下列对回答技巧描述正确的有（ ）。

A. 思考后再答 B. 回答前了解对方提问的目的和动机

C. 不方便回答的可以模糊回答 D. 对于有些问题可以进行局部回答

三、判断题

1. 在推销洽谈时，推销人员应与顾客保持相同的语速，使用同一风格的语言，只有这样才能使顾客愿意谈、喜欢谈。（ ）

2. 为了能够说服顾客，使推销工作顺利进行，有时候与顾客争吵也是必需的。（ ）

3. 在推销过程中，推销人员应该隐藏自己的要求，设法让顾客先表明其观点、条件。（ ）

四、简答题

1. 叙述的技巧有哪些？

2. 倾听的技巧有哪些？

3. 提问的技巧有哪些？

4. 回答的技巧有哪些？

五、论述题

在沟通、洽谈的过程中，怎样让对方感受到你是在认真地倾听他的表述？

项目实训

实训背景：

根据本项目情境导入《面试时怎样推销自己》中所提供的资料，分角色扮演应聘者和面试官，完成一次模拟面试。

实训目标：

通过自我推销和面试问答，锻炼学生在公开场合面向大众推销自己的胆量和能力，同

时练习沟通的方式和技巧。

实训内容：

1. 自我推销 2 分钟，应聘者根据提前准备的个人介绍进行 2 分钟的推销陈述；
2. 面试问答 3 分钟，面试官根据应聘者的自我介绍，提出 2～3 个问题，并邀请应聘者提出个人关心的问题，面试官进行答复。

实训步骤：

1. 将全班学生分成若干小组，学生可以自由组合，每组 4～6 人，两组结合为对手，轮流扮演面试官和应聘者，每组确定一名组长；
2. 教师根据实训情境设定本次模拟面试的目标，小组针对实训目标确定应采用的沟通方法和技巧；
3. 各组进行模拟面试，模拟过程要完成实训目标及任务，面试过程要体现陈述的技巧、提问的技巧、倾听的技巧等，同时注意肢体语言的表达；
4. 模拟结束，进行组内互评和组间互评，教师进行点评与总结；
5. 各组进行小结讨论，完成实训总结；
6. 教师在“学习通”平台上展示班级优秀实训成果及相关资料。

实训成果：

《×××模拟面试实训总结》

注意事项：

1. 注意运用说服、倾听、提问、回答等有声语言沟通技巧和各种无声语言沟通技巧；
2. 自我推销内容及策略的选择体现针对性和有效性；
3. 具备基本的礼仪素养。

任务评价

评价方式	评价内容		分值	评价人	
				个人	教师
自我评价与教师评价（75%）	技能点	自我推销的内容具有针对性且有特色	10		
		自我推销的策略有效、实用	10		
		熟练运用提问、回答、倾听、说服等有声语言技巧	20		
		熟练运用各种无声语言沟通技巧	15		
	素质点	积极、端正的沟通心态	5		
		谈吐文雅，仪表端正	10		
		态度诚恳，谦逊有礼	5		
	合计（$\sum$ 个人分值 * 20%＋ $\sum$ 教师分值 * 80%）		75		

续表

评价方式	评价内容	分值	评价人	
			个人	教师
组间互评（25%）	实训任务前期准备情况及任务整体完成质量	7		
	小组每个成员任务的参与度与投入度	6		
	小组成员之间的配合度及团队精神	6		
	实训情境仿真性	6		
	合计	25		
综合评价	自我评价（15%）＋教师评价（60%）＋小组互评（25%）	100		

参考文献

1. 杨群祥．商务谈判［M］．7 版．大连：东北财经大学出版社，2023.

2. 黄嘉敏．商务谈判实践教程［M］．北京：中国轻工业出版社，2020.

3. 罗杰·道森．优势谈判［M］．迩东晨，译．北京：北京联合出版公司，2022.

4. 李红梅．现代推销实务［M］．6 版．北京：电子工业出版社，2022.

5. 蔡春红，余远坤，冯强，等．现代推销技术：微课版［M］．北京：清华大学出版社，2022.

6. 梅鹏．推销实务［M］．北京：中国铁道出版社，2022.

7. 陈文汉，甄冰．商务谈判实务［M］．3 版．北京：人民邮电出版社，2021.

8. 谢和书，陈君．推销实务与技巧［M］．4 版．北京：中国人民大学出版社，2021.

9. 安贺新．推销与谈判技巧［M］．5 版．北京：中国人民大学出版社，2021.

10. 杨国军，张秀芳．现代推销技术［M］．4 版．北京：电子工业出版社，2021.

11. 王军华．商务谈判与推销实务［M］．2 版．北京：中国人民大学出版社，2020.

12. 李立恒．阿里铁军销售课［M］．成都：四川人民出版社，2019.

13. 利·汤普森．国际商务谈判：第 6 版［M］．赵欣，译．北京：中国人民大学出版社，2019.

14. 程淑丽．客服人员超级口才训练：实战升级版［M］．北京：人民邮电出版社，2019.

15. 陈鹏．商务谈判与沟通实战指南［M］．北京：化学工业出版社，2019.

16. 白远．国际商务谈判：理论、案例分析与实践［M］．6 版．北京：中国人民大学出版社，2022.

17. 于反．谈判的艺术［M］．北京：中国法制出版社，2019.

18. 王丽丽，王军华．商务能力教程［M］．3 版．北京：高等教育出版社，2019.

19. 陈文汉．商务谈判实务［M］．2 版．北京：清华大学出版社，2018.

20. 毕思勇，赵帆．商务谈判［M］．3 版．北京：高等教育出版社，2018.

21. 李志军．商务谈判与礼仪［M］．北京：中国纺织出版社，2018.

22. 黄杰，汤曼．商务沟通与谈判：微课版［M］．北京：人民邮电出版社，2023.

23. 崔文丹．商务谈判与沟通［M］．北京：机械工业出版社，2018.

24. 饶雪玲．商务谈判与操作［M］．2 版．北京：北京交通大学出版社，2018.

25. 岳贤平．推销：案例、技能与训练［M］．北京：中国人民大学出版社，2018.

26. 黄金火，陈新武．现代推销技术［M］．5 版．北京：高等教育出版社，2022.

27. 吴健安．现代推销理论与技巧［M］．4版．北京：高等教育出版社，2018.
28. 艾丹，吴建平．推销实务［M］．北京：中国纺织出版社，2018.
29. 陈汉明，李占红．商务谈判理论与实务［M］．长沙：湖南师范大学出版社，2012.
30. 奥格·曼狄诺．世界上最伟大的推销员［M］．安辽，译．北京：世界知识出版社，2018.
31. 吴建伟．商务谈判策略与案例分析［M］．北京：清华大学出版社，2017.
32. 周琼，吴再芳．商务谈判与推销技术［M］．北京：机械工业出版社，2017.

图书在版编目（CIP）数据

商务谈判与推销实务/王军华主编．--3版．--北京：中国人民大学出版社，2024.6

新编21世纪高等职业教育精品教材．市场营销系列

ISBN 978-7-300-32739-6

Ⅰ.①商… Ⅱ.①王… Ⅲ.①商务谈判－高等职业教育－教材 ②推销－高等职业教育－教材 Ⅳ.①F715.4 ②F713.3

中国国家版本馆CIP数据核字（2024）第082569号

"十四五"职业教育国家规划教材

"十四五"职业教育河南省规划教材

新编21世纪高等职业教育精品教材·市场营销系列

商务谈判与推销实务（第三版）

主　编　王军华

副主编　项晓娟　石景艳　关克鑫

Shangwu Tanpan yu Tuixiao Shiwu

出版发行	中国人民大学出版社		
社　　址	北京中关村大街31号	**邮政编码**	100080
电　　话	010－62511242（总编室）		010－62511770（质管部）
	010－82501766（邮购部）		010－62514148（门市部）
	010－62515195（发行公司）		010－62515275（盗版举报）
网　　址	http://www.crup.com.cn		
经　　销	新华书店		
印　　刷	北京密兴印刷有限公司	**版　　次**	2016年8月第1版
开　　本	787 mm×1092 mm　1/16		2024年6月第3版
印　　张	17.25 插页1	**印　　次**	2024年12月第2次印刷
字　　数	409 000	**定　　价**	45.00元